...DES PUISSANCES A LA FIN DU XIXᵉ SIÈCLE

RAOUL CHÉLARD

L'AUTRICHE-HONGRIE

II

La Hongrie

MILLÉNAIRE

Ouvrage orné de nombreuses Illustrations

PARIS
LÉON CHAILLEY, ÉDITEUR
41, RUE DE RICHELIEU, 41

1896

La Hongrie
MILLÉNAIRE

OUVRAGES DU MÊME AUTEUR

La Hongrie contemporaine. (Paris, Le Soudier, 1891.)

Les armées françaises jugées par les habitants de l'Autriche, 1797, 1800, 1809, *d'après des rapports de l'époque.* (Paris, Plon, 1893.)

L'Autriche contemporaine. (Tome I de *L'Autriche-Hongrie*, paru dans la série : *Les grandes puissances à la fin du XIXe siècle.*) (Paris, Chailley, 1894.)

En préparation :

La Bosnie et l'Herzégovine de nos jours. (Tome III de *L'Autriche-Hongrie*, de la série : *Les grandes puissances à la fin du XIXe siècle.*)

L'Allemagne actuelle. (*Les grandes puissances à la fin du XIXe siècle.*)

L'Italie actuelle. (*Les grandes puissances à la fin du XIXe siècle.*)

Tous droits de traduction et de reproduction réservés pour tous pays, y compris la Suède et la Norwège.

LES GRANDES PUISSANCES A LA FIN DU XIXᵉ SIÈCLE

RAOUL CHÉLARD

L'AUTRICHE-HONGRIE

II

La Hongrie

MILLÉNAIRE

Ouvrage orné de nombreuses illustrations.

PARIS
LÉON CHAILLEY, ÉDITEUR
41, RUE DE RICHELIEU, 41

1896

PRÉFACE

Les fêtes du millénaire de l'Etat hongrois de 1896, et la question des nationalités qui, pareille à un volcan toujours en mouvement, est sujette aux éruptions périodiques, nous ont fourni deux excellentes occasions de compléter, en poursuivant nos études sur les grandes puissances, nos travaux sur l'Autriche-Hongrie, et de joindre l'ouvrage que voici à notre *Autriche contemporaine*, parue l'année dernière.

Réduit à sa plus simple expression, voici le résumé du présent travail :

Le millénaire de la conquête, en 896, du bassin pannonien, par le peuple des Magyars, et auquel nous avons emprunté le titre de l'ouvrage, a la signification suivante :

Après avoir perdu son indépendance, 250 ans avant la Pologne, sans toutefois subir de partage durable vu l'unité merveilleuse de sa configuration géographique, ni se trouver rayé du nombre des nations, après l'accumulation, sur sa tête, de tous les malheurs nationaux imaginables, le peuple hongrois put, en 1867, faire sa paix avec son vainqueur, et s'émanciper, grâce à un mariage de raison lui donnant dans le ménage rang égal à sa compagne La vieille Autriche, absorbatrice de la Hongrie, devint ainsi l'Autriche-Hongrie avec l'empire d'Autriche d'une part et le royaume de Hongrie de l'autre, fédérés seulement pour l'armée et les affaires extérieures.

Dès lors une véritable fièvre de progrès s'empara de la nation magyare et le pays, où dormaient des richesses naturelles considérables, accomplit, en trente ans, une des révolutions économiques et civilisatrices les plus étonnantes qui se soient jamais vues. Or, lorsque vint le moment de la commémoration du millième anniversaire de la conquête, il fut résolu de saisir cette occasion pour s'affirmer et se manifester aux yeux de l'Europe et du monde civilisé.

C'est cette gigantesque évolution que nous nous sommes efforcé de dépeindre et d'expliquer dans ses origines comme dans ses détails historiques, sociologiques, économiques et généralement quelconques, ayant un intérêt universel.

En ce qui concerne la question des nationalités en Hongrie, le parti subversif, dans un but facile à comprendre, aime à faire passer, à l'étranger, l'hégémonie magyare pour un régime de conquérant, absorbateur, ou se désintéressant du sort des races, régime que, vu de près, il n'est guère. En effet, depuis la fondation de ce royaume, en 896, son gouvernement est basé sur la multiplicité des races, lesquelles, du reste, sans cela, n'eussent pu se maintenir. C'est une espèce de protectorat nationalement magyar, mais donnant à chaque race sa vie, une liberté pleine et entière de s'affirmer, et ses institutions individuelles.

Voilà ce que nous nous sommes attaché à faire ressortir ici en y joignant, en outre, tout sujet quelconque susceptible de rendre parfaite la connaissance de cet intéressant pays, notamment une étude sur la capitale hongroise, ville des plus curieuse à étudier, parce que l'extension qu'elle a prise est l'image exacte de l'évolution énorme qu'a accomplie le pays.

Ne faisant pas œuvre de thèse, mais de vulgarisation, sur la base d'une reproduction exacte, simple, destinée à la généralité du public, courte, essentielle et impartiale, de toutes les idées que nous ont suggérées plusieurs années de voyages et d'études en Hongrie, nous rapportons ici, fidèlement, à côté de ce qui nous a semblé constituer un mérite et un progrès chez les Hongrois, ce qui nous a frappé comme constituant leurs défauts et les points par lesquels ils pèchent encore.

La question des noms de localités, toujours importante dans un pays où chaque endroit a sa désignation en plusieurs langues, a été résolue dans le présent ouvrage de la façon suivante :

Tout lieu connu en France se trouve désigné par le nom sous lequel il y est connu, car il serait fastidieux d'appeler, par exemple, Pozsony au lieu de Presbourg, une ville qu'a rendue célèbre la paix de Presbourg, et qui n'est connue à l'étranger que sous ce nom-là.

Pour tout lieu peu connu hors de Hongrie, nous nous en tenons à la désignation magyare. Aux observations que la critique hongroise nous a présentées à ce sujet à propos de nos précédents travaux sur ce pays, nous ne saurions répondre que ceci : étranger et n'écrivant que pour l'étranger, nous ne pouvons avoir que le souci d'être clair devant l'étranger, principe qui nous semble d'autant plus juste que nous ne faisons en cela qu'imiter les Magyars eux-mêmes qui, lorsqu'ils parlent de lieux étrangers, se servent toujours de noms hongrois, désignant dans leurs écrits Paris par Párizs et Vienne par Bécs.

Une observation avant de finir : lors de la publication de notre *Autriche contemporaine*, la critique nous a reproché d'avoir oublié la Bosnie et l'Herzégovine de nos études sur l'Autriche-Hongrie.

Il n'en est rien. Ne faisant partie ni de l'une ni de l'autre des deux moitiés de cet empire, et se trouvant sous leur administration commune, ces provinces feront l'objet d'une prochaine étude spéciale rentrant dans la série.

RAOUL CHÉLARD.

Paris, le 20 novembre 1895.

LA HONGRIE

MILLÉNAIRE

PREMIÈRE PARTIE

DE 896 A 1896.
LE DÉVELOPPEMENT POLITIQUE ET INTELLECTUEL DE LA NATION HONGROISE

CHAPITRE PREMIER

Arrivée des Magyars en Europe. — Leur origine. — Comment, en 896, ils furent amenés à faire la conquête de la Pannonie. — Arpad, leur chef, fonde le royaume de Hongrie. — Incursions en Allemagne, en France et en Italie. — La peur qu'ils inspiraient aux autres nations. — On est sans défense contre eux. — Efforts héroïques de l'Allemagne pour s'en débarrasser. — Leur défaite à la bataille d'Augsbourg, en 955.

Il y a mille ans, les grandes plaines s'étendant depuis Vienne jusqu'à Belgrade des deux côtés du Danube, appelées alors Pannonie, étaient habitées par une population flottante, à moitié sauvage, et où prédominaient deux races, les Asiatiques et les Slaves. Ce mélange, de peu de densité du reste, se débattait là, au seuil de l'Europe, depuis de longs siècles, jadis attiré par les richesses de l'empire romain, dont les établissements en Pannonie avaient croulé sous ses chocs réitérés.

Les Slaves, plus nombreux que les autres peuples, n'ayant pu dépasser, dans leur marche sur l'Occident, les forêts de la Bohême et les bords de l'Elbe, ligne défendue par l'empire d'Allemagne, avaient fini par y fonder un vaste royaume et subjuguer les restes de populations asiatiques, datant encore des invasions d'Attila et des Avares.

Mais le courant de migration venant des hauts plateaux d'Asie était encore loin de se ralentir, et, à l'époque dont nous parlons, c'est-à-dire à la fin du neuvième siècle, une nouvelle incursion de ce genre menaçait de compromettre l'existence du jeune royaume slave.

En effet, à ce moment erraient, depuis cent cinquante ans environ, au dehors de la muraille circulaire des monts Carpathes qui font du bassin pannonien comme une enceinte fortifiée, de nouvelles hordes asiatiques, au nombre de plusieurs centaines de mille, se déplaçant de vingt-cinq à cinquante ans, en quête d'aventures et de nouveaux pâturages, et précédées d'une réputation détestable de sauvagerie.

Les missionnaires qui parcouraient à ce moment les pays allemands et slaves les appelaient Hongres ou Ounougars, mais eux-mêmes s'appelaient Magers ou Magyars (1).

(1) Leur origine demeure obscure, et encore aujourd'hui on n'est pas fixé à ce sujet; une école de savants, se basant sur la ressemblance de la langue magyare avec le finnois, leur donne une origine oural-altaïque tandis qu'une autre, en tête Arminius Vambéry, leur assigne une descendance ugro-turque. Quoiqu'il en soit, ils sont venus d'Asie.

Le roi Arnulf, qui régnait alors sur l'Allemagne, se trouvant en guerre contre Swatopluk, chef du royaume slave, résolut de s'en faire des auxiliaires. A son appel ils pénétrèrent dans le bassin pannonien à la faveur d'un défilé des Carpathes et, ainsi, purent en reconnaître les avantages, les ressources, la fertilité des plaines du Tisza et du Danube, sa situation stratégique protégée, son unité géographique et sa richesse en pâturages et en rivières poissonneuses, choses fort importantes pour un peuple nomade et guerrier.

Cette première expédition semble avoir eu lieu vers 892. De retour dans leurs foyers, ils résolurent de conquérir pour leur compte le pays où ils venaient de se battre comme alliés de l'Allemagne, et, vers 896, leurs hordes, commandées par leur chef Arpad, fils d'Almous, retraversant la chaîne carpathienne, probablement au nord-est du circuit, vinrent fondre sur les peuplades slaves aborigènes que, sans trop de difficultés, ils réussirent à subjuguer. Trois quarts de siècle après, ils sont maîtres du pays tout entier depuis Belgrade jusqu'aux Carpathes du nord et depuis Vienne jusqu'en Transylvanie.

Toute cette période de l'histoire de Hongrie, faute de documents et par suite de la rareté et du manque de clarté des historiens du temps, est remplie de vague et d'incertitude, aussi ne saurions nous nous étendre sur elle sans tomber dans des hypothèses et des discussions de savants (1).

*
* *

En repassant pour leur propre compte les montagnes de Pannonie, les Hongres ou Magers n'avaient certainement pas eu l'intention de se fixer à demeure dans ce

---

(1) Voir à ce sujet : *Les origines de l'époque payenne de l'histoire des Hongrois*, par Ed. Sayous. Paris, Leroux, 1874.

pays. Peuple nomade, les notions de foyer et de patrie ne dépassaient pas, chez eux, celle d'étape. S'ils y restèrent, c'est qu'ils ne pouvaient faire autrement, l'empire allemand et les *marches militaires*, instituées par Charlemagne pour en protéger la frontière orientale et d'où devait sortir l'Autriche, leur barrant le chemin de l'Europe occidentale.

Certes, ce n'est pas l'envie d'y aller faire des incursions qui leur manquait car ils n'étaient pas plutôt établis sur le Danube qu'ils vinrent attaquer cette frontière, la renversant et inquiétant pendant près de trois quarts de siècle l'Italie, l'Allemagne et la France par leurs expéditions restées mémorables dans les annales de l'histoire du moyen âge.

La série de ces entreprises de pillages et de brigandages commence en 899, encore sous Arpad, le conquérant de la Pannonie. Ils se jettent d'abord sur l'Italie, pays où ils reviennent successivement les deux années suivantes; en 902, ils mettent à sac la Bavière; en 905 et en 906 ils retournent en Italie, incendiant les villes et emportant les trésors des églises. Arpad meurt en 907 et c'est son fils Zoltan qui prend la direction des campagnes. Cette même année, ils dévastent la Moravie. La France reçoit leur visite, pour la première fois, en 910, sous Charles le Simple; ils envahissent la Lorraine, saccageant et détruisant les monastères de Remiremont, de Saint-Dié et de Moyen-Moutiers, reviennent ensuite plusieurs fois et poussent jusqu'à Cambrai, Orléans et la vallée du Rhône.

Enfin, en 955, l'Empire, après s'être trouvé pendant longtemps presque sans défense, en raison de ses déchirements intérieurs, de la jeunesse de ses institutions et de la tactique inattendue des troupes magyares, ayant pu, sur ces entrefaites, s'organiser, s'unir et mieux fortifier ses cités, réussit sous Othon le Grand à débarrasser

Écusson du roi Mathias Corvin de Hunyade, scellé dans la maçonnerie de l'église Mathias, à Budapest.

l'Europe de ces hôtes importuns en anéantissant leur armée à la célèbre bataille d'Augsbourg.

Ce premier contact de l'Occident avec les Magyars ne semble pas avoir provoqué, de la part des chroniqueurs du temps, une abondance de détails sur leur manière d'être primitive ; du moins presque rien n'a subsisté, sinon la tradition de la peur, de l'effroi terrible qu'ils inspirèrent au peuple, tradition où il faut faire la part de l'exagération. En France, le nom de Hongre, devenu *ogre*, est demeuré synonyme de monstre anthropophage ; en Italie, la peur des Magyars entra dans la composition des litanies, et les bourgeois de Modène chantaient pendant longtemps à l'église : « et protégez-nous des flèches des Hongrois » ; l'Allemagne vit en eux les peuples de Gog et de Magog, dont le Vieux Testament prédit la venue avant la fin du monde ; en Thuringe, les habitants des campagnes, à leur approche, allèrent se réfugier dans des espèces de terriers creusés à cet effet et appelés trous de nains par opposition aux Hongrois, dont l'imagination populaire surexcitée avait fait des géants trop grands pour les y suivre.

CHAPITRE II

Les Magyars nomades deviennent un peuple sédentaire. — La christianisation. — Etienne I reçoit des mains du Pape Sylvestre II le diadème de la royauté hongroise et le titre de roi apostolique. Il est canonisé. — Son constitutionalisme. — La première constitution hongroise. — Les successeurs de saint Etienne. — André II et la Bulle d'or par laquelle la nation acquiert le droit de chasser son roi s'il venait à violer la constitution. — L'invasion des Mongols en 1241.

L'issue fatale de la bataille d'Augsbourg, en rejetant les Magyars dans leurs foyers sur les bords du Tisza et du Danube, les contraignait, par le voisinage de la frontière de l'empire, d'y subir l'influence de l'Occident.

En Allemagne, en Italie et en France, mais aussi dans l'empire byzantin, ce fut, dès lors, une véritable fièvre d'enthousiasme à l'idée de civiliser ce peuple sauvage par le christianisme, et une nuée de missionnaires catholiques et schismatiques vint s'abattre sur son pays dans l'intention de le convertir. Cela ne fut guère facile, et les Magyars, adonnés à leur croyance asiatique, massacrèrent bon nombre d'ecclésiastiques, avant d'en accepter les doctrines.

Costumes militaires hongrois pendant la domination turque (XVIe siècle).

Le premier chef qui se soit montré sympathique à la nouvelle religion, fut Geiza (972-997) fils de Taksony, arrière-petit-fils d'Arpad.

Sa foi n'était pas encore bien robuste, mais elle l'était d'autant plus chez son fils Vajk. Ce jeune homme, après être monté sur le trône de son père, se révéla, de plus, comme un homme d'Etat de premier rang et auquel la Hongrie doit d'être entrée rapidement et solidement au sein des nations catholiques et de la civilisation occidentale.

Devenu roi sous le nom d'Etienne I, il décréta (1000) le catholicisme religion d'Etat, en s'employant personnellement à la propagande la plus ardente en sa faveur ; en récompense, le pape Sylvestre II lui envoya la couronne qui est demeurée l'emblème de la royauté hongroise, lui conféra le titre d'apostolique, lequel impliquait de nombreuses prérogatives ecclésiastiques, puis le canonisa. Saint Etienne, considéré comme le véritable fondateur de la monarchie hongroise, est la plus grande figure de l'histoire de Hongrie ; aussi les Magyars se le sont-ils donné pour patron en adoptant sa fête, le 20 août, pour leur fête nationale.

Ils avaient rapporté d'Asie, comme la plupart des nations primitives, un régime basé sur le suffrage du peuple, expression sous laquelle ils comprenaient l'ensemble des guerriers. C'étaient ceux-ci, dont, plus tard, devait sortir la classe des privilégiés, la noblesse, qui nommaient librement les chefs et décidaient, sur leur rapport, dans les grandes affaires de l'Etat. Etienne I codifia ces mœurs libres en les mettant d'accord avec les exigences du christianisme, et, ainsi, forma une nouvelle constitution, portant du reste son nom, et qui est demeurée la base de toute vie politique en Hongrie.

Par reconnaissance pour Arpad, sous le commandement duquel s'était accomplie la conquête, les Magyars avaient fait vœu, en son temps, de ne choisir leurs rois que parmi les descendants de sa dynastie. Les successeurs de saint Etienne furent donc, malgré l'éligibilité du trône, tous de sa famille; toutefois le principe électif offrait trop de prise aux intrigues politiques pour que leur élection pût s'accomplir sans que la paix n'en fût fréquemment troublée.

Le règne de quelques-uns d'entre eux fut absolument remarquable, tel celui d'André II, le Jérosolomitain, ainsi surnommé pour avoir conduit la cinquième croisade en Palestine, et qui se rendit célèbre par une charte, dite la *Bulle d'or hongroise*, par laquelle, en élargissant les droits de la nation à l'égard du trône jusqu'à lui donner la faculté de chasser ses rois traîtres à la constitution, il dépassait tous ses prédécesseurs en libéralisme constitutionnel (1200).

Sur la fin du règne de la dynastie arpadienne vint se produire (1240) un événement qui mit la Hongrie au bord de l'abîme. La conquête de la Pannonie par les Hongrois n'avait pas arrêté la poussée asiatique vers le continent européen; les Magyars, depuis leur établissement, avaient au contraire souvent été harcelés dans leurs foyers par des peuples de même race, mais ennemis par esprit de conquête. Soit en leur offrant l'hospitalité de quelque province insuffisamment peuplée, soit en les refoulant les armes à la main, on avait toujours eu raison d'eux; mais cette fois-ci — il s'agissait de l'invasion des Mongols sous Djengiz-Kahn et ses successeurs — aucune force ne réussit à arrêter le flot humain. La Hongrie n'en fut délivrée qu'après avoir été complètement dévastée. Après le départ de ces hordes, dont le passage a marqué comme une phase des plus douloureuses dans l'histoire de ce pays, elle était tellement dépeuplée qu'il fallut procéder à tout un système de colonisation pour lui rendre sa population.

CHAPITRE III

Fin de la dynastie arpadienne. — Intrigues des parents de saint Louis de France. — La nation refuse d'élire un étranger tant qu'il existe un descendant d'Arpad. — Avènement d'André III dit le Vénitien. — Sa descendance. — Son premier mariage à Venise avec Sybilla Cumana. — Ses enfants Félix et Marc se fixent en France. — Comment ils acquirent les seigneuries de Croüy près Amiens et de Chanel en Dauphiné. — Actes et pièces contenus dans les cartulaires de Notre-Dame d'Amiens attestant leur descendance des rois de Hongrie. — Les seigneurs de Croüy, de Chanel, princes de Hongrie à travers les siècles.

La dynastie arpadienne disparut dans des circonstances où la France eut sa part importante. Ce furent en effet des princes français qui, à la fin du treizième siècle, prirent possession du trône de saint Etienne, et c'est en France que vécurent, jusqu'en 1873, les descendants détrônés du vieux barde asiatique, conquérant de la Pannonie. Voici dans quelles conditions eut lieu cet événement :

Ladislas III, avant-dernier roi de cette dynastie, était mort sans enfants ; mais de ses deux sœurs, Marie, la cadette, avait épousé le Capétien Charles II d'Anjou, roi des Deux-Siciles et neveu de saint Louis, roi de France.

Il n'existait plus à ce moment, de la famille arpadienne, qu'une seule branche, issue du prince Etienne, frère du roi Béla IV, prédécesseur de Ladislas, mais qui, à la suite de compétitions et d'intrigues de famille, s'était expatrié et avait fait souche hors de Hongrie.

Nous reviendrons plus bas sur les raisons qui poussaient la famille du frère de saint Louis à convoiter le trône de Hongrie ; bornons-nous ici à dire que les d'Anjou, tout en étant rois de Naples et de Sicile, le convoitaient avec acharnement, ne s'étaient alliés à la famille arpadienne que dans cette intention et, en faisant assassiner Ladislas III, avaient prouvé qu'ils ne reculaient même pas devant le crime pour arriver à leurs fins.

Rien ne fit. La nation hongroise, malgré toutes les intrigues, sachant qu'il vivait encore de par le monde un d'Arpad, leur répondit par une fin de non recevoir, et éleva au trône André, fils d'Etienne, né à Venise, qui, après de longues et sanglantes guerres civiles, toujours suscitées par les d'Anjou, prit le pouvoir en 1291 sous le nom d'André III dit le Vénitien.

Ce fut là le dernier roi arpadien. Dépouillé après un règne très court, il retourna à l'étranger où les d'Anjou le firent assassiner en 1302.

Le prince Étienne, son père, frère de Béla IV, après avoir quitté la Hongrie, voyageant en France, y avait fait acquisition des seigneuries de Croüy-sur-Somme près Amiens et de Chanel près Allevard, en Dauphiné. D'autre part, André III, son fils, se rendant probablement compte des dangers auxquels l'exposait, en raison des intrigues angevines, l'acceptation du trône de ses ancêtres, semble avoir défendu à ses deux fils Marc et Félix, qu'il avait eus d'un premier mariage contracté avec Sybilla Cumana, fille d'un membre du conseil de Venise, et qui vivaient en France sur les domaines de leur grand-père, de le suivre en Hongrie.

Un acte de partage, en latin, daté d'Allevard en Dauphiné, le 9 février 1282, intervenu « entre le seigneur Félix Croüy de Chanel, coseigneur de Croüy, fils aîné du seigneur André dit le Vénitien, et le seigneur Marc Croüy de Chanel, frère cadet dudit seigneur Félix Croüy de Chanel et second fils dudit seigneur André dit le Vénitien », en nous apprenant d'abord que Félix garda les propriétés d'Allevard et de Chanel pour céder celle de Croüy à son frère, vient ensuite confirmer pleinement, ce qui précède. Il y est dit, en effet, que « l'illustre prince Etienne, de vénérable mémoire, allant en Italie et passant par la France avant de se rendre à Venise, y avait fait différentes acquisitions de biens et de droits, et que, par donation entre vifs, il avait institué pour son donataire universel son très cher fils, illustre seigneur André dit le Vénitien » ; ensuite que : « les deux frères Félix et Marc s'obligeaient réciproquement, tant pour eux que pour leurs descendants, à porter, dans leurs armoiries, les couleurs blanche et rouge, et à ne se servir jamais d'autre cri de guerre que de celui du saint nom de Jérusalem comme ayant été, les dites couleurs et cri de guerre, toujours en usage et adoptés par tous les seigneurs, pères, aïeux et bisaïeux des dits seigneurs contractants, et que ces couleurs et cri de guerre avaient été conservés en mémoire des différentes guerres qu'ils avaient faites à Jérusalem ». Finalement, Félix et Marc jurent l'observation de l'acte non seulement sur le saint Évangile, mais encore sur l'âme sainte et terrible de l'illustre roi de Hongrie André II, leur bisaïeul. « *per animam sanctam et terribilem illustris regis Hungariae Andreae, proavi dictorum fratrum.* »

Félix épousa « noble et honneste dame Guignonne de

la Chambre » qui lui donna trois enfants : Jehan, plus tard archevêque d'Embrun, puis Antoine et André; il mourut, assassiné par les d'Anjou, vers 1282, avant même que son père eût réussi à monter sur le trône. Marc, son frère, vécut assez longtemps, mais ne laissa pas de descendants.

En 1292, Marguerite de Sicile, femme du comte Charles de Valois, fait, au chapitre de Notre-Dame d'Amiens, une fondation pour le repos de l'âme du feu noble chevalier Félix de Hongrie, dont on peut lire l'acte, rédigé en français, dans le sixième volume, page 34, des cartulaires de cette église. Nous en extrayons l'intéressant passage que voici : « *Nous, Marguerite de Sicile, feme de mon segneur Charles Quens de Valois, faisons savoir à tous chiaux ki sont et ki avenir sont q. feus noble chevalier Félix de Honguerie, notre cousin, jadis seigneur en partie de Croy, de seur Somme et aisne, fiex de très noble prince de Honguerie, notre cher oncle, fut dechede soubitement en la flour de son âge, non sans soupechon de malengin, laissant à che monde sa ueue auuec trois petits enfans, et considère q. le deseur, dit chr, était notre cosin tant par madame Marie de Hongrie* », (sœur de Ladislas III, qui avait épousé Charles d'Anjou), « *notre chiere mère, que par mon segneur Charles, roi de Sicile, notre tres redoute père* », etc., etc.

Après que Charles-Robert fut monté sur le trône de Hongrie, et qu'ainsi s'étaient réalisées les ambitions de sa famille, les relations entre celle-ci et les derniers descendants de saint Étienne qui, du reste, du moins en ce qui concernait la terre de Chanel en Dauphiné, vivaient sur le domaine des d'Anjou en même temps comtes de Provence, semblent s'être améliorées, car un acte de mariage entre Pierre, petit-fils de Félix, et la demoiselle Agnès de Sassenage, est passé en présence de

Eméric Tékéli, général des Mécontents (1683).

Béatrix, épouse du dauphin Jean II et sœur de Charles-Robert d'Anjou, roi de Hongrie. Là aussi, il est dit que le futur est issu du sang royal de Hongrie : *A sanguine regis Hungariae processus.*

A partir du commencement du quatorzième siècle, on peut suivre les Croüy de Chanel en France, où ils se sont voués à l'armée ou à l'Église, mais se rappelant dans toutes les circonstances leur royale origine, sans toutefois élever la moindre prétention au trône de Hongrie. Au contraire, retirés dans les montagnes du Dauphiné, devenus de plus en plus pauvres à chaque génération, jamais favorisés par les cours, ils méritent bien plus le reproche de s'être laissés tomber dans l'ombre que d'avoir couru après les dignités et les titres.

En 1598, le maréchal de Lesdiguières écrit à Claude Croüy de Chanel, qui s'est distingué à la prise du fort de Barraulx : « Je vous aurais fait expédier sur-le-champ des lettres de noblesse, si n'estait notoire que vos ancêtres en octroyaient aux autres, et puisque ne puys ainsi reconnaître le grand et bon service qu'avez rendu au Roy, je vous prie m'aider à trouver celles de servir vostre avancement..... »

Vers la fin du dix-septième siècle, on les retrouve aussi dans la magistrature. En 1790, la famille se compose de trois frères : Jean-Claude, substitut du procureur au parlement de Dauphiné ; François-Nicolas, avocat au même parlement, et François-Paul, religieux de l'ordre des Frères prêcheurs.

Avant la Révolution et en raison des prérogatives qui se rattachaient aux titres de noblesse, la France pullulait de faux nobles qu'on poursuivait autant qu'ils se laissaient prendre. Les Croüy de Chanel ne faisaient donc que suivre l'exemple d'autres nobles authentiques en remettant, aux fins de vérification, et à la suite de contestations, leurs titres à l'autorité compétente, pour eux la Chambre des comptes du Dauphiné, qui, en date du 26 mars 1790, leur délivra un jugement où elle déclarait, en leur donnant acte de la présentation « des minutes et grosses originales des titres et actes énoncés », qu'ils avaient suffisamment prouvé leur descendance directe et masculine de Félix, fils d'André, dit le Vénitien (1).

En 1817, il fut procédé, d'office, à une nouvelle vérification par de Villevielle, bénédictin de la congrégation de Saint-Maur, Pavillet, chef de la section historique aux archives du royaume, Lacroix, généalogiste de l'ordre de Saint-Jean de Jérusalem, et de Saint-Paul, archiviste. Même résultat. Autre vérification en 1839, à propos d'un procès où le tribunal de Grenoble, assisté d'une commission d'experts nommée par le préfet de l'Isère, constata de nouveau la descendance arpadienne des Croüy de Chanel par un jugement aussi longuement que fortement motivé, et après vérification des pièces

---

(1) Ces pièces sont très nombreuses. Elles se composent :
D'un acte du 1ᵉʳ mars 1279 concernant la forêt de Weiga, en Dalmatie, et où il est dit que André II était le bisaïeul de Félix ; d'un jugement d'assises rendu à Amiens en 1290 ; de la fondation de Marguerite de Sicile datée d'Amiens (1292) ; des obits conservés aux archives de Notre-Dame d'Amiens et où Félix est clairement désigné comme fils aîné d'André III et de Sybilla-Cumana de Venise, son épouse ; d'une reconnaissance en emphytéose en faveur d'Antoine Croüy-Chanel du 16 juin 1316 ; du contrat de mariage, daté de 1308, entre Pierre de Chanel et Agnès de Sassenage et cité plus haut ; du brevet de capitaine donné par Lesdiguières à Claude de Chanel en 1594 ; du jugement de la Chambre des comptes du Dauphiné de 1790 ; du brevet, daté de 1848, par lequel Pie IX accorde au « *dilecto filio Claudio Augusto Hungariæ, principe marchioni de Croüy-Chanel, parisiensis* », la décoration de commandeur de Saint-Grégoire-le-Grand ; de l'autorisation, octroyée par l'empereur Napoléon III, au « prince de Croüy de Chanel de Hongrie » d'en porter les insignes ; du brevet de chevalier de Saint-Louis (1816) adressé à « M. de Hongrie, marquis de Croüy de Chanel » et signé Louis XVIII ; de la reconnaissance du droit héréditaire de porter la croix de Malte, rendue en 1816 par le conseil de l'ordre et signée par le chancelier de France.

originales depuis le treizième siècle. En 1861, quatrième vérification ; celle-ci faite par le Conseil du sceau de l'Empire, sur la demande en autorisation du dernier Croüy de Chanel de porter le titre de prince. Toutes les pièces furent reconnues authentiques, mais le titre de prince lui fut refusé, « attendu que pour prétendre au titre de prince, le requérant ne se fondait ni sur des lettres patentes, ni sur un titre original quelconque, mais bien sur la descendance d'une famille royale étrangère, et que, dès lors, ce serait au gouvernement du pays où auraient régné ses ancêtres à déterminer quel droit peut conférer cette origine » ; décision fallacieuse, apparemment inspirée par des intrigues — le demandeur s'était mêlé de politique — mais qui n'infirmait en rien l'authenticité de sa descendance. Du reste, la maison impériale d'Autriche elle-même avait expressément reconnu leur origine royale arpadienne en autorisant au commencement de ce siècle deux membres de cette famille à porter la croix de Malte.

On ne comprend donc pas l'obstination de certains historiens étrangers à traiter toute cette histoire de supercherie, à moins de supposer que des autorités françaises, assistées des savants français les plus compétents en la matière, se soient faites, pendant plusieurs siècles, les complices de faussaires.

En Hongrie toutefois, l'ignorance à cet égard s'explique, les divers incidents au cours desquels les tribunaux français ont eu à vérifier la généalogie des derniers rejetons de la famille de saint Étienne s'étant produits à une époque où ce pays était encore isolé du monde civilisé et où des nouvelles, surtout comme celles de l'existence de descendants de ses rois nationaux, n'y pénétraient pas facilement sans avoir subi préalablement des mutilations censoriales.

Au milieu de notre siècle, la famille se compose de

François-Claude-Auguste Croüy de Chanel, déjà nommé, et de Nicolas-Jean-Henri. De mauvais jours étant venus pour elle, ses terres, très obérées, ayant été vendues, Nicolas-Henri décide d'aller se fixer en Autriche où ses fils embrassèrent ensuite la carrière militaire. Toutefois, avant de s'y résoudre, il adresse à la Diète hongroise une demande en reconnaissance de ses droits à l'indigénat en vertu de sa descendance. A l'unanimité moins deux voix, cette assemblée décide que, non seulement l'indigénat lui était acquis, mais encore qu'il aurait voix à la Chambre des magnats. Mais l'affaire en resta là, ce fils de vingt-trois rois magyars n'ayant pas les moyens d'acquitter les taxes de sa réintégration.

CHAPITRE IV

Auguste Croüy de Chanel, prince de Hongrie, dernier arpadien français. — Ses relations avec Louis Bonaparte. — L'alliance franco-russe. — Il fonde *le Capitole*, journal impérialiste. — Son arrestation et ses procès. — Son rôle pendant la révolution hongroise. — Il n'est pas prétendant. — Sa mort en 1873.

Auguste Croüy de Chanel, prince de Hongrie, le dernier arpadien français, mort en 1873 sans descendance mâle et dont le nom a souvent retenti en France, était né en 1790. Caractère français très remuant, très méridional, quelque peu aventureux même, son nom fut, pour la première fois, prononcé publiquement à propos de sa querelle héraldique avec les Croy d'Avré, procès qu'il gagna du reste.

En 1821, à la révolution grecque, Croüy se prit d'une belle ferveur pour la cause des Hellènes et on le vit organiser d'importantes souscriptions en faveur des révolutionnaires. Peu après, il fut mêlé aux affaires d'Espagne, pays pour lequel, malgré l'opposition du gouvernement français sur le point d'intervenir au delà des Pyrénées en vue du rétablissement au trône de Ferdinand VII, il fit souscrire à Paris un emprunt où il gagna son million, ce qui lui permit de redorer le blason de saint Étienne dont l'éclat s'était quelque peu terni au cours des siècles. En récompense de ce service, le ministre des finances espagnol lui concéda l'exploitation des fabriques royales de drap, à l'exclusion d'une société anglaise, et, par là, Croüy devint un des principaux initiateurs du relèvement de l'industrie espagnole et des rapports financiers franco-espagnols, si nombreux en ce moment. Il commença alors à jouer un rôle dans le monde parisien et son hôtel de la place Vendôme devint le rendez-vous du Tout-Paris politique, financier et diplomatique. Ses succès en Espagne l'ayant signalé à l'attention du gouvernement français comme étant fort habile, celui-ci le chargea de la mission, très délicate, d'aller proposer au gouvernement espagnol l'émancipation nominale du Mexique sous l'infant don François de Paul. Mais il échoua et l'infant, qui, enchanté d'abord de ses ouvertures, l'avait nommé son émissaire en titre, oublia jusqu'à lui rembourser les frais de ses démarches. La révolution de Juillet vint achever sa ruine.

Deux ans après, le dernier des Arpad, soupçonné de comploter avec les ennemis de Louis-Philippe, est arrêté par la police qui, sans preuves contre lui, l'accuse, au moyen d'une machination policière, de faux de billets de banque, crime encore puni de mort à ce moment. Le malheureux eut, pendant neuf mois, la tête en face de l'échafaud, jusqu'à ce que, enfin, un acquittement retentissant le rendît à la liberté (1).

En 1838, on rencontre Croüy en relations avec Louis Bonaparte, rêvant la restauration de l'Empire avec

---

(1) *National* du 5 septembre 1832, *Débats* du 5 novembre même année, et : *Biographie du prince Auguste de Croüy Chanel de Hongrie*, par le comte Henri Gerothwohl de Croüy Chanel (son neveu). Paris, Derenne, 1882, in-8°.

Le siège de Bude par les armées chrétiennes, en 1686.

l'Amérique et la Russie pour alliées ; l'alliance franco-russe surtout, sur laquelle il a laissé un important travail, le hantait spécialement. En 1839, il fonda *le Capitole*, journal impérialiste, dont il quitta cependant la direction au bout de trois mois pour se faire arrêter de nouveau quelques jours après, sous l'inculpation de complot bonapartiste. Après avoir réussi à s'évader, il vient se reconstituer prisonnier pour couper court à des calomnies qu'on fait circuler sur lui ; mais le 7 avril 1840, bénéficiant d'un non-lieu, il recouvre sa liberté tout en demeurant surveillé comme suspect. En 1847, on le retrouve accrédité près la cour de France pour les affaires de Rome.

La révolution hongroise ne le détourna pas, d'abord, de ses projets de reconstituer l'Empire, et ce ne fut qu'après le coup d'État, et lorsque l'émigration hongroise fut parfaitement organisée à Paris, qu'il fut pris dans l'engrenage ; toutefois Croüy n'a jamais figuré comme prétendant, s'étant toujours borné au rôle de simple ami des Hongrois.

Le 10 novembre 1861, dans une lettre adressée au prince de Metternich, ambassadeur d'Autriche à Paris, et rendue publique, il invite François-Joseph à donner la liberté à la Hongrie, sinon « en sa qualité de fils d'Arpad, restés en oubli, victimes de crimes inouïs, proscrits dépouillés, enfants de pères empoisonnés, contestés dans leur descendance et expiant dans l'abandon la gloire de leurs aïeux », il se mettrait à la tête de l'insurrection.

A ce moment, l'on vint à découvrir à Fertö, en Hongrie, les restes du roi arpadien Béla III qu'on déposa, en manière de curiosité historique, dans une vitrine du musée de Pest. Croüy, s'alarmant de ce manque de tact, réclama, par une lettre de protestation envoyée au prince-primat de Hongrie, une sépulture royale pour son ancêtre. L'empereur d'Autriche fit droit à cette demande, mais en même temps une circulaire de la police hongroise menaçait de poursuites quiconque serait trouvé en relations avec le dernier des Arpad. Sa lettre, réimprimée en des centaines de mille exemplaires, avait provoqué une petite révolution sur les bords du Danube. Dès ce moment, l'Autriche se mit à organiser contre lui, en France, une vigoureuse campagne de plume et de paroles, contestant ses titres, le faisant passer pour un imposteur et un aventurier, laquelle campagne, cependant, ne servit qu'à confirmer sa descendance à nouveau, et cette fois-ci de la façon la plus inattendue et la plus désagréable pour le gouvernement autrichien.

Or, son ancêtre, le prince Étienne, dont nous avons déjà parlé, ayant épousé, après s'être expatrié, une marquise d'Este, et ayant eu, de ce fait, des droits à la possession de ce pays, Auguste de Croüy-Chanel assigna, en date du 12 octobre 1863, François V d'Autriche « citoyen italien, ex-duc de Modène », devant le tribunal d'arrondissement de cette ville « pour s'entendre condamner à la déchéance pour usurpation de titres ». Le procès eut, comme bien l'on peut penser, un retentissement énorme, et, le 19 octobre 1865, le tribunal de la petite cité italienne, reconnaissant le bien fondé de ses droits, malgré une pression officielle énorme, donna gain de cause au plaignant. Ce jugement extraordinaire fut confirmé par la Cour de cassation, mais ne fut guère suivi d'effet, le marquis n'ayant voulu que donner une leçon de choses à ses adversaires.

Après le compromis de 1867, Croüy se retira de la mêlée politique. Il ne vivait plus, à ce moment, que d'une pension officiellement fixée à 3,000 francs, mais dépassant, de fait, beaucoup ce chiffre, que lui faisait Napoléon III sur sa cassette privée.

Après la guerre de 1870, il se retira à Abbeville, chez son gendre, revint à Paris ensuite et y mourut en 1873. Ce fut par les soins de son frère Henri, fixé en Autriche, que ses restes furent transférés en Dauphiné où ils reposent dans le petit cimetière du village d'Allevard, patrimoine et dernier refuge, depuis le treizième siècle, des descendants légitimes de saint Étienne.

Les passions politiques qui avaient embrouillé cette histoire s'étant éteintes, et la chose étant peu connue, nous avons pensé qu'un chapitre sur les derniers d'Arpad ne devait pas manquer dans un ouvrage publié au moment où la Hongrie s'apprête à célébrer le millième anniversaire de la fondation arpadienne. Voilà qui est fait ; et maintenant retournons de six siècles en arrière.

CHAPITRE V

Les d'Anjou de Naples. — Les rêves de grandeur du frère de saint Louis. — Le comité secret de Rome pour précipiter l'extinction de la dynastie arpadienne. — L'arrière-petit-neveu de saint-Louis monte sur le trône de Hongrie. — Le règne des rois angevins. — Marie, roi de Hongrie. — Guerres civiles. — Les premières guerres contre les Turcs. — Jean Hunyade. — Mathias. — La perte de l'indépendance hongroise à la bataille de Mohács, le 29 août 1526.

Il est difficile de comprendre l'avènement de la famille de France au trône de Hongrie sans se remémorer les multiples ramifications en lesquelles elle s'était divisée. (1)

Louis VIII et Blanche de Castille avaient eu six enfants, dont l'aîné fut Louis IX dit saint Louis. Parmi les autres, Charles, né en 1220, plus jeune que lui de cinq ans, épousa, par l'entremise de son frère, Béatrice de Provence, et se distingua par son goût des aventures et une insatiable ambition. De retour de terre sainte où, en y accompagnant Louis, il s'était fait un nom par sa bra-

(1) V. Scévole et Louis de Sainte-Marthe : *Histoire généalogique de la maison de France*. Paris, 1712, in-4°, pages 191-196, tome 1.

voure et sa férocité, le Pape lui offrit le trône des Deux-Siciles dépendant à ce moment du Saint-Siège. En 1266, Charles et Béatrice se font couronner à Rome. Ils eurent quatre enfants, dont un, Charles, devait prendre la succession du père sous le nom de Charles II.

A son heure, le frère de saint Louis avait été hanté par des rêves de grandeur et avait projeté la constitution d'un grand empire latin en Orient. Voyant ce projet irréalisable et la dynastie hongroise sur le point de s'éteindre, il avait jeté son dévolu sur le trône de Hongrie, et, dans ce but réussit à marier son fils à Marie, sœur de Ladislas III. Cette princesse ne fut pas plutôt à Naples qu'elle entra avec empressement dans les vues de son beau-père et s'en fit l'auxiliaire. Aussi est-ce de l'époque de ce mariage que datent toutes les atrocités commises à l'effet de précipiter l'extinction de la famille arpadienne, atrocités pour l'exécution desquelles une commission secrète fonctionnait à Rome ou à Naples sous les auspices du Pape, très intéressé lui-même à ce que l'entreprise réussît. Ni le père, ni le fils ne devaient cependant voir leur rêve se réaliser, ni même le petit-fils Charles Martel qui, cependant, quoique n'ayant jamais régné, s'arrogeait déjà le titre de roi de Hongrie. Ce ne fut que le fils et successeur de ce dernier, Charles-Robert, dit Charobert, arrière-petit-neveu de saint Louis qui put enfin, mais au prix seulement d'une lutte acharnée et de difficultés sans nombre, monter sur le trône pour la possession duquel trois générations des siens avaient commis tous les crimes et toutes les bassesses. L'entreprise, du reste, ne réussit que grâce aux ressorts que fit jouer le Pape qui, las de l'indépendance que les d'Arpad — lesquels devaient, en somme, beaucoup au Saint-Siège — avaient manifestée à son égard, cherchait à reconquérir en Hongrie l'influence que le Vatican y avait eue du temps de saint Étienne.

Le règne des d'Anjou, dits les Capétiens hongrois, dont trois seulement, Charobert, Louis Ier, surnommé le Grand, et Marie, fille de ce dernier, se sont succédé au trône, a, malgré les guerres civiles précédant leur avènement, marqué comme une phase heureuse dans l'histoire de la Hongrie : les rois angevins, dit Verbœczy, célèbre jurisconsulte hongrois du seizième siècle, apportèrent de France « *ex galliarum finibus* » des institutions nouvelles et salutaires encore en vigueur à son époque. Ils avaient, il est vrai, en aversion les libertés constitutionnelles et ne négligeaient aucun moyen, légal ou caché, de les restreindre au profit du trône. Mais en soustrayant ainsi le pouvoir à l'influence dissolvante de la noblesse, ils purent en augmenter l'éclat et suivre une politique plus personnelle et plus profitable à la grandeur du pays.

Ce fut grâce à ce système que Louis d'Anjou, pour lequel les historiens hongrois professent une vénération très grande, put placer sur sa tête la couronne de Pologne, puis faire de la Hongrie une puissance de premier rang comprenant, outre le royaume de saint Étienne, la Croatie, la Dalmatie, la Bulgarie, la Bosnie, la Moldavie et la Valachie.

Comme il était sans enfants mâles, la nation, voulant se montrer reconnaissante à son égard, éleva au trône sa fille Marie en la déclarant, par une singularité unique dans l'histoire des peuples, non reine, mais roi, ce qui obligeait cette princesse de se qualifier de *Maria rex* dans tous les actes publics.

Marie épousa Sigismond, fils de Charles IV, empereur d'Allemagne de la maison de Luxembourg-Bohême.

La seconde dynastie éteinte, le trône de saint Étienne, dès lors objet des convoitises de tous ses voisins, échoit, tour à tour, aux d'Autriche, à la maison de Pologne, puis de nouveau à l'Autriche, aux Hunyade, encore aux

FRANCOIS RAKOCZY,
Prince de Transsilvanie.

(1703-1711)
(Portrait de l'époque fait en France.)

Jagellons, et le pays, pendant ce temps, devient le théâtre de perpétuelles guerres civiles suscitées par les compétiteurs, lesquelles devaient infailliblement l'amener à une catastrophe.

Louis le Grand n'avait pas su reconnaître, malgré la perspicacité de son esprit politique, l'importance de l'orage qui devait provoquer la perte de l'indépendance hongroise et qui grondait cependant déjà, de son temps, aux frontières sud-est de son royaume.

Sigismond en avait été instruit à ses dépens. En 1394, les villes bulgares de Widdin, de Silistrie, de Nicopolis, avec les défilés des Balkans, étant tombées entre les mains des Turcs, il était arrivé tout juste à conjurer le danger momentanément en organisant la fameuse croisade de Nicopolis, où les Magyars, comme on sait, saisis d'une panique, prirent la fuite, pendant que la chevalerie française se faisait massacrer.

Mais aussitôt après, la Hongrie était retombée dans les guerres intestines et ne s'en était réveillée que lorsque le sultan Amurath, à la tête d'une armée immense, traînant à sa suite un attirail de machines de guerre redoutable, vint mettre le siège devant Belgrade, ville commandant le passage du Danube vers les plaines de l'intérieur de la Hongrie.

Cette première époque des guerres turques est illustrée, on le sait, par la belle et grande figure de Jean Hunyade qui, par son courage et ses talents de grand capitaine, réussit à arrêter, pendant assez longtemps, le flot des armées ottomanes sur lesquelles il remporta, en 1456, la fameuse bataille de Belgrade.

Profitant de la trêve que cette victoire avait procurée au pays, son fils cadet, Mathias, que la nation avait élevé au trône par reconnaissance pour le père, put inaugurer un des règnes les plus brillants que la Hongrie ait connus (1457).

Le dernier roi dont l'élection puisse être considérée comme sortie du vœu souverain de la nation, fut Louis II, un Jagellon, en même temps roi de Bohême.

Le sultan Sélim avait conclu la paix avec son père. Soliman II, son successeur, eût voulu la prolonger, moyennant une rançon, bien entendu, ainsi que cela se pratiquait à cette époque.

Malheureusement, le jeune roi, par vivacité de caractère et mal conseillé, maltraita les ambassadeurs turcs chargés de négocier, et l'orage ottoman se déchaîna à nouveau sur la Hongrie, dont les forces, diminuées par l'immixtion dissolvante de la noblesse aux affaires de l'État et l'isolement d'une politique extérieure néfaste, étaient insuffisantes pour résister.

Le 29 août 1526, eut lieu, près la petite ville de Mohács, au milieu des immenses méandres et des marécages du Danube, la bataille où le jeune Louis II trouva la mort et où sombra à tout jamais la Hongrie, puissance indépendante.

Trois ans après, les Turcs sont à Buda, capitale du royaume qui, pendant cent cinquante-trois ans, demeure résidence d'un pacha et chef-lieu du *pachalik* dit de Hongrie.

CHAPITRE VI

Le morcellement de la Hongrie en trois parties. — Les débuts des rois autrichiens sur le trône. — Le contre-roi. — Les Mécontents se chargent de défendre la vieille constitution de saint Étienne. — Léopold Ier et les Turcs. — La Porte, l'alliée naturelle des Magyars. — Tékéli. — Les Turcs devant Vienne, en 1683. — Les échafauds d'Éperies. — Rakoczy II. — La Pragmatique sanction de Charles VI. — Marie-Thérèse. — La noblesse magyare se germanise. — Les lois de Joseph II.

La bataille de Mohács eut pour premier résultat le morcellement du royaume en trois parties; l'une, comprenant le centre et les parties méridionales, au pouvoir du vainqueur, et les deux autres, le nord-est et le nord-ouest, appartenant à deux rois, se prétendant chacun, à titre égal, l'élu de la nation et payant tribut à la Porte.

Sur le champ de bataille de Mohács même, une partie de la noblesse avait proclamé roi Zapolya, un des généraux de l'armée; en même temps, Ferdinand Ier d'Autriche, se basant sur le mariage de sa sœur avec Louis II de Hongrie, s'était fait élire à Presbourg par l'autre partie des nobles, réunis en Diète, incomplète du reste.

Quoique, depuis Rodolphe de Habsbourg, bien des

efforts eussent trahi la tendance constante de la maison d'Autriche de s'emparer de la couronne de saint Étienne, ce fut là la première main-mise présentant quelque chance de durée. Mais il ne faudrait pas en inférer toutefois que l'Autriche arrivait en vainqueur, parlant haut et dictant ses volontés. Ses débuts furent, au contraire, des plus modestes et, dans le partage de la Hongrie, elle dut se contenter de la plus petite part du gâteau. C'est que, d'une part, la Diète, laissant par là intact le principe électif de la constitution hongroise, n'avait élu Ferdinand qu'à titre purement personnel, à l'exclusion de toute idée d'hérédité, et que, de l'autre, le parti de Zapolya, estimant que le Turc était un ennemi moins dangereux que l'Autriche, s'était immédiatement allié à la Porte. Ces deux circonstances, en rendant la nouvelle possession autrichienne fort aléatoire, dictaient à ses souverains la prudence et la modestie.

Aussi, le 3 novembre 1527, à son sacre, qui eut lieu à Albe-Royale, voit-on le puissant chef du Saint-Empire prêter serment de fidélité à la petite nation hongroise et lui jurer solennellement de respecter ses libertés constitutionnelles, y compris le redoutable article 31 de la Bulle d'Or d'André II conférant à ce peuple le droit de chasser des rois, en cas de violation de la constitution.

Le règne des d'Autriche sur le trône de Hongrie, depuis la bataille de Mohács jusqu'à la Révolution française et les guerres contre Bonaparte, peut se diviser, selon la nature de leur politique, et la façon dont ils entendaient conserver la succession, en trois périodes différentes.

Pendant la première, en apparence respectueux de la vieille constitution, par crainte du parti transylvanien et de son puissant allié le Turc, ils se contentaient généralement de petites violations, maintenant l'ordre de succession par le soin qu'ils prenaient toujours de faire élire le fils du vivant du père par une Diète convenablement préparée.

En effet, que le roi s'appelât Ferdinand Ier, Maximilien II, Rodolphe II, Mathias, Ferdinand II, Ferdinand III, ou Ferdinand IV, la marche des événements fut toujours, à peu de chose près, la même : en Transylvanie, devenue le rendez-vous de tout ce qui est hostile à l'Autriche, veille l'armée des patriotes commandée, selon l'époque, par les Zapolya, les Bocskaï, les Bethlen ou les Rakoczy, et, aussitôt que le souverain empiète trop sur la constitution, et il ne s'en prive pas, elle quitte ses montagnes et, de concert avec le Turc, vient l'attaquer. Alors il s'effraye, promet de respecter les libertés nationales, s'arrange avec le Turc moyennant une rançon et fait la paix ; mais profitant des bonnes dispositions que ses promesses font naître dans l'Assemblée nationale, il réclame à celle-ci l'élection et l'inauguration de son fils.

Avec Léopold Ier, le système change. La Diète hongroise a trop souvent manifesté des velléités d'indépendance ; de plus, ces prétendus droits de la nation sont contre tous ses principes de majesté par la grâce de Dieu. Il y a d'autres raisons, plus puissantes encore : le Turc est devenu un allié moins redoutable, et l'empereur a momentanément réussi à aliéner aux Hongrois, à son profit, la France, leur autre alliée. A l'aide de la bravoure française, il bat la Porte à la bataille de Saint-Gothard (1er août 1664) ; mais il ne veut profiter d'aucun avantage que lui donne cette victoire, se contentant d'obtenir des Turcs la promesse de ne plus secourir les Hongrois. Ceci fait, il se met résolument en devoir de traiter la Hongrie en pays conquis, cherchant à y exterminer jusqu'à la dernière trace de vie politique.

La nation s'émeut, fait des représentations et lui rappelle les serments prêtés et le texte de la Bulle d'Or d'André II. Léopold nomme cela une conspiration et fait exécuter Pierre Zrinyi, François Frangepan et François Nádasdi, qui s'étaient mis à la tête du mouvement (1667-1670). Par l'édit du 21 mars 1671, il se déclara vainqueur par les armes, de toute la nation magyare contre lui conjurée, en la menaçant de sa colère si elle osait désormais se soustraire à son autorité absolue qu'il tenait de Dieu.

Cette fois-ci la mesure était comble ; si affaibli que semblât être le parti des Mécontents, en s'inspirant de la grande figure de Tékéli, son nouveau chef, qui, sur ces entrefaites, avait su reconquérir l'alliance de la France, il leva l'étendard de la guerre et marcha contre Léopold. Celui-ci s'effraye, se hâte de convoquer une Diète, lui promet le rétablissement de la constitution stéphanique, proclame l'amnistie, abolit les tribunaux militaires, mais, en oubliant de renvoyer les garnisons étrangères qu'il avait placées dans les villes hongroises, trahit le peu de sincérité de ses intentions. Aussi Tékéli ne désarma-t-il pas devant ces nouvelles dispositions impériales et, malgré les engagements pris par la Porte vis-à-vis l'Autriche, put faire avec elle une alliance offensive et défensive qui conduisit les armées ottomanes une dernière fois devant Vienne en 1683.

L'issue de cette campagne est connue : tandis que Léopold, réfugié à Linz, abandonnait la capitale de l'Empire à son sort, Jean Sobieski, roi de Pologne, la lui sauva en rejetant les Turcs en Hongrie ; trois ans après, Charles de Lorraine put organiser le mémorable siège de Buda et délivrer la capitale hongroise à son tour de l'ennemi. Quant à Léopold, se sentant débarrassé de Tékéli et des Turcs, son ressentiment contre les Magyars éclata avec fureur. C'est à ce moment que l'on voit fonctionner le célèbre « théâtre » d'Eperies, formidable échafaud où, depuis le mois de mai jusqu'au mois de dé-

Le comte Étienne Széchényi (1846).

cembre 1687, une équipe de bourreaux décapitait, écartelait et rouait des centaines de patriotes hongrois soupçonnés de ne pas dûment chérir leur souverain.

Au milieu de ces massacres, destinés bien entendu à impressionner la nation, il convoqua une diète par laquelle il fit voter l'abolition du droit d'élection et de l'article 31 de la Bulle d'Or ; mais ce fut là tout ce qu'il put obtenir, et encore ces concessions ne lui furent-elles faites qu'en échange de deux clauses restrictives portant qu'en cas d'extinction de la race mâle habsbourgeoise les Etats reprendraient leur liberté, et que tous les princes, en montant sur le trône, prêteraient serment à la constitution.

Plus tard, Léopold fit encore quelques tentatives pour faire abolir les « vieilleries constitutionnelles », mais sans réussir davantage, et, dès lors dut se contenter des petites violations d'usage, ce qui lui suscita la célèbre guerre contre François Rakoczy II, prince de Transylvanie et parent de Tékéli (1703-1711). Il mourut avant qu'elle ne fût terminée, cédant le trône à son fils Joseph Ier qui, à peu de chose près, continua la politique de son père, mais dont le règne fut très court.

Avec Charles VI, frère de Joseph Ier, que les Hongrois reconnaissent sous le nom de Charles III, commence la troisième période, qu'on pourrait appeler celle des cajoleries. Cependant rien, en somme, n'eût empêché le père de Marie-Thérèse de continuer la politique de ses prédécesseurs. La paix de Carlowitz (26 janvier 1699) avait refoulé les Turcs hors de Hongrie ; en même temps la Transylvanie, vieux repaire des Mécontents, avait été acquise à l'Autriche par la renonciation de son dernier prince Apaffy fils, en échange du titre de prince de l'Empire et de quelques terres dans le voisinage de Vienne ; et finalement, le redouté François Rakoczy II vivait oublié de tout le monde, à Constantinople, d'une pension que lui faisait son allié Louis XIV.

Mais la maison autrichienne était à ce moment menacée d'une crise bien plus importante que les continuelles révoltes des Magyars. Si ceux-ci n'acceptaient pas pour successeur au trône son unique fille Marie-Thérèse, — et d'après la charte léopoldine ils n'étaient pas obligés de le faire, — Charles allait voir l'existence de sa dynastie sérieusement compromise. On comprend dès lors sa nouvelle attitude envers la Hongrie. Le puissant empereur ne négligeait aucune occasion pour lui rappeler qu'il n'oubliait pas les serments prêtés par ses prédécesseurs et lui-même à sa constitution, en sorte que, quand il vint supplier la diète (1723) d'étendre aux femmes le droit d'hérédité que, sous Léopold Ier, elle n'avait accordé qu'aux mâles, sa demande fut acceptée haut la main.

Marie-Thérèse ne fit que renchérir sur l'attitude de son père. Elle couvre de titres, de charges et de décorations l'aristocratie hongroise, lui distribue les plus hauts commandements dans l'armée, l'appelle à la cour, dans les chancelleries, et va souvent résider en Hongrie; mais aussi, lorsque, enveloppée de guerre de toutes parts, elle est obligée d'avoir recours à la nation magyare, n'a-t-elle qu'à se montrer, le petit Joseph sur le bras, pour que tous les magnats, mettant sabre au clair, prononcent le fameux *moriamur...!*

Soit intentionnellement, soit sans arrière-pensée de dénationalisation, l'impératrice, par ce rapprochement, contribua beaucoup à la germanisation de la Hongrie, car la noblesse magyare, omnipotente chez elle, y introduisit les mœurs, les goûts, le tour d'esprit et la langue de Vienne, que la bourgeoisie et le peuple se croyaient naturellement obligés de s'approprier également, par snobisme envers les grands.

La transformation des mœurs magyares marchait ainsi bon train, lorsque Joseph II, succédant à sa mère, vint brusquement provoquer une réaction par ses lois visant l'unification de son empire caléidoscopique en faveur de la langue allemande.

Jusqu'ici la lutte entre l'Autriche et les Magyars n'avait été qu'une lutte constitutionnelle ; on avait parlé de droits politiques, de privilèges, de paragraphes et de vieux textes, mais non encore de droits des races, de langue et d'esprit nationaux, de liberté des peuples. Toutefois, comme ces idées, à ce moment, étaient dans l'air, leur explosion ne pouvait tarder à se produire.

Nous verrons plus tard comment toutes les branches de la vie intellectuelle : littérature, presse, esprit politique moderne, tirent, en Hongrie, leur origine de cette époque très récente de réveil national, réveil dont les premiers symptômes se manifestèrent dès la diète de 1790.

CHAPITRE VII

De 1790 à 1849. — Les commencements de la vie parlementaire. — Coup d'œil sur les origines du parlementarisme hongrois. — La pression gouvernementale et les barrières intellectuelles élevées autour de la Hongrie. — Ce qu'était l'esprit public des Magyars au début de ce siècle. — La naissance du parti libéral. — Le comte Etienne Széchényi. — Kossuth, journaliste et démocratiseur du progrès. — La noblesse abolit elle-même les privilèges nobiliaires. — La Constitution de 1848. — La rétractation. — La guerre de 1849.

La Hongrie va maintenant entrer dans la lice politique des peuples modernes, et il est temps d'examiner un peu dans le détail ses vieilles institutions parlementaires et l'esprit public qui finit par les renverser pour en faire sortir de plus conformes à notre époque.

Les principes de l'élection des souverains et de la représentation nationale, nous l'avons vu plus haut, n'ont pas été donnés aux Hongrois par l'Europe, mais ils les ont rapportés d'Asie. Malgré les nombreux efforts de certains rois pour les détruire, ces deux principes n'ont jamais cessé de fonctionner, et si, à certains moments de l'histoire, ils furent violés ou la cause de guerres civiles et même celle indirecte de la perte de l'indépendance du pays, ils n'en ont pas moins toujours constitué le ressort où la nation alla puiser la force nécessaire pour se maintenir comme peuple distinct.

Aux premières époques, l'Assemblée nationale hongroise, corps législatif souverain, jugeant les actes des rois, les élisant et les destituant, comprenait tous les hommes d'armes, et ne se réunissait que dans les grandes circonstances d'État et en plein champ, dans la plaine de Rákos, coin de l'Alföld, situé aux environs de Budapest, où les députés campaient sous des tentes et siégeaient à cheval et armés.

Elle fut plus fréquemment convoquée sous André le Vénitien, Louis d'Anjou, Sigismond, Albert et Ladislas d'Autriche et Jean Hunyade, gouverneur par intérim. Décrétée périodique par Mathias Corvin (1458), elle ne le devint effectivement que sous Louis II.

Peu à peu, sa composition s'était modifiée ; le haut clergé y était entré, les anciens hommes d'armes avaient fini par former la noblesse, puis, à mesure que le nombre des nobles s'augmentait, notamment au cours des seizième, dix-septième et dix-huitième siècles, l'usage de convoquer les simples nobles tomba en désuétude. Dès Sigismond, les villes libres royales, c'est-à-dire se trouvant sous la juridiction du pouvoir central, ayant obtenu de se faire représenter pour une voix de nobles, la loi hongroise définissait comme suit l'état constitutif de cette assemblée : *universitas prælatorum, baronum, nobilium et urbium*, par opposition au reste de la nation, privé de droit politique et compris sous la désignation de *misere contribuens plebs*. Autre modification introduite avec le temps : afin de la soustraire aux élans trop dangereux du grand air de la plaine, on l'enferma de bonne heure dans des salles. Ainsi désarmée et démontée, elle était plus docile. Puis, avec les rois autrichiens, elle fut divisée en deux Chambres. Dans la première, présidée par le Palatin, chef suprême de l'administration du royaume, siégeaient les comtes suprêmes (préfets des départements), les baronnets ou officiers de la couronne, les prélats et les simples magnats; dans la seconde, la Chambre des députés, les membres de l'une des deux grandes cours de justice, les députés des comitats, ceux des villes libres et ceux des magnats absents.

Cette scission, adroitement exploitée, en brisant l'ancienne égalité, rompait toute unité d'action, en ce que la Chambre des hauts seigneurs, oligarchie tyrannique, détruisait généralement ce que l'autre venait de faire.

Un peuple, possédant ainsi des institutions parlementaires et une vie politique huit fois séculaires, allait nécessairement, à un moment donné, passer par-dessus les barrières gouvernementales pour entrer à pleines voiles dans le mouvement inauguré par la France en 1789.

Toutefois, au commencement des guerres de Bonaparte, la nation hongroise était encore bien arriérée, bien à plaindre.

L'Autriche, de peur d'y voir se répandre les idées philosophiques occidentales, l'avait isolée de tout contact avec les peuples civilisés, une censure impitoyable empêchait tout écrit étranger d'y pénétrer, Montesquieu, Voltaire, Rousseau, Diderot restèrent ignorés, en Hongrie, si nous ne nous trompons, jusque vers 1825 ; jusqu'en 1838, la *Gazette d'Augsbourg*, inféodée à la chancellerie de Vienne, était le seul journal étranger autorisé ; même isolement, du reste en sens inverse, c'est-à-dire en ce qui concernait les idées des pays occidentaux sur les Hongrois ; des passeports pour voyager dans ce pays n'étaient accordés qu'à des naturalistes ou à des écrivains dont les bureaux impériaux étaient sûrs, et les agents diplomatiques autrichiens à l'étranger ne donnaient sur eux que des renseignements intéressés, les représentant comme des espèces de sauvages constamment en révolte contre les bienfaits de la civilisation autrichienne. C'est de cette époque que datent encore

Alexandre Petoefi, le poète de la révolution de 1848.

les énormités qu'on lit souvent à leur endroit dans les ouvrages les plus sérieux.

Or, ainsi privés de toute impulsion venant du dehors, comme du reste des moyens d'instruction, leur horizon s'était rétréci ; par suite des sempiternelles querelles pour le triomphe d'institutions libérales datant de l'an mille, leur libéralisme s'était momifié et leur caractère aigri, tandis que leur aversion de l'Autriche leur faisait prendre toute innovation, toute idée nouvelle, pour un piège tendu à leur chère constitution. Il en était sorti un patriotisme exclusif, d'une obstination farouche et grincheuse.

Néanmoins, il se rencontra des patriotes s'apercevant que la Hongrie faisait fausse route et qu'elle était en train de devenir un îlot du moyen âge en pleine civilisation. Mais combien difficile était leur tâche vis-à-vis de l'esprit public qui ne cessait de regimber contre eux. Comme les nobles seuls, par leur situation sociale et leurs rapports avec Vienne, voyaient clair, ce fut des couches supérieures que partit le mouvement qui, pour cette raison même, n'avait, au commencement, rien de démocratique, mais visait principalement les progrès économiques et les questions de la langue nationale.

A la Diète de 1790 se manifestèrent, sous la dénomination d'auliques et de patriotes, les premiers vestiges d'opinions politiques modernes. Les patriotes réclamaient modestement quelques réformes anodines en vue du relèvement national que la majorité, les auliques, le parti de la cour leur refusaient par crainte du jacobinisme, l'obsession du moment.

Ce fut à la mémorable Diète de 1825 qu'on aborda enfin plus résolument la question de la refonte de l'ancien état de choses, toutefois, sans arriver encore à des résultats tangibles ; mais les patriotes, plus nombreux, plus ardents et plus soutenus par l'opinion, y réussirent à faire prendre sérieusement en considération leur programme.

La Diète de 1832 à 1835, où se rencontrent, pour la première fois, les dénominations de libéraux et de conservateurs, le parti libéral, les anciens patriotes, qui depuis est resté au pouvoir, l'ayant emporté sur les conservateurs, entra enfin effectivement dans le fond de la question parce que, depuis, un homme, que l'on peut hardiment appeler l'organisateur du progrès en Hongrie, le comte Étienne Széchényi, avait su, par son génie, sa parole et sa plume, donner corps à toutes les aspirations nationales.

Peu à peu l'esprit public sortit de sa léthargie. Aux efforts de Széchényi vinrent se joindre ceux de Louis Battyányi qui organisa le parti de l'opposition dans la chambre haute, du baron Joseph Eœtvœs, Aurélien Desewffy, un néo-conservateur, mais non sans influence sur le progrès, Auguste Tréfort, Bertalan Szemere, etc., tous des esprits formés par des études sérieuses et des voyages à l'étranger.

Aucun cependant d'entre eux n'a su remuer les masses comme Louis Kossuth. Széchényi et d'autres lui reprochaient sa pointe démagogique, ses défauts de beau parleur s'adressant aux passions des foules naïves. Il fut en effet cause des grands excès chauvins auxquels se livra plus tard l'opinion publique magyare, mais il a eu le grand mérite d'avoir, par ses brillants articles du *Pesti Hirlap*, réussi à enthousiasmer le peuple pour des réformes qui semblaient alors devoir rester éternellement l'apanage d'une minorité nobiliaire. Adrien Lezay, que Bonaparte envoya, en 1800, en Hongrie pour étudier les chances d'un soulèvement contre l'Autriche, écrivit au Premier Consul : « Du jour où il y aura en Hongrie une noblesse ruinée et une bourgeoisie riche, la Révolution sera commencée, à moins que les carrières publiques ne s'ouvrent pour la bourgeoisie à mesure que s'étendent ses ambitions et ses moyens de les satisfaire (1). L'œuvre de Louis Kossuth est tout entière dans cette démocratisation du progrès.

Voyant ce formidable élan patriotique, la noblesse

---

(1) Archives nationales. Paris, cote A.-F., 1677.

hongroise fît mieux que de se ruiner ; après avoir constitué, pendant huit siècles, à elle seule la nation, après avoir possédé des droits politiques à l'exclusion de toute autre classe et accumulé les prérogatives les plus inouïes, elle vint, elle-même, à abattre toutes les barrières, et lorsque, en mars 1848, par l'impulsion des événements de février à Paris, le grand mouvement révolutionnaire, de Vienne, vint se communiquer à Pest, la révolution démocratique était faite en Hongrie, et il ne restait plus qu'à la consacrer par un parlement sorti du suffrage du peuple.

Poussé par les clameurs universelles, et, ne pouvant plus refuser la liberté à ses États, l'empereur Ferdinand V octroya à la Hongrie une constitution avec une assemblée nationale élue et un ministère hongrois responsable.

Ce fut le brusque retrait de cette constitution, suite de l'abdication de Ferdinand en faveur du jeune François-Joseph, qui provoqua ce qu'on appelle communément la révolution hongroise, laquelle n'est autre chose que la guerre de la Hongrie désirant conserver ses nouvelles institutions démocratiques contre l'Autriche les ayant rétractées.

La capitulation de l'armée hongroise à Világos, en 1849, après une campagne glorieuse, et où l'Autriche ne put vaincre qu'en appelant à son secours la Russie, et en soulevant contre les Magyars, les Slaves et les Roumains habitant la Hongrie, vint replonger ce pays dans un état voisin de celui où il s'était trouvé sous Léopold Ier. Tous ceux qui avaient pris part au mouvement de renaissance de la première moitié du siècle étaient en prison, en exil, ou morts victimes de condamnations capitales, et pendant plusieurs années, la vie nationale semblait complètement suspendue.

CHAPITRE VIII

De 1849 à 1867. — Le système de réaction ne peut se maintenir. — Opposition clandestine de la Hongrie. — La constitution du 26 février 1861. — Essai échoué. — Sadowa. — L'intervention du comte Beust. — Appels à la révolution. — La constitution indépendante est accordée. — Les lois fondamentales de l'Etat hongrois. — Lois d'hérédité du trône de saint Etienne dans la famille habsbourgeoise. — Le Compromis. — Les affaires communes. — Composition des deux Chambres. — Le cens électoral.

Cependant, l'Autriche n'était pas de taille à soutenir longtemps le luxe d'un pareil système. La Lombardie et la Vénétie la harcelaient, la Bohême grondait, et en Hongrie même, le silence était trop profond, trop unanime pour ne pas ressembler à une énorme conspiration ; de plus, ses finances étaient dans un état déplorable. Solférino fit voir le défaut de sa cuirasse et les Hongrois de ne pas manquer de profiter de l'occasion ; des symptômes inquiétants d'esprit d'indépendance se manifestèrent chez eux après 1859 : les impôts rentraient mal ou même pas du tout, le pays se couvrit de bandes de brigands composées de déserteurs, les assemblées des comtats, ces diètes au petit pied contre lesquelles avaient toujours échoué les tentatives anticonstitutionnelles des rois, émettaient des vœux inadmissibles et manifestaient leur mauvaise humeur par des résolutions saugrenues, élisant tantôt Napoléon III, tantôt Louis Kossuth, tantôt Victor-Emmanuel ou un autre ennemi de l'Autriche pour citoyen d'honneur ; en un mot, la situation n'était plus tenable.

On chercha à la guérir par le palliatif des décrets du 20 octobre 1860 et de la constitution du 26 février 1861 supprimant l'état de siège et accordant aux peuples d'Autriche-Hongrie un régime représentatif, mais sur la base d'un parlement d'Empire siégeant à Vienne seulement, et ne laissant à la Hongrie et au parlement hongrois, comme aux autres pays, que le rôle de province avec sa diète provinciale.

Cela ne faisait pas l'affaire des Magyars. Ils protestèrent en s'abstenant d'envoyer leurs délégués dans la capitale autrichienne et, dès lors, cet essai constitutionnel pouvait être considéré comme échoué.

Entre temps les relations extérieures, surtout avec la Prusse et l'Italie, s'étaient à nouveau gâtées et en Hongrie la situation était redevenue plus que jamais menaçante.

Comprenant que, en face de l'orage du dehors, l'existence de la monarchie serait compromise si l'on ne réussissait pas à rétablir la paix à l'intérieur, François-Joseph se rendit, le 15 juin 1865, à Budapest, au milieu de la Hongrie grondante afin de jeter les bases d'une réconciliation, y distingua beaucoup François Deák, le chef du parti modéré, qui venait de proclamer une fois de plus ses intentions pacifiques dans son mémorable article dit des Pâques, dont nous parlerons à l'occasion, décréta la suppression des lois d'exception et prépara ainsi le terrain pour l'entrée en pourparlers.

Trois semaines après ce voyage, le cabinet constitutionnel autrichien Schmerling fut remplacé par celui du comte Belcredi, lequel renvoya les députés d'Empire à

leur foyer, et finalement l'empereur, par son manifeste
du 20 septembre 1865, vint, avec une franchise touchante,
déclarer à ses peuples que, n'ayant pu réussir à concilier
tous les intérêts et ne comptant pas sacrifier le principe
à la forme, il pensait abandonner cette voie pour en
chercher une autre, plus conforme aux désirs de ses
sujets.

La Diète hongroise, convoquée sur ces entrefaites à
titre consultatif, réclama purement et simplement le rétablissement de la constitution de 1848. En termes bienveillants, mais énergiques, l'empereur déclara la proposition inacceptable et les choses en restèrent là. En juillet 1866, l'Autriche était battue à Sadowa, mais peu après
victorieuse en Italie. La Diète hongroise convoquée le
10 novembre 1866, fut informée par un message impérial que les nouveaux projets de la commission du compromis semblaient plus conformes aux vues du souverain, mais que, tout en assurant à la Hongrie un ministère à part, il exigeait une revision complète des lois de
1848. En date du 10 novembre, le parlement hongrois
déclara ne pouvoir faire du Compromis une œuvre durable que sur la base d'une amnistie générale des condamnés politiques. Entre temps, le comte Beust, devenu
chancelier de l'Empire, s'efforçant de faire quitter aux
Magyars leur politique intransigeante, était venu à Pest
conférer avec les principaux hommes politiques sur quoi
enfin, le 26 janvier, la commission soumit son projet à
la ratification des Chambres. Le 10 février, aucune
réponse n'étant arrivée de Vienne, les murs de la capitale
hongroise se couvrirent d'appels à la révolution ; huit
jours après, le 17 février 1867, la constitution de 1848,
très peu modifiée, était sanctionnée par l'empereur et le
comte Andrássy, un des condamnés à mort de la révolution, nommé président du conseil des ministres de
Hongrie. D'après cette constitution, la Hongrie récu-

père son indépendance politique avec son gouvernement responsable devant son Parlement, et ne conserve de commun avec l'Autriche que la représentation à l'étranger, aux yeux duquel les deux pays constituent une fédération, et l'armée active.

Pour tout le reste, ils forment les pays les plus séparés du monde, si bien qu'un sujet hongrois peut être expulsé d'Autriche, et *vice versa*. L'empereur d'Autriche est roi de Hongrie, pays qui ne le connaît que comme tel... D'ailleurs, voici les principaux points de cet arrangement (1) :

(1) La constitution de 1867 laisse en vigueur, comme étant les lois fondamentales de l'Etat hongrois, soit en les confirmant, soit en les élargissant encore : la Bulle d'or d'André II, sauf l'article 31 conférant, dans certaines conditions, à la nation, le droit de résistance à main armée contre le roi, article supprimé en 1688 ; les articles I, II et III de la loi de 1723 (*Pragmatique sanction*) où il est dit, entre autres, que la Hongrie demeure un Empire à part, ayant sa constitution à part et, ne pouvant, en aucune façon, dépendre ou faire partie d'un autre empire, mais cependant qu'elle resterait indissolublement liée aux autres pays autrichiens, son trône étant héréditaire dans la maison habsbourgeoise, clause que vint confirmer la loi de 1847-1848, etc., etc. ; l'article III de la loi de 1847-1848 instituant à Budapest un ministère hongrois responsable ; l'article IV de la même loi concernant les sessions annuelles de l'Assemblée nationale ; l'article VII de la même loi sur la réunion de la Transylvanie à la Hongrie proprement dite ; l'article II de la loi de succession de 1687 supprimant l'élection du roi et instituant l'hérédité du trône dans la descendance mâle de la famille habsbourgeoise, complété par les articles II et III de la *Pragmatique sanction* admettant l'hérédité par descendance féminine ; ensuite les lois de 1606, 1643, 1847-48 sur le libre exercice de la religion protestante, la suppression des privilèges de la noblesse, celle du servage, l'incorporation de la Croatie-Esclavonie à la Hongrie ; le droit d'hérédité est fixé selon l'ordre de la primogéniture en descendance mâle et ne passe aux femmes qu'après son extinction complète, de telle sorte que même dans la ligne féminine ce seront les mâles qui auront le pas sur les femmes.

L'âge de la majorité du roi est fixé à 16 ans ; le souverain ne prend possession du trône qu'après avoir confirmé les institutions et immunités nationales par une charte, après s'être fait sacrer avec la couronne de saint Etienne et après avoir prêté serment à la constitution. En vertu de la *Pragmatique sanction*, il doit être de

Maison natale du poète Petoefi, à Kis-Kœrœs.

religion catholique romaine. Son titre est : roi apostolique, titre dont font encore partie ceux de roi de Dalmatie, de Croatie, d'Esclavonie, de Rama, de Serbie, de Roumanie, de Bulgarie et de Jérusalem, grand duc de Transylvanie, prince de Raguse et de Zara et seigneur de Cattaro.

Il a l'initiative des lois conjointement avec le Parlement.

Il n'existe qu'une seule décoration hongroise, l'ordre de Saint-Etienne, fondé par Marie-Thérèse et décerné à des civils et à des militaires sans distinction de nationalité.

Le Compromis de 1867 repose sur les lois de la *Pragmatique sanction* déjà citées et confirmées par celles de 1790-1791 et de 1847-1848 disant que la Hongrie, bien qu'indissolublement liée aux États autrichiens, avec lesquels elle forme, par suite de l'hérédité de son trône dans cette maison, la monarchie austro-hongroise, constitue néanmoins une monarchie à part, n'ayant de commun avec les Etats autrichiens que les intérêts résultant de cette liaison. Cette situation, mal définie auparavant, donna lieu, en 1867, au traité appelé Compromis et fixant d'une manière définitive la réciprocité des charges et droits des deux pays, le traité est renouvelable.

En vertu du Compromis, sont considérées comme affaires communes, c'est-à-dire relevant de l'ensemble de la monarchie austro-hongroise : les affaires extérieures, l'armée, la marine militaire, et la comptabilité résultant de ces trois services réunie sous un ministère à part appelé ministère des finances communes, mais qui laisse intégralement subsister les ministères des finances de chacun des deux pays. Les intérêts communs ne pouvant relever d'aucun des deux parlements, chacun délègue à cet effet des commissions siégeant en commun alternativement, à Vienne et à Budapest et désignées sous le nom de *délégations*, commissions devant lesquelles sont responsables les trois ministres des affaires étrangères, de la guerre et des finances réciproques. La part contributive aux charges communes est actuellement fixée à 31,4 % pour la Hongrie et à 69,6 pour l'Autriche.

Chacun des deux pays contribue en outre pour la moitié, soit pour 4,650,000 florins à la liste civile du souverain, 9,300,000 florins, soit 20 millions de francs.

Les ministères hongrois sont : Présidence du Conseil, justice, intérieur, finances, défense nationale (armée territoriale qui n'est plus commune, mais nationale), instruction publique, cultes et beaux-arts ensemble, commerce et voies de communication. Croatie (sans portefeuille) et le ministre hongrois, auprès de la personne du souverain, à Vienne, espèce d'ambassadeur hongrois.

Le Parlement hongrois se compose de deux Chambres : la Chambre des magnats et la Chambre des Députés.

La Chambre des magnats (le Sénat) comprend : les membres de la famille régnante, s'ils sont propriétaires de terre en Hongrie, les archevêques, évêques diocésains et titulaires, et les prieurs de certains monastères jouissant, depuis les temps historiques, de ce privilège, les barons du royaume, *barones regni* (le comte de Presbourg, les deux gardiens de la couronne, etc.), la haute noblesse hongroise ou ayant obtenu l'indigénat hongrois toutefois sur la base d'un cens de 3,000 florins (6,000 francs), au moins, les préfets des départements, deux délégués de la Diète croate, le comte des Saxons de Transylvanie et une série de membres nommés à vie parmi les personnages s'étant distingués par des capacités exceptionnelles, en tout, environ 420 membres.

La Chambre des députés se recrute par le suffrage restreint, basé sur un cens équivalant au rapport d'un sixième d'hectare pour la Hongrie et d'un impôt minimum de 17 francs pour la Transylvanie ; il y a exemption du cens pour les classes intellectuelles.

D'après la loi de 1867, était éligible tout citoyen jouissant de ses droits et parlant le hongrois. La loi de 1875, dite des incompatibilités a cependant exclu de la Chambre les fonctionnaires de l'Etat et les personnes appartenant à des établissements dépendant de l'Etat ou ayant un traité avec lui, tels que compagnies de chemins de fer, banques, etc. ; de plus est déclaré déchu de son mandat tout député dont l'indemnité parlementaire serait frappée d'opposition pendant plus de trois mois.

CHAPITRE IX

De 1867 à 1896. — Questions qui seules passionnent le Parlement hongrois. — La Hongrie prouve par sa conduite qu'elle n'a jamais été antidynastique. — Le cabinet Andrássy. — Les cabinets Lonyay, Bitto, Wenckheim. — Arrivée au pouvoir de Tisza. — Coloman Széll. — Désirès Szilágyi. — Le cabinet Szapáry. — Alexandre Wekerle et Baross. — Le grand ministère. — Les réformes politico-religieuses. — Le cabinet Bánffy. — Groupement des partis, la majorité, les dissidents, le parti national avec le comte Apponyi, l'extrême-gauche. — Physionomie des couloirs avec les figures les plus marquantes. — La Chambre des Seigneurs.

Par la constitution de 1867, la Hongrie n'avait reçu que les moyens et les libertés nécessaires pour se développer, mais non encore ce développement lui-même. L'on comprend donc que, si modernisée que sortit la vieille Diète des saint Etienne et des André II de la fontaine de Jouvence du compromis, elle trouva encore autre chose à faire que de s'occuper des grands courants de républicanisme et de questions sociales à ce moment à l'ordre du jour en Europe et qui, même à l'heure qu'il est ne sont pas encore de son domaine. Le républicanisme, du reste, est tout étranger au caractère loyaliste. du Hongrois, genre anglais et le Parlement hongrois n'a jamais connu que quelques sporadiques et vaines tentatives de formation de parti républicain. Quant à la question sociale, qui n'est pas encore mûre en ce pays, il n'a pas connu davantage de parti socialiste.

Seules, trois questions, à l'exclusion de toute autre, passionnaient et passionnent encore l'opinion publique des Magyars, constituant la raison d'être des divers partis en lesquels se divisent les Chambres ; ce sont : les relations avec l'Autriche, les réformes à accomplir en vue de la consolidation intérieure de l'État, et la question des nationalités.

Dès les premiers pas dans la voie du nouveau régime, la Hongrie prouva combien étaient vaines les appréhensions qu'avaient eues, à son égard, en Autriche, certains cercles de la Cour, en prédisant que, en raison de la prétendue humeur antidynastique et séparatiste des Magyars, la nouvelle constitution deviendrait un sujet d'affaiblissement pour l'ensemble de la monarchie. C'était là, du reste, bien mal interpréter l'histoire des Hongrois, lesquels n'avaient, au contraire, pas tari en témoignages d'attachement réel envers la dynastie toutes les fois que leurs rois autrichiens s'étaient montrés respectueux des libertés nationales.

Le cabinet Andrássy, dans lequel le grand Eœtvœs prit le portefeuille de l'Instruction publique, s'attaqua résolument à la refonte des lois abusives ou archaïques, débutant par une nouvelle législation sur l'instruction publique, et une autre, conçue dans un esprit très large et très généreux, sur les nationalités (1868) ; deux ans après, au moment de la guerre franco-allemande, ce fut sous son régime que la Chambre hongroise émit son vœu de neutralité... Passons.

Le 14 novembre 1871, lui succéda, sous la présidence de son ministre des Finances, le comte Melchior de Lonyay, un ministère qui ne dura que jusqu'au 4 décembre 1872, où il fut remplacé par un cabinet Joseph

Szlávy. Le ministère Szlávy démissionna à son tour en 1874, cédant la place, le 21 mars de cette année, au cabinet Etienne Bitto.

Les discussions pour l'établissement du Compromis ayant été chaudes en leur temps, au sein de la Diète hongroise, les opinions étaient encore fort divisées sur cette question, et le parti Deák, quoique victorieux, était loin encore d'avoir rallié tous les autres partis. C'est en 1875 que vint se produire une fusion à laquelle, du reste, fut sacrifié le cabinet Bitto, et par laquelle arriva au pouvoir le cabinet du baron Béla Wenckheim, ministère de concentration et de transition, ayant pour mission de faire arriver au pouvoir Coloman Tisza, un des chefs les plus radicaux du centre gauche, parti avec lequel la majorité venait de fusionner. Tisza, en attendant qu'on l'agréât comme président du conseil, prit le portefeuille de l'Intérieur.

Ce cabinet tomba le 20 octobre de cette même année, et fut suivi du cabinet Coloman Tisza, ou plutôt des diverses combinaisons Tisza, s'étendant sur une période de quatorze ans, soit jusqu'au 13 mars 1890. C'est avec ce cabinet Tisza que commence l'ère des réformes plus radicales et plus énergiques. Tisza, dès 1875, sut embarquer, comme ministre des Finances, un homme de la plus haute capacité financière, Coloman Széll, ami intime de Deák, dont il est, du reste, presque le gendre, ayant épousé sa fille adoptive, l'enfant du grand poète hongrois Michel Vœrœsmarty. Széll prit aussitôt en main l'œuvre, plus qu'urgente, de la consolidation et des réformes financières, releva le crédit, éleva les impôts proportionnellement aux forces nouvelles de la nation, provoqua la réorganisation de la vieille *Banque nationale d'Autriche* sur les bases du compromis qui, par là, devint la *Banque austro-hongroise,* opéra des conversions dans la dette flottante, introduisit la rente hongroise à la place du vieux système d'emprunt par amortissement, etc., etc. (1).

En 1889, Tisza embarqua en qualité de ministre de la Justice, en la personne de Désiré Szilágyi, une autre autorité de haute compétence. Szilágyi, ancien journaliste, comme, du reste, la plupart des hommes politiques hongrois, ancien fonctionnaire du ministère de la Justice sous le ministère Andrássy, réforma de fond en comble la vieille administration judiciaire hongroise, archaïque et démodée.

Le cabinet Tisza tomba sur la question de la loi sur l'indigénat dans laquelle Louis Kossuth, de l'étranger, venait de lancer une déclaration compromettant trop la situation du gouvernement à l'égard de la majorité. Succéda le ministère du comte Jules Szapáry, ancien ministre de l'Intérieur dans le cabinet Szlavy, ancien ministre des Finances et de l'Agriculture dans les diverses combinaisons Tisza. C'est sous Szapáry que deux jeunes gens, tous deux de simples « pékins », grands bûcheurs devant l'Éternel, démocrates comme on le devient par le travail, c'est-à-dire dans le sens vrai du mot, doués de deux genres de talent aussi différents que considérables, son ministre du Commerce et des Voies de communication, Gabriel Baross, et son ministre des Finances, Alexandre Wekerle, devaient, pour la première fois, attirer sur eux l'attention publique. Leur activité fut décisive pour les destinées de la Hongrie au même titre que celle des Deák et des Ecetvœs.

La grande œuvre de Baross, on le sait, est la réorganisation des chemins de fer hongrois sur des bases inconnues jusque-là de bon marché de transport, et la

---

(1) Nous avons emprunté une bonne partie des dates biographiques de ce chapitre à l'excellent ouvrage : *Országgyülési-Almanach, 1892-1897* (Almanach du parlement), par Albert Sturm. Budapest, 1892, in-8°.

création de l'industrie hongroise ; celle de Wekerle, l'équilibre complet du budget, dont Széll avait déjà réussi à réduire de moitié le vieux déficit, et qu'il sut faire solder par un bénéfice, et la réorganisation de la « valuta », c'est-à-dire l'introduction de l'étalon or dans les finances, œuvre conjointement poursuivie avec l'Autriche.

Tandis que Baross devait bientôt être enlevé par une mort prématurée à la nation qui lui tressait des couronnes et est en train de lui élever une statue, Wekerle, après la démission du cabinet Szapáry, fut chargé de former ce qu'on appelle, depuis, en Hongrie, le grand ministère, parce que c'est lui qui a su accomplir la réforme qui, dès le commencement du siècle, tenait le plus à cœur au pays : celle des libertés religieuses, la substitution du mariage civil obligatoire au mariage religieux forcé obligeant les citoyens hongrois de passer en matière d'état civil sous les fourches caudines de l'une des cinq ou six confessions reconnues.

Le grand Széchényi, Deák, Kossuth n'avaient pu faire admettre la liberté religieuse qu'en principe. Après 1867, Deák et Eœtvœs avaient fait de vains efforts dans ce sens, ne réussissant, contre l'opposition des magnats et des prélats, qu'à autoriser la liberté en matière de croyances chrétiennes.

Ce fut Wekerle et son cabinet, particulièrement ses ministres de l'Instruction publique et des Cultes, le comte Csáky, et, ensuite, le baron Roland Eœtvœs, fils du grand Eœtvœs, puis son ministre de l'Intérieur Hieronimy, qui, malgré une opposition ardente de la part du clergé provoquant une recrudescence de violence dans la lutte des nationalités où les prêtres sont tout-puissants, et une véritable conspiration de cour de la part de quelques vieux esprits féodaux, réussirent à triompher dans cette question où leurs prédécesseurs les plus influents avaient échoué.

Par un de ces caprices dont la politique est coutumière, Wekerle et ses collègues durent démissionner en plein triomphe après avoir fait sanctionner les nouvelles lois, non pas mis en minorité par la représentation nationale, mais ayant cessé de plaire en haut lieu.

Le 16 janvier 1895, après des difficultés sans nombre, ayant obligé le roi de faire un séjour extraordinaire de deux semaines dans sa capitale hongroise et semblant, à certains moments, devoir compromettre le maintien au pouvoir du vieux parti libéral, Alexandre Wekerle eut enfin la satisfaction de voir se constituer un ministère sous la présidence de celui qu'il avait désigné dès le début pour son successeur, le baron Désiré Bánffy, et ainsi composé : le baron Bánffy, Présidence sans portefeuille de ressort ; le baron Géza Fehérváry, Défense nationale ; Jules Wlassics, Instruction publique et Cultes ; Ernest Daniel, Commerce et Voies de communication ; le baron Josika, ministre hongrois à Vienne ; Emerich Josipovich, ministre pour la Croatie, sans portefeuille ; Ladislas Lukács, Finances ; Alexandre Erdélyi, Justice ; Désiré Perczel, Intérieur ; le comte André Festetics, Agriculture. C'était un ministère d'affaires si l'on veut, mais qui, par les qualités de droiture, d'énergie et de fine diplomatie qu'a révélées depuis son titulaire, est appelé à jouer un rôle.

Les réformes introduites par Wekerle et mises à exécution par le baron Bánffy ont eu pour conséquence de modifier profondément la physionomie, en tant que partis, des deux Chambres, et, en la divisant en deux tronçons inégaux, d'affaiblir particulièrement l'opposition anticonstitutionnelle des « vieilles barbes » de Kossuth, ce qui, vu la popularité dont ils jouissaient dans le pays, ne serait pas un des plus minces services rendus à la couronne.

Voici, pour l'instant (fin octobre 1895), le groupement

des partis de la Chambre des députés hongroise :

Le parti libéral, l'ancien parti des Deák et des Andrássy, comprenant tous ceux qu'il a absorbés depuis 1867 et constituant la majorité gouvernementale. Interprète à la lettre et gardien fidèle de la Constitution de 1867, il ne prend l'initiative que de réformes strictement constitutionnelles, ce qui, les lois politico-ecclésiastiques l'ont prouvé, peut déjà l'entraîner très loin.

La question de ces lois a fait sortir de ce parti un nombre assez imposant de députés qui, en se groupant sous les auspices du comte Jules Szapáry, sont allés fonder le club des dissidents, autrement dit le parti des *sans-parti*.

Le centre gauche, connu sous le nom de parti national, a pour chef incontesté un des plus grands orateurs de la Chambre hongroise, le comte Albert Apponyi. Tandis que la droite, pépinière des ministères, ne considère durable le dualisme que sur la base stricte de la constitution deákienne, Apponyi et son parti voudraient lui voir faire plus de concessions au nationalisme magyar, l'accusant, avec beaucoup d'éloquence, d'autrichianisme aigu. Bien que les ayant, en son temps, réclamées lui-même, Apponyi, avec une fraction de son parti, et par pure tactique, n'en a pas moins fait une opposition violente au gouvernement dans la question des lois politico-ecclésiastiques. On le désigne comme un des futurs chefs du pouvoir.

Nous voici arrivés aux deux derniers partis de la Chambre hongroise, n'en ayant formé auparavant qu'un seul, celui de l'opposition anticonstitutionnelle sur la base de la révolution de 1848, sans autre communauté avec l'Autriche que la personne du souverain. C'est encore sous l'influence des débats pour l'établissement des lois déjà nommées qu'il y a eu ici dédoublement. D'une part : Jules Justh, François Kossuth, fils du grand Kossuth, Ignace Helfy, Charles Eœtvœs (ne pas confondre avec le baron Joseph et son fils Roland Eœtvœs), etc., en soutenant le gouvernement dans sa lutte politico-religieuse qui fait partie intégrale de son programme, vinrent former le groupe libéral du parti de l'indépendance, tandis que de l'autre, sous Gabriel Ugron, Pázmándy, Polonyi continuant de faire opposition quand même, se constitua le groupe intransigeant de l'opposition, nuance cléricale.

Les députés des nationalités ne constituent pas un parti ; la majorité d'entre eux, les Saxons au nombre de douze, les Roumains au nombre de huit, tous les Croates au nombre de quarante, plusieurs Serbes, les Slovaques, les Ruthènes, votent avec la droite, un ou deux sont indépendants, d'autres marchent avec le parti Apponyi.

***

La Chambre des députés hongroise d'aujourd'hui ne rappelle plus en rien l'ancienne Diète, l'université des prélats, des barons, des nobles et des villes, dont, seule, la Chambre des magnats que nous visiterons tout à l'heure, donne encore une idée. Le tronçon inférieur du plus ancien parlement de l'Europe s'est complètement démocratisé et accomplit sa tâche législative avec bien moins de cérémonie que cela se passe chez nous, et que ne le ferait du reste supposer le caractère si aristocratique du Magyar. Là-bas, point d'arrivée solennelle du président, tambour battant, au milieu de la troupe. Monsieur le président attend, tranquillement, à la buvette, s'il veut, l'heure de la séance, dont l'ouverture est annoncée dans les couloirs par une simple sonnerie électrique. Partout, la liberté d'allure la plus franche et la plus bon enfant, pas de pose, mais ce petit air de bohème que l'on retrouve dans les salles de rédaction.

La maison de la rue Sándor, édifice du reste provisoire, est simple, et paraît attendre avec une certaine impatience l'achèvement du gigantesque palais législatif qui se construit sur les quais. Pas de salles des pas-perdus. Les tribunes de la presse donnent sur le même couloir circulaire que l'hémicycle, en sorte que journalistes et législateurs se côtoyent constamment.

Parmi ces figures les plus marquantes des couloirs, voici d'abord quelques membres du nouveau cabinet : le baron Bánffy, physionomie franche, jeune, ouverte, l'œil vif, énergique, mais souriant, toujours en redingote noire et coiffé de sa petite calotte, mettant sa calvitie prématurée à l'abri des courants d'air parlementaires. Rien en lui ne trahit le terrible préfet de Szolnok-Doboka, espèce de Gessler, contre lequel les Roumains de Transylvanie ne cessaient, il y a plusieurs années, de réclamer un Guillaume Tell, et que, très probablement, il n'était pas, vu les perfidies politiques dont abonde cette lutte des nationalités.

Le porteur d'un des noms les plus historiques de la Hongrie, le descendant de la famille de ce Nicolas Bánffy qui, au quatorzième siècle, à la guerre de Dalmatie, se fit blesser à mort pour sauver la vie au roi Louis d'Anjou, et de cette belle Marguerite Bánffy que, cent ans plus tard, épousa et aima si passionnément le roi Mathias, fils du grand Hunyade, est le type le plus parfait du gentilhomme magyar, ayant su faire à son époque toutes les concessions nécessaires pour se mettre au diapason des nouvelles institutions démocratiques ; fin, poli, affable, d'un abord excessivement sympathique, il n'a gardé de sa caste que les bons côtés ; il est carré et dédaigneux des arcanes et subterfuges de la politique.

Le baron Bánffy a aujourd'hui cinquante-trois ans. Il est membre inamovible de la Chambre des seigneurs, fut vice-président de cette Assemblée, et ensuite président de la Chambre des députés jusqu'à son avènement au pouvoir. Littérateur à ses heures, il est auteur de plusieurs ouvrages et fondateur d'un prix à l'Académie, destiné à encourager la littérature dramatique.

A côté de lui nous voyons Ernst Daniel, le nouveau ministre du Commerce, figure rappelant à peu près, comme vivacité de l'expression et comme stature, celle de M. de Freycinet, la petite souris blanche du palais Bourbon. Daniel, qui a énormément travaillé sur le terrain économique, est actuellement une des capacités financières les plus estimées de la Hongrie. Né, comme le baron de Bánffy, en 1843, il est député depuis 1870, et fut pendant très longtemps président du conseil d'administration de la plus grande caisse d'épargne de Hongrie. C'est moins un homme politique qu'un spécialiste d'une grande force de travail et qui ne vient à la Chambre que lorsqu'il a affaire.

Passons à l'ancien chef du grand ministère qui vient d'arriver et qui, redevenu simple député de Nagybánya, n'en est pas moins entouré et sollicité comme un des chefs de la majorité.

Stature herculéenne, entièrement rasé, le réorganisateur des finances hongroises possède, comme on sait, une physionomie d'un charme inoubliable. C'est un charmeur dans l'acception la plus stricte du mot. Alexandre Wekerle, né en 1848 à Moor, est le fils d'un intendant des terres du comte Lamberg. Il entra en 1870, en qualité de commis, au ministère des finances où seize ans après il était sous-secrétaire d'État, ministre dans un nouvel espace de trois ans et peu après président du Conseil. Rarement pareille carrière, entièrement due à des capacités personnelles, s'était vue en Hongrie. Wekerle a stupéfait tous les gens titrés de son pays.

Fils de fermier, le triomphateur du Kulturkumpf hongrois est un passionné de l'agriculture rêvant, en

somme, laiterie, fromagerie, vigne et tabacs bien plus
que politique. Aussi, c'est-il plaisir à le voir dans l'intimité de sa ferme de Dános, vaquer rustiquement et avec
une simplicité spartiate à tous les travaux de contrôle
agricole. Malheureusement pour lui, il est peu probable
que la volonté nationale qui le guette le laisse bien
longtemps à ses choux.

Voici que quelqu'un parle français, et du bon français
de Paris, c'est Denis Pázmándy, le député bien connu de
l'extrême-gauche, ami fervent de la France où il a passé
une partie de sa vie, et qu'il ne peut s'abstenir pendant
plus de six mois de venir visiter.

Derrière lui, surgit un autre ami de la France, Gabriel
Ugron, chef de la gauche intransigeante et qui, après
nos désastres de 1870, accourut nous offrir ses bras, et
après avoir servi dans le corps de Garibaldi, vint vivre
à Paris d'où il envoyait, jusqu'en 1872, les correspondances les plus francophiles aux journaux de son pays.
Ugron est un des orateurs les plus redoutés et les plus
spirituels de la Chambre hongroise.

Comme antithèse, en fait de sympathies françaises
du moins, voici à côté de lui le vieux Coloman Tisza,
dont la vie est connue; stature maigre, barbe en éventail,
blanche, grosses lunettes, figure excessivement fine et
intéressante, type de vieux philosophe de combat, doyen
et chef suprême de la majorité parlementaire, et pour
cela très entouré, très sollicité.

Dans son entourage : Max Falk, autre pilier du parti,
un des plus gros personnages du journalisme hongrois,
tête d'intellectuel, plume de premier ordre, ancien
professeur de hongrois de l'impératrice-reine, ouvrier
de l'indépendance hongroise de la première heure,
directeur du *Pester Lloyd*, rapporteur du budget des
des affaires étrangères aux délégations; le docteur Jules
Wlassics, ministre de l'Instruction publique, le plus

jeune membre du cabinet actuel, œil vif et éveillé, front classique. Le jeune ministre, excellent orateur à la voix un peu voilée cependant, est l'auteur d'une quantité d'ouvrages sur des sujets de politique administrative. Il est membre de l'Académie hongroise et de la Société de législation comparée de Paris, parlant admirablement notre langue; le baron Roland Eœtvœs, fils du grand Eœtvœs, amabilité réfléchie, tranquille et pénétrante de savant tolérant et curieux, vous mettant immédiatement à votre aise. Le fils du célèbre homme d'État et écrivain hongrois est tombé dans la politique un peu par hasard et à la suite des bouleversements provoqués par le *Kullurkumpf;* il est président de l'Académie hongroise, directeur de l'Institut d'histoire naturelle et de physique, sénateur inamovible; il fut recteur de l'Université de Budapest jusqu'à ce que, à la démission du comte Csáky on lui offrit le portefeuille de l'Instruction publique qu'il conserva jusqu'à la démission du cabinet Wekerle.

Voici, maintenant, Ignace Helfy, petit, trapu, l'œil vif, barbe à peu près à la Kossuth. Jusqu'à la mort du grand révolutionnaire, Helfy fut son ambassadeur, son représentant au parlement hongrois et devant la nation, par la bouche et la plume duquel Kossuth manifestait ses désirs et ses volontés. Helfy, excellent orateur, politicien trempé à l'école des Mazzini et des Garibaldi, chaud ami de la France, esprit pondéré et original, est certainement un des personnages les plus intéressants du Parlement.

Né en 1830, il prit part, le 15 mars 1848, à la manifestation des étudiants de Pest, entra dans l'armée magyare, puis au service de Kossuth; fut en même temps journaliste. Interné par l'Autriche à Mantoue et à Padoue, il s'y fit professeur de littérature et de philosophie, se fixa ensuite à Turin en qualité de corres-

Jean Arany, poète hongrois.

pondant de journaux français, et, de là, alla fonder à
Milan l'*Alleanza*, organe de l'émigration hongroise.
Voici encore, la tête blanche de Maurice Jokaï, ami
de Tisza, et que tout le monde connaît. Vieux journaliste, vieux combattant de 1848, le plus grand roman-
cier hongrois est un fidèle de la majorité. Il est
directeur du grand journal officieux *Nemzet*, dont
Edmond Gajári est le rédacteur en chef. Gajári,
plume acerbe, pistolet dangereux, épée de premier
ordre, a la spécialité d'essuyer, mais surtout de rendre
les coups de feu et de sabre, qu'au figuré ou dans le
sens propre on décoche à son parti. C'est le d'Artagnan
de la droite. Encore quelques figures marquantes : le
baron Frédéric Podmanitzky, reconnaissable à sa mise
anglaise, un peu excentrique, rappelant l'Anglais des
gravures de 1850 ; soixante-douze ans, droit, élancé,
vert, frais, raie et linge irréprochables, grands favoris
blancs. Ancien officier, ancien journaliste, pendant dix
ans intendant des deux théâtres subventionnés de Budapest, vieux partisan convaincu de la droite, l'homme le
plus souvent caricaturisé des journaux satiriques de son
pays ; Ambroise Neményi, quarante-trois ans, sorti du
Collège de France, ancien collaborateur de la *République française* sous Gambetta, et de la *Nouvelle
Revue*, une des meilleures plumes du *Pester Lloyd ;*
activité fiévreuse, spécialité : l'économie politique, entre
autres un ouvrage en allemand, très apprécié, sur la
question du rachat des chemins de fer hongrois par
l'État ; Alexandre Erdélyi, le nouveau ministre de la
Justice, sort de la magistrature, et fut sous-secrétaire
d'Etat au moment de la démission du grand ministère ;
de même que Ladislas Lukács, le nouveau ministre des
Finances, quarante-cinq ans, ancien fonctionnaire de
son ministère, plusieurs fois député, un des collaborateurs auxquels Wekerle, dont il est un intime, tenait

beaucoup ; Désiré Perczel, le nouveau ministre de l'Intérieur, lui aussi, un vieux de la carrière, ancien vice-président de la Chambre, d'où il fut appelé au ministère ; le comte André Festetics, ministre de l'Agriculture, grand propriétaire foncier, agronome passionné, toujours en voyage d'inspection, et tenant une discipline de fer dans son ministère ; le baron Fehérváry, ministre de la Défense nationale depuis dix ans, est considéré comme inamovible dans cette fonction, type de militaire homme du monde et artiste ; en civil, — il y est souvent, — toujours en chapeau mou à grands rebords un peu incliné sur l'oreille ; bel homme, beau soldat, figure intéressante ; deux campagnes : celle du Schleswig (1864), et celle de Bohême (1866).

Voici, pour quitter un peu les Excellences, Victor Istoczy, cher à Edouard Drumont ; cinquante-quatre ans, ancien avocat, ancien juge, promoteur de l'antisémitisme hongrois ; et son coreligionnaire Géza Onody, député de Tisza-Eszlár, et qui porta en son temps, à la tribune, cette cause célèbre de l'antisémitisme... Le parti antisémite n'existe plus comme tel.

Les séances de la Chambre des seigneurs, qui se tiennent provisoirement dans le grand hémicycle du Musée national, édifice séparé par un jardin seulement de la Chambre des députés, sont peut-être plus ternes, moins colorées de discours et d'incidents intéressants, mais plus pittoresques, et rappelant davantage l'ancienne Diète. Elles sont moins fréquentées : quantité de nobles sont en voyage, ou résident au loin, rarement on voit les archiducs, le plus souvent il n'y a que le haut clergé catholique, protestant, unitaire, grec-uni, grec orthodoxe, puis quelquefois les membres des grandes familles nobiliaires : douze comtes Zichy, dix comtes Esterházy, six Széchényi, quatre Erdœdy, cinq comtes Apponyi, trois Batthyány, quatre

Almássy, sans compter les Pallavicini, Pejacsevich, Migazzi, Festetirs, Bolza, Chotek, Cebrian, etc., etc.

Ensuite les bannerets, les gardiens de la couronne, les membres de la cour de cassation et les hommes s'étant distingués dans un art ou dans une science et devenus membre de la haute assemblée par nomination honorifique : Paul Gyulaï, Ernest Hollán, Jules Kautz, gouverneur de la Banque austro-hongroise, le comte Etienne Keglevich, Henri Lévay, directeur de la première compagnie hongroise d'assurances, Conrad de Burchard, le baron Frédéric Kochmeister, etc., etc.

La Chambre ne renferme que deux partis, les libéraux et les cléricaux ; les membres nommés sont sans exception libéraux; les cléricaux ont pour chef le comte Ferdinand Zichy, organisateur du parti populaire qui n'existe que dans le peuple n'ayant dans l'Assemblée nationale qu'un seul représentant, l'abbé Zélenka, député.

CHAPITRE X

Le développement intellectuel jusqu'à nos jours. — L'instruction publique au moyen âge. — Ce que dit Rákoczy sur son pays. — La réforme religieuse. — La renaissance. — Fondation de l'Académie hongroise des sciences. — Etat actuel de l'instruction publique. — Les savants. — Les commencements de la littérature et la langue. — Les vieilles chroniques. — De Louis d'Anjou à Mathias. — L'ère moderne. — Le théâtre et ses commencements. — Le premier théâtre hongrois. — Auteurs dramatiques modernes. — Le mouvement artistique. — Le journalisme. — Les premiers journaux. — Evolution successive. — L'article de Pâques de François Deák. — La presse actuelle. — Résumé.

Ce qui exigea le plus d'efforts de la part des Hongrois pour sortir de l'ornière du moyen âge, ce fut la réforme de l'instruction publique, domaine de l'activité nationale ayant été de tout temps fort négligé à cause des troubles dont ce pays avait été le théâtre pendant plusieurs siècles et de l'oligarchie tyrannique d'une noblesse sans besoin spirituels qui pesait sur lui.

Il est vrai que les anciens rois avaient fait des efforts pour y acclimater l'instruction ; dès saint Etienne, il y avait eu des écoles monastiques et l'on copiait des livres. Quand Béla III (1173) eut épousé Marguerite, sœur de Philippe II de France, une première Université hongroise, existant déjà à Veszprém, fut, dit-on, réorganisée d'après le modèle de notre école Sainte-Geneviève ; Louis d'Anjou fonda une Université à Pécs qui exista jusqu'en 1547 et vit, à certains moments, jusqu'à quatre mille étudiants suivre les cours de ses trois facultés.

Toutefois, ces efforts-là, quoi qu'en disent les historiens hongrois, ne furent que de peu de résultats parce que des époques de guerres sanglantes, succédant sans cesse aux périodes pacifiques, venaient toujours détruire tant les œuvres de la paix que le goût de la nation pour elles. Il était tellement impossible, jusqu'au temps de la réforme religieuse, de trouver en Hongrie des hommes de lettres, des savants, des artistes et des professeurs que, sous ce rapport, les souverains avaient généralement recours à l'étranger. A l'époque du brillant roi Mathias, qui passe pourtant pour avoir encouragé les arts et les sciences bien plus que tous ses prédécesseurs, un noble magyar sachant lire et écrire était encore une exception (1457) : le woïwode de Transylvanie et le juge suprême du royaume ne savaient pas signer leur nom (1), et, parmi le haut clergé, il en était peu ayant le goût de la lecture.

Rakoczy II (1703), dans ses mémoires, en ce qui concerne son époque, accuse l'Autriche d'avoir fait tout le mal quand il dit : « Ce sont là les signes manifestes et les fruits amers de sa domination paternelle sous laquelle toute la nation a contracté les véritables propriétés d'enfants mal élevés sans qu'on puisse l'en accuser. Car quel est le roi autrichien qui ait établi des collèges pour que la jeunesse pût être instruite de mœurs plus polies ; quel est celui qui ait érigé des académies pour cultiver cette nation dans les sciences et dans les beaux-arts (2). »

(1) Teutsch *Geschichte der Siebenbürger Sachsen*.
(2) En français ; *Mémoires du prince François Rakoczy sur la guerre de Hongrie de 1703 jusqu'à sa fin*. La Haye 1739.

La vérité est plutôt que, boulevard de l'Occident, en butte à toutes les convoitises et à toutes les invasions, la Hongrie faisait son œuvre de bouclier, et, par conséquent, ne pouvait se développer comme ceux qu'elle protégeait.

La réforme religieuse peut être considérée comme le premier fait impulsif de la chose intellectuelle. La propagande antipapiste, fondant de nombreuses écoles pour élever le peuple à la discussion et dans sa religion, obligea le clergé catholique, pour réagir, d'en faire autant et mieux, ce qui fit profiter l'instruction publique des riches fonds de l'épiscopat hongrois.

C'est au milieu de cette époque que le cardinal-primat Pierre Pázmány fonda l'Université de Nagy-Szombat que Marie Thérèse transféra ensuite à Budapest.

Charles VI, Marie-Thérèse et Joseph II, bien qu'au profit de la langue allemande seulement, firent aussi, on le sait, de nombreux et louables efforts en vue de répandre des lumières dans le royaume de saint Etienne, efforts qui eurent pour résultat l'évocation d'une première lueur de vie scientifique ; quelques savants de nationalité hongroise, Ignace Born, Paul Mako, Matthias Hell, etc., noms bien ignorés aujourd'hui, se distinguèrent assez dans leur art pour voir leurs œuvres traduites en plusieurs langues (1).

Ces souverains autrichiens eurent un autre mérite : ayant su attirer la noblesse magyare à la cour de Vienne, déjà formée à ce moment à la civilisation française, ils l'apprivoisèrent et lui firent perdre ses allures de ferrailleurs féodaux ; nous n'en voulons pour preuve que les petites cours artistiques à l'instar de celle de la capitale autrichienne qu'entretenaient, dans leurs terres de Hongrie, de riches aristocrates tels que les Esterházy, les Karolyi, etc.

(1) Coloman Szily de l'Académie hongroise : conférence faite le 6 mai 1888.

Le baron Joseph Eœtvœs.

Nous verrons tout à l'heure de quel effroi furent frappés les Bessenyei et autres patriotes qui, vivant à Vienne, purent, à un moment donné, apprécier l'immensité du contraste entre le mouvement occidental et l'état de stagnation intellectuelle dans lequel les événements avaient plongé leur patrie. A la Diète comme dans la noblesse et la bourgeoisie naissante, il n'y eut dès lors qu'un cri : « Créons-nous un art national, une science, une littérature ; ayons des corps savants, des centres intellectuels, une académie ! »

En 1808, le comte François Széchényi, père du régénérateur de la Hongrie, fonda le Musée national en lui donnant sa bibliothèque et ses riches collections.

Ce fut à l'une des séances de la Diète de 1825, déjà tant de fois mentionnée, pendant qu'un orateur tonnait contre l'abandon où était laissé l'idiome national, gémissant sur l'insuffisance des moyens pour fonder une société savante et littéraire qu'un jeune député vint offrir généreusement l'équivalent d'un revenu annuel de ses biens, 120,000 francs, à qui voulait créer une institution de ce genre ; c'était le comte Étienne, fils du précédent, encore ignoré à ce moment. Son exemple fut imité, et, le 17 novembre 1830 put avoir lieu la séance d'inauguration de l'*Académie hongroise*, institut national qui, en servant surtout de trait d'union entre les civilisations étrangères et la civilisation hongroise, a été le pivot de toute la régénération intellectuelle de la Hongrie. Son premier soin fut de doter le public magyar de la traduction des principaux auteurs étrangers : Molière, Voltaire, Shakespeare, Alfieri, Gœthe, Schiller, Lessing, Iffland, Homère, Sophocle, Plutarque, Salluste, etc., et de se mettre au travail d'un dictionnaire (1), vu l'état primitif où se trouvait

(1) *L'Académie hongroise des sciences*, primitivement destinée aux travaux de linguistique magyare seulement, a été depuis réorganisée et se subdivise maintenant en trois classes à savoir : langues

encore la langue et les violences qu'elle subissait de la part de nombreux néologistes.

L'instruction du peuple ne reçut pas, il est vrai, par là, un élément de progrès direct ; mais, en groupant les savants et les hommes de lettres autour d'elle, l'Académie put former un noyau d'esprits capables d'entreprendre la grande œuvre du relèvement des classes inférieures et servir de corps d'enseignement.

En 1848, le premier ministre de l'Instruction publique hongrois, le baron Joseph Eœtvœs, montait au pouvoir avec, en portefeuille, un projet de loi d'enseignement public ; mais les événements qu'on sait l'empêchèrent de le mettre à exécution ; ce ne fut donc qu'avec l'ère nouvelle de 1867 que la Hongrie put se donner des lois en vue de mettre son système d'enseignement à la hauteur du siècle. Depuis ce moment, elle a énormément travaillé : à une loi sur l'enseignement primaire obligatoire qui a fait descendre le taux des illettrés de 65 pour cent, qu'il était en 1869, à 54 pour cent en 1890, sont venues se joindre de nombreuses lois organiques pour la refonte de l'enseignement secondaire et supérieur (1), et l'on

et littérature, sciences philosophiques et historiques et sciences naturelles et mathématiques. Le nombre de ses membres est limité ; elle admet des membres à titre étranger. Ses rapports avec les autorités sont ceux de l'Institut de France avec le gouvernement français, de même son influence sur le public de son pays. Son président est actuellement, nous l'avons déjà dit, le baron Roland Eœtvœs ; Guillaume Fraknoï, évêque *in partibus infidelium*, secrétaire général ; Koloman Szily, secrétaire.

(1) État des écoles primaires pour toute la Hongrie, Croatie comprise, en 1890 : 18,319, avec 27,990 instituteurs.

Ecoles secondaires : 201, dont 163 gymnases, 38 écoles réales.

Ecoles supérieures : 2 Universités : celle de Budapest, 4 facultés : théologie, droit, médecine, philosophie ; et celle de Klausenbourg : droit, médecine, physique et mathématiques, c'est-à-dire sciences et lettres ; 1 Ecole polytechnique (école de hautes études techniques) ; — 10 Académies de droit ; 53 séminaires, dont 22 catholiques romains, 4 grec-uni, 4 orthodoxes, 5 réformés, 7 protestants, 1 unitaire, 1 israélite ; — et ensuite : 44 institutions agricoles, 4 des Mines, peut dire que la Hongrie possède aujourd'hui, accessibles à quiconque veut en profiter, des institutions scolaires en tout point modèles et à la hauteur de notre époque. Seul dans les basses classes et surtout chez les nationalités, les Ruthènes et les Roumains, se manifeste encore un certain esprit réfractaire à l'enseignement.

L'immense révolution intellectuelle apparaît surtout évidente lorsqu'on jette un coup d'œil dans le monde de ceux qui sont appelés à former la jeunesse et que l'on compare les productions des savants hongrois du commencement de ce siècle, généralement encore écrites en latin ou en un hongrois primitif, sans méthode scientifique, et ne dépassant pas le niveau du dilettantisme de province, aux bons travaux de ceux de l'époque moderne où des Magyars comme les deux célèbres géographes, Paul Hunfalvy et Vámbéry, ont pu se faire des réputations universelles.

Sur le terrain du droit politique, se sont distingués et sont connus à l'étranger : feu Theodor Pauler, qui fut ministre de la Justice; Auguste de Pulszky, Wenzel, le Dr Charles Keleti, qui fut le fondateur de la science statistique en Hongrie, et ses successeurs, Alexandre Konek, Joseph Kœrœsi, J. de Jekelfalussy, le directeur du bureau de statistique central du royaume, et son adjoint, le docteur Jules Vargha.

Économie politique : comte Émile Desewffy (1822-1866); Auguste Tréfort (1817-1888), fils de Français, qui fut ministre de l'Instruction publique ; le comte Melchior Lonyay, qui fut (1822-1884) ministre des Finances et ensuite président du Conseil ; Jules Kautz, qui s'est élevé par sa science au rang de gouverneur de la Banque

---

606 Académies du commerce ou de l'industrie, 27 Conservatoires de musique, dramatiques, et Académies des Beaux-Arts; 10 Écoles militaires, 1,499 écoles maternelles, 42 écoles pénitentiaires ; en tout, 21,003 établissements.

austro-hongroise ; D' Alexandre de Matlékovics, ancien sous-secrétaire d'État, etc., etc.

Dans le domaine de l'histoire : Michel Horváth (1800-1887), considéré comme le fondateur de la science historique hongroise ; Paul Jászai (1809-1852) ; Ladislas Szalay (1813-1864) ; François Salamon (*La Hongrie à l'époque de la domination turque, Histoire de Budapest*, etc.) ; Alexandre Szilágyi (*Histoire de la Transylvanie*, etc.) ; D' Guillaume Fraknoï, secrétaire général de l'Académie (*Pierre Pazmany, la Hongrie et la Ligue de Cambray*, etc.) ; Claude Vaszary le prince-primat, dont nous avons déjà parlé ; Zoltan Beœthy ; D' Jules Pauler, directeur des Archives de l'État (*La conspiration du palatin François Wesselényi et de ses compagnons, 1664-1671*, etc.) ; Koloman de Thaly (*Archives de Rakoczy, la Jeunesse de Rakoczy*, etc., sur l'allié de Louis XIV) ; Henry Marczali (*Époque de Joseph II*) ; D' Ed. Wertheimer (*Relations de la France avec l'Autriche-Hongrie à l'époque de Bonaparte*) ; Adolphe Strausz ; Jean Asboth (*Bosnie*) ; Benjamin de Kállay, ministre de Bosnie (*Histoire des Serbes*, ouvrage très apprécié et très impartial) ; Louis Thalloczy ; Antoine Por, chanoine du primat, etc., etc.

Théologie et histoire religieuse : Nicolas Cherrier ; feu Jean Simor, cardinal-primat ; feu Louis Haynald, archevêque de Kalocsa ; Laurent Schlauch, évêque de Grandwardein, etc., etc., etc.

*
* *

Pour le mouvement littéraire en Hongrie, mêmes phases de développement, mêmes retards, même isolement, au début, des hommes s'étant mis à la tête du mouvement, et mêmes causes d'empêchement.

D'abord quelques mots sur la langue. La langue magyare, un idiome agglutinatif, c'est-à-dire dont les diverses flexions s'obtiennent au moyen de suffixes et non pas par celui de prépositions comme dans nos langues aryennes, se rattache par là à la grande souche des idiomes touraniens (mongol, mandchoux, turc, ouralo-finnois), et tout particulièrement au groupe ouralo-finnois des peuples vogouls ou ostiaks (1).

Elle est, de toutes les langues connues, une de celles qui a le moins changé dans le fond primitif, quoiqu'elle renferme aujourd'hui un très grand nombre de mots surtout slaves, germaniques et latins, qu'elle s'est appropriés aux diverses époques de son évolution, parce que, délaissée par la société des grands centres, où l'on se servait du latin et de l'allemand, elle était devenue, de bonne heure, le seul apanage du peuple des campagnes.

Encore aujourd'hui, à l'inverse de ce qui se passe dans d'autres pays où l'on va étudier la correction de la langue dans les grandes villes, en Hongrie, c'est chez les paysans de l'Alfœld que l'on entend parler le magyar sans corruption et pur.

Un premier monument, datant probablement du douzième siècle, appelé Codex de Pray, et se résumant en une oraison funèbre, est très compréhensible pour un Hongrois de nos jours. Un autre, le manuscrit de Kœnigsberg, datant du quatorzième siècle, est presque du magyar moderne.

Il est hors de doute que les bardes d'Arpad, le peuple magyar de l'âge primitif, avaient une littérature, puisqu'ils avaient des chanteurs, espèce de trouvères nommés *igricek*, *hegedœsœk* ou *regések*, état qui s'est conservé jusqu'à une époque assez récente.

Sous l'influence des prêtres chrétiens, cette première littérature nationale devait nécessairement être détruite

(1) Reguly, Hunfalvy, Sayous, Castrén.

par le latin comme étant entachée de paganisme. Dès lors, ce fut la chronique latine, et, par conséquent, l'histoire qui vint prendre la place des vieilles légendes héroïques. A la suite du contact que prit la Hongrie avec l'Occident par les d'Anjou, c'est principalement sous leur règne que se développa ce genre de littérature. Les chroniques hongroises qui subsistent sont assez nombreuses et très importantes en ce qu'elles constituent à peu près les seules sources de l'histoire nationale, et font, en outre, connaître les anciennes légendes populaires du temps de la conquête. L'on possède ainsi : *la Chronique du notaire anonyme du roi Béla*, probablement du commencement du treizième siècle, en tout cas de l'époque arpadienne ; un autre anonyme a décrit les faits et gestes du roi Louis Ier (1345-1355) ; un certain Jean, archidiacre de Küküllœ, est l'auteur d'une histoire de ce roi depuis son sacre jusqu'à sa mort ; puis il y a le *Chronicon Posoniense*, qui s'arrête en 1352, et quelques autres monuments de ce genre, dont le plus beau est *la Chronique illustrée*, rédigée par un nommé Marcus, sur l'ordre de Louis d'Anjou, et donnant, illustrée d'enluminures qui sont un chef-d'œuvre d'art, l'histoire du peuple magyar depuis ses origines jusqu'en 1330. L'original de ce précieux manuscrit est conservé à la Bibliothèque de la cour, à Vienne.

Depuis le règne des d'Anjou jusqu'à celui du roi Mathias Corvin, le mouvement littéraire est à peu près nul. Avec ce dernier roi commence l'époque de la Renaissance, bien courte, hélas ! car elle finit avec sa mort (1458-1490).

C'est l'époque où la langue magyare revient un peu en honneur ; on traduit la Bible, quelques psaumes, on écrit quelques chants d'église, quelques sermons, et les *hegedœsœk* ou trouvères, qui sont restés en vogue très longtemps, chantent les épisodes les plus saillants de l'his-

Liseurs de journaux dans un cercle de lecture de village, après l'arrivée du courrier de Budapest.

toire nationale, morceaux qui ne quittaient généralement pas l'état de la tradition verbale.

Après Mathias, nouvel arrêt jusqu'après la bataille de Mohács. Les premiers événements de la réforme religieuse provoquèrent quelques bonnes traductions de la Bible et, en général, vu le but populaire de ce mouvement, un développement inattendu de l'idiome national au détriment du latin. Les « hegedœsœk » alimentent maintenant leur art du souvenir des malheurs de la patrie, suite de la perte de son indépendance ; parmi eux, il y a Sébastien Tinodi, poète et aussi historien à cause de l'exactitude historique qu'il sait donner à ses récits dont quelques-uns se sont conservés. De cette époque datent encore le premier essai de roman hongrois, *l'Histoire de l'empereur Poncianus*, traduit de l'allemand, et les poésies lyriques de Valentin Balassi de Gyarmat, les seules de ce temps qui méritent une mention, puis quelques ouvrages d'histoire, la plupart encore dans le genre des chroniques, mais déjà en langue magyare.

La contre-réforme, qui est latinisante et philo-autrichienne, chasse la muse magyare vers la Transylvanie où elle continue de prospérer, disent les uns, de végéter, disent les autres, sous la protection des Mécontents qui, eux, sont protestants et anti-latins ; et cela dure jusqu'à ce que le catholicisme, à son tour, pour se rendre plus populaire, se refasse magyar avec Pierre Pázmány, cardinal-archevêque, prince-primat de Hongrie, l'âme de la propagande anti-protestante. Pázmány est considéré comme le fondateur de la prose hongroise (1570-1637).

A ce moment, la Hongrie eut son premier grand poète épique en Nicolas Zrinyi, auteur de la *Zrinyiade*, et son premier grand poète romantique en Etienne Gyœngyœsi ; en même temps, les luttes contre l'Autriche vinrent évoquer un genre de poésie politique, tantôt satirique, tantôt patriotiquement élégiaque, appelée littérature de « Kurucz, » c'est-à-dire des Mécontents, et ayant invariablement pour sujets les guerres contre l'empereur.

Le dix-huitième siècle, par suite de l'influence germanisatrice croissante de la cour de Vienne, vint, en partie, détruire cet état de prospérité de la littérature magyare, état, il faut le dire, très relatif, attendu qu'on y trouve mentionné quantitativement beaucoup de produits qui qualitativement méritent le silence.

Après cette période, qui fut une période d'incubation, et nourrie de lumières nouvelles venues à Vienne de France, et s'étant, de Vienne, introduites en Hongrie par le canal de la germanisation, la production littéraire reprend de plus belle et cette fois-ci chauffée au feu sacré de l'idée nationale.

La cour de Vienne, à ce moment, ne vivait et ne sentait que par l'art français ; des troupes théâtrales françaises faisaient rage au Burgthéâtre où Molière, Corneille, Racine, Voltaire monopolisaient le répertoire.

Quelques jeunes nobles hongrois de la garde d'honneur que l'empereur entretenait à Vienne en sa qualité de roi de Hongrie, eurent ainsi l'occasion de s'inspirer de notre littérature et, en même temps, d'apprécier l'immensité de l'espace séparant encore d'elle la littérature hongroise.

Le jeune garde George Bessenyei, tout particulièrement frappé de cette disproportion, résolut de se consacrer au relèvement de la littérature nationale, et, en réunissant ses amis en un cercle littéraire, aborda avec eux à peu près tous les genres. Les productions de ces jeunes gens portent toutes l'empreinte française la plus prononcée ; dans les drames, dans leurs poésies épiques ou didactiques, même diction pathétique, même abstraction, même style, jusqu'à l'alexandrin, avec la différence toutefois que les sujets sont nationaux au lieu d'être empruntés à l'antiquité.

Mais indépendamment de cette école, quoique initiée par elle, la résurrection se manifesta en Hongrie aussi sous des formes plus libres. Parmi ces poètes indépendants de la première heure, les plus connus furent Kis, Kármán, Alexandre Kisfaludy, Michel Csokonaï.

Avec François de Kazinczy commence, vers 1808, une ère teintée de classicisme antico-national. Mais Kazinzcy lui-même est surtout grand comme réformateur et purificateur de la langue hongroise, qui avait pris de faux plis sous l'influence de la rapidité vertigineuse avec laquelle on avait voulu lui faire réparer le temps perdu. Il remit les choses en place en rendant à son idiome le naturel et l'originalité de l'expression. Après lui, Daniel de Berzsenyi composa ses odes et Kœlcsei son hymne à la patrie, demeuré un des chants patriotiques de Magyars, Joseph Katona ses tragédies nationales, Vœrœcsmarty sa splendide épopée mélangée de lyrisme : *La fuite de Zalán*, glorification de la conquête arpadienne.

L'ère contemporaine commence avec les romans du baron Nicolas Josika, le Walter Scott de la Hongrie, auquel succédaient immédiatement, dans le même genre, le baron Joseph Eœtvœs, dont le roman *le Chartreux* eut un succès immense, et le baron Sigismond Kemény. Nous sommes à la veille des événements de 1848 ; après le poète lyrique Tompa, vient Alexandre Petoefi, le poète-patriote par excellence, aux poésies duquel toute la nation s'enflamme.

Petoefi adorait la France et s'est inspiré beaucoup de nos poètes, surtout de Béranger, dont, à partir de 1841, il traduit quelques poésies. Poète de la révolution, universellement connu, il eut quantité d'imitateurs. Son successeur au parnasse fut Jean Arany après qui vinrent, de l'école petoefiste, Paul Gyulaï, Charles Szász, Joseph Lévaï. Dans le roman excella Maurice Jokaï et la jeune garde des poètes et prosateurs actuels, dont la liste est beaucoup trop longue pour que nous essayions de la donner ici.

L'on voit que la littérature hongroise s'est démocratisée à la suite du nouveau régime ; des hauteurs nobiliaires des Bessenyei, des barons Kemény, des Josika, et des Eœtvœs, elle est descendue dans la bourgeoisie, tout en conservant cependant un petit air de famille aristocratique.

* *

Nous détachons l'histoire de la littérature dramatique en Hongrie de celle de la littérature générale, parce que le développement du théâtre en ce pays a suivi un autre chemin. Le théâtre hongrois est en même temps très jeune et très vieux, comme, du reste, toutes les institutions en Hongrie, ce qui tient à cette espèce d'interruption violente, d'entr'acte sanglant qu'y a subi l'évolution naturelle à la suite du morcellement durant cent quatre-vingts ans, depuis Mohács jusqu'à la paix de Passarowitz. Un éminent critique hongrois, le Dr Adolphe Silberstein, dit à ce sujet quelque part que, quoique nation non dépourvue de sens dramatique, les Hongrois n'ont pas de drame national, parce que les grandes époques de leur histoire ne coïncident pas avec les moments brillants de leur littérature.

Le vieux théâtre magyar commence avec les jeux de passion au quinzième siècle. Au seizième, il se laïcise par l'influence des escholiers (1) des riches cités industrielles et minières allemandes, du nord de la Hongrie. On y joue en latin et aussi en magyar des pièces dont deux se sont conservées : *Susanne*, par Léonard Stœckel (1559), et *Theophrasie*, par Laurent Szegedi. Un certain

(1) *A Magyar szinészet Tœrténele* (Histoire de l'art dramatique en Hongrie), par Béla Váli. Budapest, 1887, in-8°.

Pierre Bornemissa fit représenter en 1558 à Pest, dit-on, une autre pièce : *Électra* ; une troisième de cette époque, les *Trahisons de Ménard Balassa*, subsiste également, mais on en ignore l'auteur.

La réforme religieuse vint créer un genre de pièces à polémiques religieuses, importées de Suisse et de Hollande, et qui eut beaucoup de succès à cause des subtilités dogmatiques sur lesquelles roulait le dialogue, subtilités formant à ce moment la note dominante du mouvement intellectuel. Celles qui subsistent, le *Miroir des vrais prêtres* et le *Mariage des prêtres*, par Michel Sztáray, datant de 1559, dénotent déjà une rare expérience de la scène.

La domination autrichienne refoule le théâtre magyar en Transylvanie, où on le retrouve comme instrument d'exaltation du patriotisme magyar. En 1649, le grand révolutionnaire Eméric Tékéli joua lui-même dans une de ces pièces, *le Génie de la Hongrie*, par le comte Nicolas Bercsényi. Il paraît, de plus, certain que, pendant le dix-septième siècle, il existait, même dans la Hongrie autrichienne, de nombreuses troupes ambulantes.

Les Jésuites, avec leurs excellents théâtres et à qui l'Autriche, en 1561, offrit une hospitalité des plus larges pour qu'ils s'attachassent à la contre-réforme, eurent également une grande influence sur le développement de l'art dramatique en Hongrie, parce que, par les machineries et riches décors dont ils se servaient pour rendre éloquentes leurs pièces antihérétiques, ils communiquèrent au public le goût du spectacle. Les saints Pères ne s'entêtaient, du reste, pas trop sur des sujets religieux, mais, afin de flatter l'amour-propre national de leur auditoire et de se l'attacher par là plus sûrement, n'hésitaient pas à mettre en scène les plus grands héros de l'histoire magyare : saint Étienne, Geiza, Béla l'aveugle, Jean de Hunyade et autres.

Peu à peu cependant, à la suite des guerres et de l'invasion turque, tout cela se perdit, et le théâtre resta l'apanage de la haute noblesse seulement qui, fréquentant à Vienne et y ayant pris des goûts artistiques, se mit à entretenir des scènes dans ses châteaux ; tel le prince Esterházy, sur le théâtre duquel, situé à Totis, Shakespeare, dit-on, faisant partie d'une des nombreuses troupes anglaises qui parcouraient alors l'Allemagne, vint jouer lui-même.

Nous sommes à la fin du siècle dernier ; l'exemple des scènes de châteaux, où l'on jouait en allemand ou en français, a poussé les municipalités de Presbourg et de Budapest à doter les bourgeois de ces deux villes de théâtres fixes, naturellement allemands, ce qui insulte aux hommes de lettres hongrois lesquels, attachés à la renaissance nationale, réclament à cors et à cris la scène magyare. Celle-ci tarde cependant bien à venir, retenue qu'elle est non seulement par l'opposition gouvernementale, mais encore par des raisons de bienséance, paraît-il ; car au moment où la Diète fut saisie de l'affaire, l'on vit un député, un de ces bons esprits athrophiés dans les incessantes querelles constitutionnelles et flairant probablement un piège, tendu par l'Autriche, à la constitution d'André II, s'élever violemment contre le projet, disant qu'il était d'autres moyens de civiliser un peuple que la comédie, dont l'influence était essentiellement pernicieuse ; et que, du reste, les étrangers étaient assez bons pour amuser ses compatriotes, mais que jamais un Magyar ne consentirait à se faire pitre lui-même.

Malgré les entraves de tout genre apportées à sa création, le théâtre magyar se fit. La première troupe hongroise fut formée, vers 1788, par un jeune homme du nom de Kelemen ; elle végéta d'abord péniblement à cause des nombreuses troupes allemandes qui parcou-

Type d'un village dans la grande plaine.

raient le pays, jouissant et de l'appui gouvernemental et de la faveur du public des villes foncièrement allemandes encore à ce moment ; mais enfin, l'amour-propre national l'emportant, il eut non seulement des imitateurs, mais encore ses premiers auteurs dramatiques : François Kazinczy, Dugonnics, Verseghy, Ladislas Szabo de Szent Job, et en général la plupart des hommes de lettres de l'époque.

Au milieu de cet élan fut fondé, en 1835, après d'interminables préparatifs et d'obstacles de toutes espèces, le *Théâtre national* de Budapest, conservatoire officiel et subventionné de l'art dramatique hongrois.

Sur ces entrefaites, la scène hongroise s'était enrichie des œuvres de Charles Kisfaludy, frère d'Alexandre le poète, poète lui-même du reste, le Théodore Kœrner de la Hongrie ; de Vœrœsmarty ; de Joseph de Gaal, auteur de la comédie le *Notaire de Peleske*, qui fait encore aujourd'hui les délices du populo magyar ; de Jean Munkacsy, d'Etienne Balogh, de Joseph Katona, auteur de *Bánkbán*, etc., etc.

Avec ce bagage, auquel vint se joindre l'œuvre de Szigligeti et d'autres du milieu de ce siècle, le théâtre hongrois put enfin entrer dans une carrière normale.

Nous en arrivons au théâtre actuel. L'ère moderne fut inaugurée par le seul esprit vraiment philosophique que la Hongrie ait possédé, le seul auteur dont la pensée se soit élevée à des hauteurs universelles. Ce fut Alexandre Madách, dont la *Tragédie humaine*, œuvre inspirée d'un pessimisme schopenhaueresque très élevé, peut, comme profondeur de l'idée, rivaliser avec le *Faust* de Gœthe. Elle a été traduite en beaucoup de langues étrangères, sauf toutefois en français, si nous ne nous trompons. L'auteur la publia en 1861 et mourut en 1864.

Parmi les contemporains, Szigeti, acteur lui-même, s'essaya avec succès dans le drame populaire, très goûté en Hongrie, à cause du caractère rural du pays, car ici, populaire signifie campagnard. Edouard Toth, dont la meilleure pièce, *Le noceur du village*, obtint une quantité innombrable de représentations, imprima plus tard une nouvelle vigueur à ce genre spécial de théâtre ; Louis Dobsa se distingua par une tragédie, *Ladislas IV ;* Louis Kœvér (1825-1863) aborda le genre de Scribe ; Eugène Rákosi, cherchant à mettre plus de profondeur dans le théâtre hongrois, fit représenter son *Esope*, pièce qui eut un succès considérable et à laquelle il fit succéder toute une série de drames d'une grande élévation d'esprit ; Louis de Doczy, avec son *Baiser*, son *Dernier amour* et sa *Marie Széchy*, fit courir au théâtre les Budapestois et les Viennois ; cet auteur est en même temps un des meilleurs traducteurs du *Faust* de Gœthe ; Grégoire Csiky, un des auteurs les plus féconds, écrivit sa longue série de pièces ; Arpád de Berczik aborda la critique de la société hongroise contemporaine et recueillit de grands succès avec ses comédies : *Pas de mère, Adam et Ève, La dame d'esprit, Les quarts de Magnats, Les marieurs, La protection*, etc.; Antoine Várady écrit les belles tragédies *Iscarioth, Tamora*, etc., puis des drames populaires ; Louis Bartok : *Marguerite Kendi*, une lady Macbeth transylvaine, *Anna Thuran*, etc., etc., etc.

* *

Le journalisme hongrois est le fils de la révolution et le père des libertés nationales. Il est en effet peu de pays où la presse soit plus libre, plus indépendante, plus influente, plus généralement initiatrice des progrès, et où les promoteurs d'idées nouvelles et les hommes d'Etat, souvent sortis de ses rangs, aient davantage à compter avec elle. Sous ce rapport, le contraste entre la Hongrie et l'Autriche est plus prononcé qu'en d'autres points, car là les pouvoirs publics n'ont pas encore pu se déshabituer de la considérer comme une institution gênante.

En raison de l'usage général qu'on avait, dans le temps, en Hongrie, de parler latin, le premier journal hongrois fut un journal latin, le *Mercurius Hungaricus*, hebdomadaire, puis mensuel, qui parut en 1705 et fut l'organe du parti de François Rákoczy II à l'effet de combattre les mensonges impertinents que le *Wiener Diarum* (aujourd'hui l'officielle *Wiener Zeitung*) ne cessait de publier au sujet des Mécontents ; il était envoyé à toutes les chancelleries de l'Europe. La paix de Szatmár, en 1711, le fit disparaître.

En 1721, il y eut un autre journal latin : *Nova Posoniensia* (nouvelles de Presbourg) ; puis en 1740, à Bude, ville encore à ce moment foncièrement allemande, le premier journal allemand : le *Ofnerischer Mercurius*, bi-hebdomadaire, qui eut quelques confrères, la propagande pour la langue germanique, l'esprit autrichien, bénéficiant alors de tous les encouragements officiels.

Ce ne fut que par l'effet de la réaction contre les violences germanisatrices de Joseph II que la Hongrie vit éclore en 1780, à Presbourg, par l'initiative d'un sieur Mathias Rath, le premier journal en langue magyare : *Magyar Hirmondo* (le Nouvelliste hongrois), qui, aux plus beaux jours de sa problématique carrière, qu'il termina en 1788, comptait 318 abonnés, dont 5 en France...

Le gouvernement autrichien, ayant peu de sympathie pour cet enfant naturel de la renaissance nationale, refusa à un certain Szacsvay l'autorisation d'en créer un autre, à moins toutefois de le faire paraître à Vienne même, sous l'œil paterne de la censure impériale. Ainsi fut fondé en 1787, en pleine Allemagne, sous le titre : *Magyar Curir*, le deuxième journal hongrois, qui vécut jusqu'en 1834 et eut même un moment de vogue, en ce qu'il rencontra dans la capitale autrichienne quelques imitateurs.

Budapest, eut en 1788, un premier journal en langue nationale qui, cependant, disparut presque aussitôt. Ce n'est qu'en 1806, par la fondation, par le sieur Kulcsár, des *Hazaï Tudositások* (Informations nationales), que commence la série ininterrompue des journaux magyars et autres de la capitale (1).

Le niveau intellectuel des premiers journaux magyars fait pitié. La vieille langue d'Arpad, ne s'étant que peu modifiée par le rôle effacé qu'on lui avait fait jouer, n'avait pu marcher de pair avec le progrès. Les expressions modernes les plus indispensables lui manquaient ; on les inventait un peu à tort et à travers, ou lès empruntait à l'allemand ; puis il y avait l'absence d'ampleur intellectuelle chez les rédacteurs élevés au milieu de cet esprit petit, grincheux, sec, exclusif et intolérant que nous avons déjà caractérisé dans la partie politique.

Ce fut Louis Kossuth, nous l'avons dit, qui, par ses talents de publiciste, sut affranchir la langue et l'esprit public de la plupart de ces entraves. Par ses articles du *Pesti Hirlap*, journal fondé avec lui le 2 janvier 1841 et où ses appointements pour son labeur épocal s'élevaient tout juste à 100 florins (200 francs) par mois, il savait intéresser toute la Hongrie à son esprit fécond en projets de relèvement, et en peu de temps transforma de fond en comble la manière de penser et d'écrire de ses compatriotes...

A côté de lui, il y avait le comte Aurélien Desewffy, qui écrivait dans le *Világ* (le monde) et qui, malgré son réactionnarisme, fut un publiciste de grande marque ; puis ses successeurs au *Pesti Hirlap*, qu'il quitta en 1844 : La-

(1) A *Magyar hirlapirodalom tœrténete, 1780-1867* (Histoire de la presse périodique hongroise), par Joseph Ferenczy. Budapest, 1887, in-8°.

dislas Szalay, Auguste Tréfort, le baron Joseph Eœtvœs, Maurice Lukács, Szontagh, Madách, que, à cause de leur campagne contre les pouvoirs exagérés des municipes, on appelait les centralistes ou bien les doctrinaires, parce que leurs convictions politiques étaient les reproductions fidèles des idées de Guizot, de de Serre et de Royer-Collard. Il y avait aussi le comte Etienne Széchényi, dont les articles, serrés, véritables toiles d'araignée, trop froids, n'arrivaient cependant pas à la portée du grand public, si épocal que fût le rôle du personnage.

La constitution de 1848 vint donner à la presse hongroise la liberté absolue, provoquant par là l'éclosion d'une abondance de feuilles aussi insignifiantes qu'éphémères, dont le langage cru, libre de toute entrave, ne servit qu'à faire tomber journaux et journalistes dans la trivialité et la grossièreté démagogiques.

Après la victoire de l'Autriche à Világos, le silence de la tombe succéda à cette ère de tapage expansif. La censure, rétablie, fonctionnait de plus belle, ne laissant passer à travers ses mailles de fer que ce que la bêtise de ses agents l'empêchait de lire entre les lignes. De même qu'en France, sous l'Empire, l'école fut dure mais bonne aux publicistes. Ne pouvait être journaliste qui voulait et les esprits étaient passés au crible du talent. Les forts seuls arrivant à se faire jour, c'est ainsi que put se former cette élite d'hommes, les Jokaï, les Max Falk, les Paul Gyulaï, les Deák, les Kemeny, à la plume desquels la Hongrie est redevable de ses libertés actuelles.

Le journal dans les colonnes duquel naquirent les nouvelles lois fut le *Pesti Napló*, le doyen d'âge des journaux existant aujourd'hui. Après avoir été supprimé pour avoir tenu un langage par trop ferme, il reparut en 1855 pour ne plus s'attacher qu'au parti de la réconciliation qui grandissait à vue d'œil. Peu à peu, le public, d'abord rebelle à l'idée d'une entente à force d'y lire le reflet de la pensée du vieux Deák, s'était familiarisé avec l idée de faire sa paix avec l'Autriche. Vinrent la constitution du 26 février 1861 avec un corps législatif à Vienne, et le refus des députés hongrois de s'y rendre.

Plus que jamais une réconciliation s'imposait, car de nouveau, l'Autriche faisait peser sa main de fer sur le pays. C'est au milieu de cette situation, que dans le numéro du *Pesti Napló* du 15 avril 1865, jour de Pâques, profitant de la réponse à faire à l'article agressif d'un journal allemand le *Botschafter*, Deák, en faisant le procès de l'Autriche à travers quatre siècles, insista nettement sur les intentions d'entente de la nation hongroise.

Après avoir énuméré, dans cet article, tous les griefs des souverains autrichiens et démontré que les Hongrois ne s'étaient jamais révoltés qu'à la suite de violations de leurs droits, mais qu'au contraire, ils avaient toujours récompensé les rois respectueux de la constitution hongroise, et après avoir fait ressortir, de plus, que, peut-être, l'Autriche, sans le secours des Hongrois, n'aurait pu résister à ses malheurs de 1740, 1797 et 1809, il termine comme suit : « A notre sens, on n'assurera guère l'avenir de la monarchie en violant les traités solennels, ainsi que l'implique la constitution du 26 février 1861. Pour atteindre ce but, il faut trouver les moyens de concilier le respect de nos vieilles lois fondamentales avec la nécessité de donner la liberté aux peuples de l'autre côté de la Leitha...

» Parallèlement avec leur constitution doit marcher la constitution hongroise, sous le même souverain et commune pour la défense. Elles peuvent très bien marcher ensemble et, à notre avis, rien ne nous oblige à nous absorber l'un l'autre.......

» Nous ne voulons pas sacrifier notre indépendance

Une rue dans une ville de province de la grande plaine magyare.

constitutionnelle rien que parce que la nouvelle constitution des peuples d'au delà de la Leitha diffère en certains points de la nôtre ; mais on nous trouvera toujours prêts à rechercher, par les moyens légaux, un accord entre nos lois, les garanties de l'existence indépendante de notre patrie et la liberté des pays cisleithaniens au développement constitutionnel desquels nous ne nous opposerons jamais. »

Cet article, inspirateur des réformes de 1867, eut un retentissement énorme. Il est connu en Autriche-Hongrie sous le nom d'*Article des Pâques*.

La liberté reconquise amena une nouvelle éclosion de feuilles. En 1850, il ne s'était plus publié, dans toute la Hongrie, que neuf journaux ; il y en avait quatre-vingts la veille du compromis et un an après, en 1868, l'on en comptait cent quarante ; en 1878, deux cent quatre-vingts ; près de six cents en 1888, et huit cent soixante-deux au 1er janvier 1894. Dans ce nombre figurent, bien entendu, les feuilles de toutes les nationalités du territoire hongrois, se répartissant du reste comme suit : pour la Hongrie sans la Croatie : en langue magyare, 569 ; bilingues, 63 ; en allemand, 105 ; en français, 1 ; en slovaque, 16 ; en roumain, 17 ; en croate et serbe, 15 ; pour la Croatie : en croate et serbe, 59 ; en allemand, 6.

Cette augmentation prodigieuse est due, principalement, au régime extrêmement libre auquel est soumise la presse hongroise depuis 1867, régime qui, sauf le cautionnement de 21,000 fr. pour les feuilles politiques seulement, cautionnement en aucun cas confiscable, ressemble en tout point au régime français. Comme en France, il existe un code spécial pour la presse, code qui date de 1848, faisant relever les délits de la cour d'assises ; c'est du reste là la seule application que trouve cette institution en Hongrie.

La presse hongroise continue naturellement le rôle

important qu'elle a de tout temps joué. Très influente par tradition, elle est demeurée très écoutée et, le sachant, est assez prudente pour ne pas compromettre son influence par des abus de pouvoir. Le temps des élans juvéniles, des productions naïves « province », est pour elle aussi depuis longtemps passé, du moins pour les journaux de la capitale. Le moment des gros tirages est venu et avec lui les soucis, les frais d'informations, les plumes payées cher, les installations coûteuses, machines, rotatives, etc.

Le Hongrois, raisonneur et politiqueur par tempérament, puis disposant, généralement de loisirs, vu la prépondérance de l'élément fermier et rural, s'est fait lecteur assidu de journaux. Il en dit beaucoup de mal, daube sur les journalistes qu'il accuse de légèreté, d'ignorance, de judaïsme, puisque, en effet, une bonne partie de la presse hongroise est entre les mains d'israélites, voudrait voir à ses périodiques plus de tenue, moins de mobilité d'esprit et une quantité de vertus professorales que la presse, baromètre extra-sensible de l'opinion du jour, n'aura jamais, mais est capable de s'abonner à cinq ou six journaux à la fois et de les lire religieusement d'un bout à l'autre.

La presse magyare tient le premier rang parmi les périodiques hongrois, mettant en circulation, rien que par la poste, 45 millions d'exemplaires de journaux par an. La presse en langue allemande vient ensuite avec 13 millions 620 mille exemplaires, mouvement dont la majeure partie, comme du reste pour les journaux magyars, revient aux feuilles de la capitale.

Le rôle de la presse allemande n'est point du tout, ainsi qu'on pourrait le croire, un rôle de propagande en faveur de l'élément allemand. Enfant de la bourgeoisie des grandes villes, laquelle était, en son temps, comme nous le disions plus haut, foncièrement germanique et germanisée, elle a suivi le mouvement magyarophile, résultat du nouvel état de choses, et s'est faite magyare de cœur et d'esprit avec ses lecteurs qui, tout en continuant de parler allemand, sont devenus d'excellents patriotes hongrois. L'idiome d'Arpad étant généralement ignoré hors des frontières du pays, elle constitue en outre le trait d'union entre la Hongrie et l'étranger, et, comme tel, rend des services d'autant plus importants à sa patrie, qu'elle s'abstient toujours, dans son patriotisme, des exagérations chauvines de langage dont font preuve une minorité de journalistes magyars (1).

Nous parlerons, au chapitre des nationalités, de la presse des différentes autres races du pays.

(1) Les principaux journaux de la capitale sont : *Pesti Napló* (Journal de Pest); dir. : Joseph Vészi, biquot. libéral gouvernemental, indépendant. *Pester Lloyd*; dir. : Max Falk, député, biquot. libéral, indépendant, mais gouvernemental. *Budapesti Hirlap* (Moniteur de Budapest) ; dir. : Eugène Rákosy ; adm. : S. Zilahy, opposition frondeuse, nuance patriotique indépendante. *Pesti Hirlap* (Moniteur de Pest); dir.-édit. : Legrády, libéral, indépendant. *Nemzet* (la Nation); dir. : Maurice Jokaï; réd. en chef : Ed. Gajáry, député, biquot. gouvernemental officieux. *Egyertértés* (la Concorde); dir.-fond. : Louis Csavolszky, opposition, nuance 1848. *Magyar Allam* (l'Etat hongrois); dir. : Emile Semmecz, clérical. *Nemzeti Ujság* (Journal national); dir. : Ant. Günther. *Hazánk* (Notre Patrie), organe inspiré par le Ministère de l'agriculture; dir. : Charles Baross. *Magyarország* (la Hongrie); dir. : Louis Holló, député ; opposition, nuance Ugron. *Magyar Hirlap* (Moniteur magyar). *Fovárosi Lapok* (Feuilles de la capitale); réd. en chef : Coloman Porzsolt. *Budapester Tagblatt*; dir. : Julien Weis, nuance « comte Apponyi ». *Neues Pester Journal*. *Politisches Volksblatt*. *Neues Politisches Volksblatt*; tous quotidien. Parmi les revues et journaux hebdomadaires, citons : *Vasárnapi Ujság* (Journal du dimanche) ; *Budapesti Szemle* (Revue de Budapest ; *A Hét* (la Semaine); *Magyar Szalon* (le Salon hongrois) ; *Ország Világ* (le Pays et le Monde), et la *Revue d'Orient*, seul journal français en Hongrie, dir. : Sasváry.

* *

Les Hongrois ayant été jusqu'au dixième siècle un peuple nomade, l'architecture n'a guère de racines naturelles ni dans leur histoire ni dans leur tempérament.

Pour s'en rendre compte, l'on n'a qu'à jeter un coup d'œil sur les cités de fondation magyare, telles que Nagy-Kœrœs, Debreczin, Kecskemét, Fülœpszállás et quelques autres de la grande plaine, ou bien sur n'importe quel village. Tous se ressemblent comme deux gouttes d'eau, tout y a un caractère indéfini, flottant, provisoire ; les maisons basses, sans étages, uniformément disposées, le pignon face à la rue, bordant d'énormes voies, véritables fleuves de sable mouvant ou de boue, font croire à un vaste campement établi d'hier, appelé à disparaître demain, et immédiatement, l'on reconnaît la nation, dont l'éducation sédentaire est inachevée. Ce manque de besoin du *home*, du chez-soi, de cet endroit intime privilégié, et pour cela orné de tout ce qui peut y rendre le séjour agréable, se retrouve, quoique mitigé par la civilisation, jusque dans les intérieurs des classes supérieures où l'ameublement, tout en étant luxueux, a généralement quelque chose de froid, de copié, de je ne sais quoi dénotant que l'habitant « ne le sent pas ».

L'architecture hongroise est donc d'importation étrangère et occidentale, étant donné que la nation magyare, rompant avec le byzantinisme des Slaves ses voisins, vint, un siècle après sa venue, se rattacher par saint Etienne au monde latin.

Les premiers missionnaires, des Français et des Allemands, y importèrent le style roman. Environ quatre cents monuments de cette époque, qui fut brillante parce que la générosité des rois était proportionnée à leur ferveur chrétienne, subsistent, malgré les bouleversements qu'a subis le pays. Ce sont — nous ne citons que les principaux — la cathédrale de Ják, commencée au onzième siècle et terminée au treizième ; l'église de Lebény, construite vers 1207 ; celles d'Ocsa, d'Apátfalva, de Zsámbék, etc.

Le gothisme s'est introduit après l'invasion mongole et son développement semble coïncider avec la venue des colons saxons et autres allemands fondateurs de nombreuses villes. Aussi l'influence allemande prédomine-t-elle dans les monuments subsistant de cette époque, tous de dimensions très moyennes et dont la cathédrale de Cassovie (Kassa, Kaschau) est un des plus beaux.

Le roi Mathias, en épousant Béatrice de Naples, et en entretenant des relations intimes avec l'Italie, fut le promoteur dans son pays de la renaissance italienne, école qui, amputée par l'invasion turque, ne put arriver à son plein développement. Il n'en subsiste que quelques fragments.

Par l'arrivée des Pères Jésuites, étendant les mailles de leur propagande antiprotestante sur toute la Hongrie, vint s'introduire ce fameux style dit *baroque* qui est le leur et qui, naguère, fit les délices et toute la science des architectes hongrois.

Que dire du style de l'architecture contemporaine ? Nous nous sentons peu de compétence en la matière, et ne donnons notre jugement qu'à titre de simple impression personnelle. Evidemment, c'est beau, c'est colossal, c'est luxueux et imposant, mais combien selon nous, et quelques cas exceptés, de tâtonnements encore dans cette mer de palais neufs, que d'américanisme, quelle envie d'étonner le monde sans savoir encore le charmer !

La note prédominante, ce sont naturellement les écoles de Vienne et de Zürich, avec leurs formes systématiques, et glaciales.

* *

La sculpture n'a rien présenté de national jusqu'à nos jours ; toutefois la Hongrie contemporaine a trouvé quelques excellents artistes sortis de son sein pour élever des statues à ses hommes d'État, tels que Engel, Huszar, etc.

***

La peinture aussi n'a eu que des succès récents, quoi qu'on ait connu de bons peintres hongrois dès le seizième siècle, tel Kupeczky, dont les dessins firent la joie des Vénitiens de son époque.

Sous ce rapport, la Hongrie moderne après avoir fait des efforts considérables, a obtenu des résultats fort éclatants et non dépourvus d'originalité ; Munkacsy, Michel Zichy, Wagner Than, Lotz, sont connus hors des frontières, et Vago dont le talent est très considérable, et qui est l'auteur du grand cortège historique des fêtes du millénaire ; Margitay, Ligeti, Roskovics, Kimnach, etc., sont en voie de l'être.

La Hongrie possède plusieurs grandes galeries de peinture et une Académie des Beaux-Arts.

***

La musique hongroise suit deux chemins différents : l'école mondaine et l'école populaire ; cette dernière est issue des campagnes, et son style s'incarne dans la *Marche de Rakoczy* et les danses dites « csárdás ».

La note populaire a eu de brillants représentants, dès le seizième siècle ; elle est actuellement en décadence complète.

En ce qui concerne l'école mondaine : Haydn, François Liszt, Reményi, tous Hongrois, nous dispensent d'en

Type d'une « tanya » ou ferme isolée dans la grande plaine magyare.

dire plus long ; Egressy, Erkel, Volkmann, sont ceux de cette école qu'on connaît le moins hors des frontières (1).

* *

En jetant un coup d'œil sur ce qui précède, que voyons-nous ? Un pays européen, un et indivisible par sa nature géographique, morcelé en pleine période féodale, arraché pièce par pièce à toute évolution naturelle avant même que la civilisation ne fût née. Pendant deux cents ans des vainqueurs sans pitié tiennent sous leur botte ses lambeaux de chair meurtrie ; ses campagnes se désertent et se dépeuplent, ses habitants sont emmenés en captivité ou tués dans leurs incessants efforts de se délivrer de l'étreinte, son esprit se momifie dans le souvenir des libertés et des gloires d'antan. Enfin, l'unité lui est rendue ; tout en gémissant sous la main de fer qui le tient, il redevient, peu à peu, assez fort pour secouer son joug ; une première tentative échoue, mais inspire au vainqueur assez de respect pour lui offrir la paix et l'indépendance en échange d'une espèce de ménage à deux.

Aujourd'hui, trente ans après ce mariage de raison, cinquante ans après la cessation de l'état de moyen âge le plus complet, plus une parcelle de terre sans culture, des villes éclairées à l'électricité, des télégraphes, des téléphones, un vaste réseau de chemins de fer, une sécurité absolue dans l'immense plaine comme dans les belles vallées des montagnes, les recettes de l'État passées de 172 millions à 400 millions, le taux de l'intérêt payé à l'étranger pour la dette publique, de 8 pour 100, tombé

(1) Il serait impossible de faire, ici, de la situation des Beaux-Arts, en Hongrie, l'objet d'une étude détaillée sans dépasser le cadre de cet ouvrage qui est une œuvre d'ensemble. Nous devons donc nous borner à ces quelques lignes, en renvoyant le lecteur, pour ce qui est de la musique, du moins, à notre *Hongrie contemporaine*.

à 4, les emprunts en grande partie couverts à l'intérieur, une population lettrée, des cercles de lecture dans le moindre village, le pays couvert d'écoles, de bibliothèques publiques, d'imprimeries, de laboratoires, une littérature et une science nationales, des théâtres, en un mot, une pulsation de vie moderne, dont le spectacle peut faire regretter les vieilles mœurs pittoresques, mais qui, certainement, impose par l'immensité et l'unanimité de l'effort. Et cette civilisation n'est plus un simple vernis seulement, neuf et superficiel, ayant l'air de vous crier : « prenez garde à la peinture ! » comme chez d'autres nations de ces régions, mais commence, au contraire, à pénétrer dans les basses couches de la population.

Que reproche-t-on à la civilisation hongroise ? Ce petit air gauche, province, anguleux, mélange de démocratisme et de féodalisme, son manque d'originalité, d'indépendance et de spontanéité, son chauvinisme un peu inquiet ! Or, ce sont là comme les vieilles cicatrices des blessures que l'esprit de la nation reçut au cours de son histoire mouvementée. Elles ne disparaîtront pas de si vite.

Peuple isolé par sa race, lambeau asiatique détaché au milieu de l'Europe aryenne, les Magyars n'ont pu, au moment de leur renaissance, s'appuyer sur une civilisation parente. Tout en détestant l'Autriche, ils prirent, un peu malgré eux, les mœurs autrichiennes, c'est-à-dire les mœurs allemandes. Les savants hongrois sont des esprits austro-allemands parlant magyar; allemands sont l'architecture, les goûts, les mœurs, les idées, et seule la littérature présente des côtés originaux. Ce n'est pas que nous soyons ennemi de la civilisation allemande, mais nous sommes persuadé qu'elle convient peu à la nature des Magyars.

Par l'initiative de quelques Hongrois ayant fait la même observation, on a cherché à créer dernièrement un courant à l'effet de se rapprocher de la civilisation française ; la trempe toute nouvelle, vivace et originale des esprits formés à cette école, ne fait que prouver combien on avait raison ; néanmoins ces efforts semblent destinés à rester isolés : la Hongrie demeurera acquise à l'influence intellectuelle de l'Allemagne !...

DEUXIÈME PARTIE

LE PAYS ET LES PEUPLES QUI L'HABITENT
LA QUESTION DES NATIONALITÉS

CHAPITRE PREMIER

Configuration géographique de la Hongrie. — Les Carpathes et la plaine. — La Transylvanie. — Le Danube. — Le climat. — Population. — Répartition des nationalités. — Division administrative.

Le pays, dont nous venons d'esquisser l'histoire et les progrès accomplis, forme, au point de vue géographique, ainsi que nous le disions plus haut, un tout d'une unité merveilleuse.

Une chaîne de monts haute et sauvage, les Carpathes, entoure en cercles concentriques, sur un parcours de plus de 2,000 kilomètres, des plaines d'une fertilité proverbiale, l'Alfœld (le bas pays), dont la plus grande mesure 90,000 kilomètres, trois fois la grandeur de la Belgique, double formation qui donne à la Hongrie une variété extraordinaire d'aspects.

Par les cimes neigeuses du haut Tátra, avec leurs lacs

aux altitudes supérieures, leurs forêts de pins ou de chênes, les Carpathes rappellent les paysages des Hautes-Alpes, tandis qu'à 100 kilomètres au sud, au milieu de l'immense étendue de l'Alfœld, on se croirait dans les plaines de l'Asie centrale.

La Transylvanie, espèce de compartiment intérieur de ce vaste cirque, séparée des grandes plaines par le mur mitoyen des monts Bihar, offre d'autres originalités encore. Là, on trouve, juxtaposés, des forêts presque vierges rappelant la nature abondante des nouveaux continents, de vieilles cités allemandes à la vue desquelles vous vous croiriez transportés à Nuremberg ou à Bruges, et de puissants châteaux-forts, souvenirs de l'héroïque lutte des Magyars contre l'Autriche et les Turcs, mêlés aux plus beaux monuments de l'époque romaine ; puis des mines, et d'autres richesses naturelles.

Un autre genre d'originalité vient à la Hongrie du Danube, fleuve qui, traversant ce pays de l'ouest à l'est, et y grossissant considérablement parce qu'il est l'unique réceptacle des rivières descendant des hauteurs de la circonférence, lui apporte de l'animation et des aspects d'une majesté imposante.

Bien que presque attenante à l'Adriatique, la Hongrie en est séparée par l'abrupte et haute chaîne de montagnes qui, en partant des Alpes, va rejoindre les Balkans et les monts de la Grèce. Cette situation lui enlève un des principaux éléments de richesse et de progrès : l'accès facile de la mer.

La même circonstance influe sur le climat du pays qui, par là, devient continental, très chaud en été en raison de la réverbération du sable d'alluvion des plaines, et assez rude en hiver (1).

(1) Pour le reste de la description géographique, hydrographique, géologique et autres de ce genre, nous renvoyons le lecteur à notre ouvrage *la Hongrie contemporaine*, publié en 1891.

« Délibáb » ou phénomène de réverbération de paysages se trouvant sous l'horizon, fréquemment observé dans la grande plaine hongroise.

* *

Le territoire de la Hongrie mesure 322,310 kilomètres carrés, ce qui équivaut à peu près aux trois quarts de la France. Le royaume de saint Etienne est par conséquent un peu plus grand que sa sœur l'Autriche qui en couvre 300,026 ; mais il est moins peuplé, les Etats autrichiens comptant 23,850,413 habitants, soit une moyenne de 80 par kilomètre carré, tandis que la monarchie hongroise, toutes ses parties annexées comprises, n'en compte que 17,463,791, soit 53 habitants par kilomètre carré (résultats du recensement du 31 décembre 1890 pour les deux pays).

Depuis 1869, la population hongroise s'est accrue de 1,931,571 individus, alors que, dans la population autrichienne, l'augmentation, pendant le même laps de temps, était de 3,501,333.

On sait que la Hongrie a ceci de commun avec l'Autriche, comme du reste avec d'autres pays orientaux que, les races les plus diverses s'y étant entre-choquées au temps des migrations, chacune d'elles a subsisté à côté de sa voisine, parce qu'aucune n'a pu acquérir un degré de civilisation suffisamment élevé pour absorber les autres, situation politique qui est devenue une source d'éternelles et de graves complications intérieures, connues sous le nom de question des nationalités.

Or, la population hongroise se subdivise en les races suivantes :

Magyars	7,477,334
Allemands.	2,129,406
Roumains.	2,604,027
Italiens du littoral.	13,012
A reporter.	12,223,779

Report.	12,223,779
Slaves slovaques.	1,921,599
» croates.	1,563,748
» serbes.	1,062,378
» ruthènes ou russiens.	384,231
» slovènes.	70,658
Petites races telles que : Arméniens, Bulgares, Tchèques, Tziganes et les étrangers.	237,398
Total.	17,463,791 (¹)

Administrativement, la Hongrie se divise en 63 départements appelés comitats (comtés), à la tête desquels sont placés, comme en France, des préfets, appelés fœispán (mot d'origine slave).

Les comitats se répartissent sur cinq groupes, à savoir :

Hongrie cisdanubienne, treize comitats : Pest, Bács, Nográd, Zolyom, Hont, Esztergom, Bars, Nyitra, Pozsony, Trencsén, Turocz, Arva, Lipto (centre et nord-ouest).

Hongrie transdanubienne, onze comitats : Soprony,

---

(1) Dans ce total sont, bien entendu, comprises les populations de la Croatie-Esclavonie et autres parties annexés.

Pour l'Autriche, on compte :

Allemands.	8,416,580
Slaves tchéco-slovaques.	5,472,871
— polonais.	3,719,232
— ruthènes.	3,105,221
— slovènes.	1,176,672
— serbo-croates.	644,926
Roumains.	209,110
Magyars.	8,139
Romanches et Italiens.	675,305
Divers et étrangers.	422,357
Total.	23,850,413

Mosony, Gyœr, Komárom, Veszprém, Székesfehérvár, Vas, Zala, Tolna, Baranya, Somogy (sud-ouest).

Hongrie cistissienne, neuf comitats : Szepes, Gœmœr, Heves, Borsod, Torna, Abauj, Sáros, Zemplén, Ung (centre et nord).

Hongrie transtissienne, dix-sept comitats : Bereg, Mármaros, Ugocsa, Szatmár, Szabolcs, Kraszna, Bihar, Hajdu, Jász-Kun-Szolnok, Békés, Arad, Csongrád, Csanád, Torontál, Temes, Krasso-Szœrény.

Hongrie transylvaine, quinze comitats : Hunyad, Szeben, Fogaras, Brasso, Háromszék, Csik, Udvarhely, Kisküküllœ, Nagyküküllœ, Alsófehér, Torda-Aranyos, Torda-Maros, Kolozs, Beszterce-Naszod, Szolnok-Doboka.

Croatie-Esclavonie.

La ville de Fiume et son territoire.

CHAPITRE II

La question des nationalités en général. — Pourquoi les Magyars restèrent maîtres du pays. — Leur amour pour les plaines. — Leur rôle dans l'histoire des nationalités. — Pourquoi ils ne firent aucun effort pour absorber les nationalités. — La question des nationalités se pose. — Les premières animosités. — Influence de l'Autriche. — Excès de zèle. — 1848 et les nationalités. — La loi de 1868. — Le peu de progrès de la magyarisation. — La culture intellectuelle chez les différentes races. — Il y a 300,000 Magyars de plus sachant les langues des nationalités que d'individus non magyars sachant le hongrois. — Conclusions.

Le coup d'œil rapide que nous venons de donner au relief de la Hongrie, pays formant un bassin circulaire, dont les bords, peu productifs, sont montagneux, et le centre, où convergent toutes les routes fluviales, plat en même temps que d'une fertilité exceptionnelle, nous explique pourquoi la race qui était venue se fixer dans les parties centrales devait nécessairement conserver la suprématie sur les autres. Productrice des denrées alimentaires, qu'étaient obligés de venir chercher chez elle les habitants de la circonférence, ceux-ci lui devinrent moralement tributaires en ce qu'ils l'étaient matériellement.

Est-ce par une fine tactique militaire ou par goût et

en vertu d'anciens souvenirs que le gros de la nation hongroise, commandé par Arpad, vint occuper les étendues immenses comprises entre les Carpathes et le Danube? Peut-être l'un et l'autre. Le peuple magyar, sorti des plaines du Volga et du Dnieper, où il avait erré pendant des siècles, s'y est, en effet, toujours beaucoup plu et a toujours considéré ces vastes horizons comme la patrie par excellence de sa race. « Sur cette plaine, unie comme la mer, chante Petoefi, le poète national des Hongrois, je me sens chez moi. Mon âme, semblable à l'aigle envolé de son aire, peut en embrasser l'infini... Tu es magnifique à mes yeux, Alfœld ! c'est là que je suis entré dans la vie ; là aussi, un jour, le linceul doit m'envelopper ; là aussi s'élèvera mon tertre funéraire... »

Mais tout en devenant par ce fait les maîtres des autres tribus, les Magyars ne se les sont jamais assimilées. Pourquoi ?

Admettre que ce fut par générosité envers les vaincus serait poser la question des nationalités à une époque où elle n'existait certainement pas encore. Il est au contraire plus que probable que ce fut par fausse politique ou parce que d'un degré de culture intellectuelle inférieur excluant toute idée d'absorption, et, méprisant les peuples conquis comme ne pouvant plus nuire à la race glorieuse du vainqueur que les chefs magyars basèrent, dès le commencement, leur gouvernement sur la multiplicité de l'origine de leurs sujets : « *Unius linguae uniusque moris regnum imbecille et fragile est*: souviens-toi qu'une monarchie est faible et fragile lorsqu'elle est une par la langue et les mœurs », s'écrie saint Étienne dans son testament politique (1).

Or, non seulement les Hongrois ne firent jamais aucune tentative pour dénationaliser à leur profit les autres

---

(1) *Sancti Stephani décret.* L., I, *Monit.* IV, *ad Emericum.*

peuples du territoire, mais encore, en vue de repeupler des contrées dévastées par des guerres ou d'introduire les arts ou les industries au milieu de ces populations rurales appelèrent-ils des tribus nouvelles auxquelles ils octroyèrent les plus larges privilèges pour la conservation de leur nationalité, et ainsi compliquèrent eux-mêmes d'une façon singulière la situation déjà si difficile de leur pays.

L'on peut affirmer que, sans la conquête magyare, la question des nationalités ne serait peut-être jamais venue se poser dans ces régions, ou tout au moins n'y aurait pris le caractère d'acuité qu'elle possède de nos jours. « Les Slaves ont reçu, dit, en effet, Sayous, une atteinte mortelle de ce coin d'acier qui s'est enfoncé dans leur masse compacte et qui l'a désagrégée pour toujours », remarque qui se trouve confirmée par le passage suivant de l'historien tchèque Palaczky :

« L'invasion des Magyars est le plus cruel malheur que notre race ait jamais subi. Du Holstein au Peloponèse s'étendaient des peuples slaves, peu unis et de mœurs différentes, mais partout actifs et préparés à la civilisation. Au milieu de cette ligne étendue, un noyau se formait par les efforts de Swatopluk. De même que sous l'influence latine la monarchie franque s'était formée en Occident, de même un empire slave pouvait, sous l'influence byzantine, se former en Orient, et la destinée de l'Europe orientale fût devenue tout autre. L'arrivée des Magyars au cœur de l'organisme naissant anéantit ces espérances (1).

Resterait à savoir si, comme l'ont fait les Hongrois — et ceci leur constitue un titre éternel à notre reconnaissance — cet empire eût aussi bien préservé

(1) V. *Les origines de l'époque païenne de l'histoire des Hongrois*, par Ed. Sayous, p. 81, et Palaczky: *Geschichte von Bœhmen*, t. I, p. 195.

Phénomènes de tourbillons de vent et de sable mouvant dans la grande plaine hongroise.

l'Europe contre les nombreuses invasions asiatiques, dont celles des Mongols et des Turcs ne sont, en somme, que les plus connues, ou bien, autre point de vue, s'il ne fût pas devenu lui-même, précisément par sa grandeur, un danger pour l'Occident.

Avant que de revêtir sa forme actuelle, la question des nationalités subsistait à l'état de haines religieuses, jusqu'à ce que, à la fin du siècle dernier, le réveil de l'esprit de race vînt lui imprimer son caractère politique. Le fait impulsif de ce nouvel avatar fut la revendication des Serbes de Hongrie, qui, vers 1790, vinrent réclamer violemment des sièges à la Diète pour leurs prélats de l'Église orientale.

Léopold II, ayant des raisons de ne pas laisser trop se fortifier l'unité hongroise qu'il craignait, encourageait ce mouvement en sous-main, et autorisa les délégués serbes à tenir un congrès national. C'est dans les réunions préparatoires de ce congrès que l'on put, pour la première fois, entendre les expressions et les épithètes qui sont, depuis, restées la monnaie courante de la guerre des nationalités contre les Magyars : « ce peuple de brigands venu d'Asie qu'il fallait y renvoyer, mais qui, en tout cas, devrait se montrer bien reconnaissant envers l'Autriche, pour avoir transformé en hommes de vrais « orangs-outangs » (1).

La lutte pour l'émancipation de la langue magyare fit le reste. Pendant tout le moyen âge et même jusqu'au milieu de ce siècle, le latin avait été la langue officielle en Hongrie. C'était là une des conséquences de la venue tardive des Magyars dans la cité européenne et une preuve de leur bonne volonté de s'assimiler le mouvement occidental. En effet, en bannissant leur idiome national dans les campagnes, ils éloignaient d'eux des

(1) Sayous, *Histoire des Hongrois et de leur littérature politique de 1790 à 1815*. Paris, in-8°, 1872.

traditions païennes. S'ils avaient songé un peu plus tôt à le faire ressusciter, le développement qu'il aurait pu acquérir eût probablement suffi pour magyariser sinon le tout, du moins une bonne partie des éléments étrangers.

Quand le réveil universel de l'esprit des races leur fit voir l'immensité de leur faute, il était trop tard, et tout ce qu'ils pouvaient entreprendre dans ce sens ne devait que provoquer la réaction chez les autres.

D'abord, ils joignirent le magyar au latin pour les procès-verbaux et les actes du corps législatif; en 1791, la Diète prescrit l'enseignement du hongrois dans toutes les écoles magyares ; en 1807, on exige que le roi fasse apprendre le magyar aux officiers et soldats de tous les régiments formés en Hongrie, et finalement, en 1844, l'idiome magyar est proclamé seule langue officielle.

A mesure que grandissait le magyarisme, grandissait également le nationalisme des autres races, et aussi la crainte de l'Autriche quant aux tendances émancipatrices des Hongrois. Habituée au *divide et impera*, c'est-à-dire au règne par la division, il était dans la nature des choses que la cour se servît des nouvelles divisions pour combattre les vélléités de renaissance nationale des Magyars. Ce serait, du reste, imiter le servilisme plat de certains historiens officiels que de passer sous silence les aggravations multiples que l'Autriche apporta à la lutte des nationalités en Hongrie, par son ancienne politique. « Ces Magyars, disaient les journaux de Vienne d'avant 1848 aux Slaves et aux Roumains, ces Magyars décrètent l'abolition du langage de vos pères; ils en veulent à vos ancêtres, à vos souvenirs nationaux, à vos familles. Ils vous ont tenus en servage pendant neuf cents ans, ils vous ont pris votre corps, ils vous prendront jusqu'à vos âmes ; car bientôt, s'ils ne réussissent point à vous tromper, ils se rueront sur vous, les armes à la main, et vous écraseront. » Et la presse hongroise de riposter : « Lorsque Arpad nous conduisait vers les terres où, jadis, régnait Attila, et qu'alors vous habitiez en maîtres, pourquoi donc ne vous êtes-vous pas levés en masses et ne nous avez-vous pas chassés ? Si vous existez encore, n'est-ce point grâce à nous, qui pouvions tuer et votre langue et votre nationalité, et qui vous avons généreusement accordé la vie sauve ? »

L'on ne saurait davantage nier que l'opinion publique hongroise, en raison de son côté emballé, ne se fût laissée aller à des exagérations de langage au sujet des nationalités. Nous n'en voulons comme preuve que le retentissant discours académique de 1842, du comte Étienne Széchényi dans lequel, en s'élevant contre cette propagande qu'il dénonçait comme humiliante pour les autres races, et dont il rendait ouvertement responsables le *Pesti Hirlap* et Louis Kossuth, le régénérateur de la Hongrie désignait, comme seul et unique moyen de conserver l'hégémonie, le développement de la culture intellectuelle (1).

Mais certainement les Magyars ont racheté en grande partie ces excès juvéniles par le généreux élan de 1848, où, en faisant tomber d'un coup les institutions du moyen âge qui les étreignaient encore, ils émancipèrent les serfs et donnèrent la liberté à toutes les langues. « Sans doute, dit en substance Kossuth dans sa proclamation aux nationalités, beaucoup d'entre vous ont gémi dans le servage, mais n'avez-vous pas eu aussi des représentants parmi les nobles ? Oublions les querelles, nous vous offrons la liberté et l'égalité. Les chaînes sont brisées. Nous sommes tous citoyens. Nous procla-

---

(1) *A Magyar Hirlap irodalom tœrténete 1780-1867*. (Histoire de la presse périodique hongroise de 1780 à 1867). Budapest, 1887, in-8° par Joseph Ferenczy, et *Geschichte der ungarischen Litteratur* par le Dr Johann-Heinrich Schwiker. Leipzig, 1889.

mons la liberté de l'individu, la liberté de la conscience, la liberté de la commune. Parlez vos langages dans vos familles, vos églises, vos temples et vos tribunaux ; souffrez seulement que vos députés parlent notre langue qui est celle de la majorité, afin que nous puissions nous comprendre les uns les autres. »

Ce langage, on le sait, ne fut pas écouté ; bien au contraire, les nationalités vinrent aider l'Autriche à écraser les Magyars, ce dont, du reste, ils ne furent que peu récompensées, puisque, après la répression, ils durent subir le même régime de fer.

Par la nouvelle constitution, et particulièrement à la suite de la loi de 1868, s'ouvrit, pour les nationalités, une ère de liberté inconnue jusque-là, ce qui, bien entendu, loin de servir à les satisfaire, ne fit que permettre aux haines, longtemps comprimées, de se donner libre cours.

Le grand reproche qu'on fait aux Magyars au sujet de cette loi, c'est de ne pas en appliquer tous les paragraphes. Cela est en effet, et voici pourquoi. Votée par les Chambres, dans un premier élan de liberté, elle dépasse de beaucoup son but en ce que, exécutée à la lettre, c'est-à-dire dans les détails destinés, la plupart, à satisfaire de farouches patriotismes de clocher, elle eût fait de la Hongrie une véritable Babel, noyant dans une confusion générale d'idiomes tous les progrès péniblement acquis. Voyez-vous les ministères de Paris, pour donner satisfaction au chauvinisme régional, correspondre en provençal avec Marseille, en bas-breton avec Brest, en basque avec Bayonne, en auvergnat avec Clermont-Ferrand et en italien avec Nice ? C'est cependant là ce que demandent les nationalités, car seuls les paragraphes de ladite loi concernant la multiplicité des langues administratives, au gré et au choix des administrés, n'ont pas été appliqués ; par contre tous ceux concernant l'école, l'église, la presse, la littérature, en un mot ce qui peut essentiellement servir le développement des nationalités, se trouve exécuté à la lettre.

Si les Hongrois étaient les féroces magyarisateurs que l'on dit, les progrès de leur idiome n'accuseraient pas les résultats plus que modestes dont voici un court exposé :

L'on comptait en Hongrie, en 1840, 5 millions d'individus de langue hongroise, sur 13 millions d'habitants. Le recensement de 1880 accusait une proportion, en chiffres ronds, de 6,450,000 sur 16,000,000, soit 41 pour 100, et, celui du 31 décembre 1890 donnait 7,450,000, soit 43 pour 100, sur 17,000,000, c'est-à-dire une augmentation absolument infime de l'élément magyar.

Mais ces chiffres, ne se rapportant qu'à l'augmentation numérique et matérielle du nombre de gens de race hongroise, ne nous disent rien encore sur le prétendu travail d'absorption en faveur de cet élément.

Or, l'on comptait, en 1880, 818,000 individus de race non magyare, mais parlant le hongrois, et 1,100,000, en 1890, ce qui constitue une augmentation de 282,000 environ. Ce résultat n'est cependant favorable qu'en apparence car, pendant le même laps de temps, cette même population non-magyare s'était numériquement accrue de 721,000 individus ; ce qui fait qu'il y avait, en 1890, 442,000 citoyens hongrois de plus qu'en 1880 ignorant la langue officielle du pays (1).

Cela pourrait, au besoin, suffire pour nous prouver jusqu'à l'évidence qu'il n'y a pas, de la part des autorités hongroises, effort de magyarisation à outrance. Cepen-

---

(1) *Aradémiai Ertesitœ* (Bulletin de l'Académie hongroise), août 1893. *A Magyar nyelv hoditása az utolso tiz év alatt* (Les conquêtes de la langue magyare pendant les dix dernières années) par Jules Vargha.

dant, il y a d'autres preuves. Une loi de 1876 décrétait l'enseignement obligatoire de l'idiome hongrois, vu sa qualité de langue de l'Etat, dans toutes les écoles de langue autre que magyare, mesure simplement destinée à rendre apte chaque citoyen, de quelque race qu'il fût, à embrasser les carrières publiques.

N'ordonnant qu'un minimum de six leçons par semaine, cette loi est conçue dans un esprit si doux, si libéral, qu'aucune nationalité ne saurait se sentir menacée par elle, pas plus que nous ne sommes menacés en France parce que nos potaches sont obligés d'apprendre l'anglais et l'allemand ; et cependant, que de difficultés le gouvernement n'a-t-il pas rencontrées dans son application ?

En 1893, c'est-à-dire dix-sept ans après sa promulgation, trente-quatre pour cent des écoles des nationalités y demeuraient encore réfractaires, sans que l'autorité se fût décidée à réagir, afin de ne pas soulever une tempête de récriminations ! Voilà, vue de près, cette terrible magyarisation. Outre cela, toute liberté est laissée aux diverses races, comme du reste aux confessions religieuses, d'avoir leurs écoles de toute espèce, l'Etat ne s'y substituant, comme fondateur d'établissements scolaires, qu'au cas d'impuissance matérielle de leur part; mais alors, il est vrai, il ne fonde que des écoles magyares. Ces cas de substitution sont rares et, jusqu'en 1893, ne dépassaient pas le nombre de 865 sur un total de 15,847 écoles primaires (1).

(1) En 1893, l'on comptait en Hongrie 16.942 écoles primaires, dont 56 pour 100 magyares, 18 pour 100 bilingues et 36 pour 100 non magyares. Pour l'enseignement secondaire : 139 établissements à enseignement en langue hongroise, 1 lycée italien, 4 roumains, 7 allemands et quelques autres bilingues. L'enseignement supérieur est partout magyar, toutefois avec des chaires spéciales de langue et de littérature pour chaque nationalité. Pour le reste, voir à la partie : *Instruction publique*.

Voici quelques chiffres d'une certaine éloquence qui nous apprendront dans quelles proportions les nationalités profitent des nouvelles libertés scolaires pour se rendre intellectuellement dignes des charges publiques dont elles prétendent être exclues. Nous verrons, non sans étonnement, que celles qui font le plus de bruit de leurs réclamations sont précisément celles que leur degré de culture intellectuelle autoriserait le moins à participer à la vie politique. Fin 1890, l'on comptait, pour toute la Hongrie, sachant lire et écrire :

> Magyars. . . . . . . 54 pour 100.
> Allemands . . . . . 63 —
> Slovaques . . . . . 43 —
> Roumains . . . . . 14 —
> Russiens. . . . . . 10 —
> Croates . . . . . . 27 —
> Serbes. . . . . . . 31 —

Autres chiffres : tandis que les Magyars, sur 7 millions et demi d'habitants, possédaient, en 1893, 624 journaux, les Roumains, sur presque 3 millions d'âmes, n'en avaient que 17, les Slovaques 16...

Les comparaisons suivantes vont nous ouvrir d'autres horizons sur la question : en 1890, 500,000 Allemands de Hongrie savaient le magyar, contre 790,000 Magyars, c'est-à-dire la totalité des classes intelligentes, sachant l'allemand ; 228,000 Slovaques savaient le magyar et 269,000 Magyars le slovaque ; 180,000 Roumains parlaient la langue hongroise, contre 208,000 Hongrois parlant la leur ; il y avait, en outre, 32,000 Croates (de la Hongrie proprement dite, sans la Croatie) parlant hongrois, sur 21,000 Magyars parlant croate ; 55,000 Serbes sachant la langue magyare, sur 35,000 Magyars sachant le serbe ; 12,000 Slovènes sachant le hongrois, sur

4,000 Hongrois seulement n'ignorant pas cette langue, et, finalement, 28,000 Ruthènes ou Russiens sachant le hongrois contre 22,000 Magyars parlant ruthène. Conclusion : il y a 309,100 Magyars de plus sachant la langue des nationalités que d'individus de race non magyare sachant le hongrois ; ce qui équivaut à dire qu'en somme, ce ne sont pas les nationalités qui devraient se plaindre d'être en voie d'absorption mais bien les Magyars (1).

Il n'y a donc, nous le répétons, et il ne peut y avoir, en Hongrie, de magyarisation. Certainement, après tout ce que nous avons vu, chaque Magyar caresse au fond du cœur l'idée d'une Hongrie une par la langue et par la nationalité; mais il est trop intelligent, vu de nombreux exemples que lui offre l'Europe, de s'imaginer qu'on réussirait par la violence et des règlements à arracher à leur idée nationale, plus vivante que jamais en ce moment, des millions d'hommes établis par masses serrées.

Avant de dresser le bilan de la question des nationalités, distinguons entre les populations de races non magyares celles qui, comme les Roumains, les Croates, partie des Serbes et des Slovaques, prennent part à la lutte, et les autres qui, comme les Allemands, les Russiens et le reste des Slovaques et des Serbes s'en abstiennent ; puis, tenons compte du tapage des meneurs qui fait toujours paraître plus grand le mécontentement de ceux au nom desquels ces messieurs prétendent parler, et que, très souvent, ils ne représentent pas du tout.

(1) Autre phénomène : fin 1890, 8 pour 100 des classes intelligentes (clergé, magistrature, sciences, littérature et enseignement) étaient encore complètement ignorantes de la langue de l'Etat, tandis que la proportion de ceux qui la comprenaient sans la parler ni l'écrire s'élevait à 28 pour 100. — V. *Ertelmiségünk és a Magyarság* (Nos classes intelligentes et le margyarisme), par Joseph Jekelfalussy. (Bulletin de l'Académie hongroise, août 1894).

Il y a donc, parmi les nationalités de Hongrie, environ 4,000,000 d'individus parfaitement d'accord avec les 7,400,000 Magyars, soit plus de 11,000,000 de partisans du *statu quo*, contre une minorité d'à peine 6,000,000 de mécontents, situation, comme on voit, peu favorable pour ces derniers. Ils l'ont, du reste, si bien senti qu'ils viennent, afin de pouvoir lutter avec plus de succès, de s'unir en une grande fédération des nationalités, abandonnant ainsi leur tactique ancienne de lutter par race distincte.

Bien que numériquement assez forts pour constituer, au sein du parlement, un parti avec lequel il faille compter, ils font, surtout les Roumains, abstention aux élections, et, ainsi, ne luttent pas, du moins pas parlementairement, c'est-à-dire pas avec les chances voulues de succès, mais boudent en faisant connaître leurs revendications par des journaux et des réunions extra-légales. On nous a assuré, en Hongrie, que cette abstention avait pour cause vraie la faiblesse numérique de leurs classes intelligentes; ne disposant pas de la quantité nécessaire d'hommes députables pour représenter l'énorme masse d'électeurs campagnards, ceux-ci voteraient avec les Magyars pour des députés. Dans ce cas, la prétendue abstention électorale, au lieu d'être une gigantesque manifestation nationale à l'effet de ne pas reconnaître la légalité du parlement de Budapest, ne serait donc qu'un prétexte pour masquer son incapacité politique.

Voici la résolution prise par le congrès fédératif des nationalités de Budapest du 10 août 1895, fixant le programme politique de la nouvelle confédération des nationalités serbe, roumaine et slovaque réunies.

Partant du principe que la Hongrie ne serait pas un État auquel une nationalité dominante puisse imprimer son cachet individuel, la confédération déclare ne pouvoir se contenter de la loi de 1868 sur les nationalités ; réclame l'introduction des idiomes nationaux respectifs, à titre de langue administrative, dans les régions non magyares ; la revision, dans un esprit libéral, de ladite loi et des lois électorales ; s'élève contre les récentes lois politico-ecclésiastiques laïcisant les opérations de l'état civil, lois qu'elle dénonce comme néfastes aux nationalités ; revendique quelques autres réformes d'un intérêt plus local ; demande l'institution auprès du cabinet hongrois d'un ministre sans portefeuille par nationalité, à l'instar du ministère croate ; propose de persister dans l'abstention électorale ; et finalement, décide qu'il sera rédigé un mémoire donnant une idée exacte de la situation des nationalités en Hongrie pour être soumis à l'empereur-roi. Outre cela, chaque nationalité conserve le programme politique distinct qu'elle avait avant son adhésion à la confédération.

Encore une fois, quoi qu'il en soit, vue de près, toute cette question présente une physionomie bien différente de celle qu'elle prend au loin, grandie par l'effet de la distance. Au lieu de peuples prêts à s'entr'égorger, l'on voit là-bas la masse pacifique et inerte des campagnards vivant en paix et vaquant à son labeur quotidien, se désintéresser complètement de la politique dont, seuls, quelques centaines de braillards font profession. Et encore, parmi ceux-ci, que de brouillons naïfs, que d'esprits de clocher, que de médiocrités, que de ratés autant du côté des races que de celui des Magyars, où quantité d'individus que l'autorité et l'opinion publique renient, se lancent dans les haines nationales comme on se met dans un commerce, empêchant toute solution pacifique par l'intransigeance de leur conduite !

Le point de vue de la nation magyare dans cette lutte est celui-ci : impossibilité d'aller plus loin qu'on n'est allé dans la voie des concessions ; voici pourquoi : aucune d'entre les nationalités, sauf les Croates et les Saxons, n'avait, avant 1848, d'existence légale et par conséquent ne possède de droits historiques. Leur cas n'est point du tout celui de nation dépouillée ou subjuguée par le vainqueur, privée de vieux droits, à moins de vouloir remonter à l'état chaotique de la migration.

Depuis sa fondation, le royaume de saint Étienne a toujours été un état nationalement magyar, où les nationalités et leur langue ne jouaient d'autre rôle que celui de clans parlant leur patois, sauf pour les Saxons munis de privilèges dès leur arrivée et les Croates annexés sous saint Ladislas. Mais les droits historiques des Saxons ont toujours été respectés ; quant à ceux des Croates, l'on sait que la Croatie forme au milieu de la Hongrie un Etat dans l'Etat, jouissant d'un gouvernement et d'une administration autonomes et nationaux.

Or, les Magyars, en reconnaissant, en 1848 et en 1868, ces clans en raison de leur importance numérique, en donnant à ces patois de province une existence légale par la création de lois permettant aux races d'avoir leurs écoles, leur Église nationale et autonome, leurs corps savants, leurs journaux, leurs livres, en un mot tout ce qui peut servir le développement et la libre manifestation de leur nationalité ont fait, cela est indéniable, tout ce qu'ils ont pu faire, et leur demander de toucher à la virginité dix fois séculaire de l'unité de leur patrie pour satisfaire des ambitions récentes, de morceler ce pays en deux ou trois cents petites républiques rivales, ambitieuses et sans maturité politique pour se gouverner, rien que parce que, numériquement et, par comparaison à l'ensemble des races, ils ne possèdent que la majorité relative, c'est peut-être exiger des autres ce que certainement on trouverait absurde de faire soi-même, encore que ce système fédératif rencontrerait, dans son exécution pratique, les plus grands obstacles à cause de l'enchevêtrement entre elles des diverses nationalités, dont souvent trois se partagent le même centre d'habitation. Ce dernier point, les récents événements d'Agram l'ont suffisamment prouvé. On a vu, en effet, les Croates, tout en jouissant de l'autonomie que les autres races sont encore à réclamer, se faire les pires oppresseurs des Serbes habitant leur territoire, sans cesser pour cela de se poser devant l'Europe en opprimés des Hongrois. Exactement la même chose arriverait en Transylvanie si, un jour, l'on venait à donner satisfaction aux réclamations d'autonomie des *ultras* roumains.

Il est donc évident que l'introduction du système fédératif ne ferait aucunement disparaître la question des nationalités qui, par là, ne revêtirait qu'une nouvelle physionomie peut-être plus agitée encore.

***

Quelle en sera donc un jour la solution définitive ; quel sera l'avenir de la Hongrie au point de vue des nationalités, et le jour viendra-t-il où les races, l'emportant, obtiendront leur autonomie et le gouvernement fédéral de leur rêve ?

Abstraction faite des causes d'impossibilité matérielle énumérées plus haut, le fédéralisme ou simplement un gouvernement polyglotte est impossible parce que ni l'Autriche ni les Magyars, nation centraliste par excellence, n'y consentiraient qu'au prix d'une défaite sanglante, laquelle, de plus, dépasserait son but en tant que certaines nationalités ne manqueraient pas de profiter de la victoire pour se joindre à des foyers nationaux d'au delà de la frontière ; c'est-à-dire ce serait le morcellement de la Hongrie, chose encore bien plus difficile à cause de la merveilleuse disposition des frontières

Jeune paysanne magyare en costume de dimanche.

Jeune paysan hongrois en costume de dimanche.

naturelles faisant du bassin carpathique un tout absolument un et indivisible, et de tout lambeau étranger égaré dans cette enceinte comme une troupe prisonnière dans une forteresse ennemie. L'éventualité de l'établissement d'une administration fédérale se réduit donc pour l'instant à une spéculation extrêmement hypothétique dont nous n'avons pas à nous occuper.

Il est au contraire plus que probable que la question des nationalités, après avoir existé encore pendant longtemps sous sa forme actuelle et avoir donné lieu, de temps à autre, à des averses d'injures, finira un jour par se perdre comme de l'eau dans du sable, à mesure que les Magyars sauront polir leur civilisation.

Toute la question des nationalités se résume en effet, en une question de jalousie à l'égard des progrès que les Magyars ont su accomplir et de la supériorité intellectuelle qu'ils ont su se donner en si peu de temps. Cette supériorité est encore relative, possède des côtés anguleux, jeunes, naïfs, manque d'originalité et de tradition, et, pour cela, n'exerce pas encore de force attractive. Quand ces aspérités de jeunesse auront disparu, les autres races, parmi lesquelles l'élément magyar a déjà beaucoup plus d'amis qu'on ne croit, ne demanderont pas mieux que de faire corps avec lui. Les Hongrois, du reste, le savent bien, et les paroles des Széchényi et des Eœtvœs, à ce sujet, ont été prises à cœur par eux. Or, voilà pourquoi Budapest s'est transformé en vingt-cinq ans d'un chef-lieu de province en une des plus brillantes capitales de l'Europe, et que les lois les plus modernes sont venues si rapidement remplacer une législation arriérée. Mais voilà aussi pourquoi, en général, les institutions en Hongrie sont en avance sur l'opinion publique, car une minorité d'esprits éclairés, sentant cette vérité plus vivement que le peuple, au lieu d'attendre que celui-ci réclamât les réformes et pour accélérer le progrès, lui en ont imposé dont il ne sentait encore que vaguement l'utilité.

Ces efforts de refaire leur civilisation et de la mettre au premier rang sont les seules tentatives de magyarisation dont on puisse sérieusement accuser les Magyars ! !...

CHAPITRE III

Pourquoi l'on connaît si peu la Hongrie à l'étranger. — La question des nationalités et l'Europe occidentale. — Les Français qui ont cherché à vulgariser la connaissance de la Hongrie. — Pourquoi l'opinion publique française est demeurée sympathique aux nationalités. — Edgar Quinet et Michelet. — Les Hongrois ne savent pas nouer des relations à l'étranger. — Comment s'y prennent les Slaves et les Roumains. — Réceptions brillantes faites en Hongrie aux illustrations françaises. — Les sentiments des Hongrois à l'égard de la France.

Une question intéressante est celle de savoir pourquoi, malgré le degré inférieur de la culture intellectuelle des nationalités, l'on est généralement tenté, à l'étranger, de prendre parti en leur faveur contre les Magyars. Les causes de ce phénomène, assez complexes, moitié ethnologiques, moitié politiques ou historiques, méritent une étude à part.

De tout temps, la Hongrie a été un pays, dont le monde a eu peu à s'occuper et que, par conséquent, il a toujours ignoré. La perte de l'indépendance hongroise, en 1526, s'est produite beaucoup trop tôt, et dans des circonstances trop particulières, pour avoir laissé dans la conscience des peuples un souvenir de compassion, ainsi que cela a eu lieu pour le partage de la Pologne, survenu à un moment où l'on commençait déjà à parler des droits des nations. Aussi, aucun homme d'Etat, ni ancien, ni moderne, sauf peut-être Napoléon I*er*, et encore ! n'a-t-il sérieusement envisagé la question du rétablissement du royaume de Hongrie. Les Hongrois, en effet, peuple héroïque et brave, possédant la constitution politique la plus ancienne de l'Europe, n'ont cependant, on ne sait pourquoi, eu la chance d'être pris au sérieux par l'Occident.

Certes, l'esprit de suite avec lequel la diplomatie autrichienne a su, à travers les siècles, égarer l'opinion de l'étranger sur ce pays qu'elle tenait à l'écart, comme une colonie lointaine, prouve en faveur de son habileté ; mais les effets internationaux de cette politique funeste pourront, à mesure que l'Autriche sera obligée de s'appuyer sur la Hongrie, rejaillir sur elle-même.

Parmi ces effets, ils n'en est point qui aient été plus préjudiciables à la nation hongroise que le mauvais jour sous lequel on a pu les présenter, par rapport aux autres nationalités. Quand éclata la révolution de 1848, bien que l'émancipation de toutes les races, par laquelle le nouveau gouvernement de Budapest avait débuté, eût pu aisément servir de démenti, l'Autriche n'eut qu'à prononcer le mot d'oppresseurs de peuples pour aliéner immédiatement toutes les sympathies aux Magyars, notamment en France ; le comte Ladislas Teleki, l'envoyé extraordinaire à Paris, du gouvernement hongrois, eut beau faire démarches sur démarches, publier brochures sur brochures, personne ne l'accueillit, ne voulut l'entendre. Il n'avait autour de lui que des ennemis, des indifférents ou des sourds. « Robert Cyprien, le slaviste de la *Revue des Deux Mondes*, Desprez, le doctrinaire, dit l'émigré hongrois, Bertalan Szemere, dans ses mémoires, Bourgoing, le diplomate, Lamartine, le républicain, tous nous disaient que nous autres Magyars opprimions les races, ne respectant le grand principe des nationalités qu'en tant qu'il nous était utile, et plaçant le droit historique du conquérant au-dessus de celui des nationalités. »

L'émigration hongroise de Paris, après avoir arrêté

Bourgeois magyar provincial.

corporativement un plan de contre-propagande, réussit à grand'peine à gagner à sa cause quelques publicistes du parti républicain. Tel fut Charles-Louis Chassin, notre distingué confrère, actuellement rédacteur en chef de l'édition des communes du *Journal officiel*, auquel se joignirent peu à peu Xavier Marmier, Saint-

René Taillandier, Émile de Laveley, le baron et la baronne Blaze de Bury, Auguste de Gérando, etc., etc. (1); puis le Hongrois Boldényi autour duquel vinrent se grouper un certain nombre de jeunes hommes de lettres et de journalistes.

Le public français cependant, tout aux idées généreuses de l'émancipation des races très à la mode en ce moment, puisqu'elles faisaient partie du programme politique de Napoléon III, ne se pénétra pas de la justice de la cause magyare, et, malgré les efforts du cénacle littéraire ci-dessus, continua à la considérer comme peu intéressante. L'émancipation des principautés danubiennes, un des premiers résultats de la guerre de Crimée, vint créer, en vertu des origines latines que les Roumains s'attribuent à tort ou à raison, et des grands mots d'union des peuples latins lancés à tout propos, un tel courant de sympathie entre les nations française et roumaine que les nombreux émigrés roumains de Paris réussirent vite à faire disparaître les derniers restes d'intérêt que l'on y portait aux affaires des Hongrois. Eux aussi n'étaient pas demeurés inactifs en fait de publicistes et d'amis français. Après une courte trêve conclue avec l'émigration magyare, au moment de la guerre d'Italie, où il était question, de la part de Napoléon III, de faire diversion à l'Autriche du côté de la Transylvanie, la campagne en faveur des Roumains reprit de plus

(1) Voici les titres de quelques ouvrages publiés par eux en faveur des Hongrois : Charles-Louis Chassin : *La Hongrie, son génie et sa mission*. In-8°, Paris, Garnier, 1855. *Histoire politique de la révolution de Hongrie 1847-1849*. Paris, Pagnerre, 2 vol, 1859-60, par Chassin et Daniel Iranyi. *Le comte Ladislas Teleki*, 1861. Dentu, Paris. — *Le poète de la Révolution hongroise, Alexandre Petœfi*; in-12, Bruxelles. — Boldényi avec ou sans ses collaborateurs français : *La Hongrie ancienne et moderne : histoire, arts, monuments*, par une société de littérateurs, sous la direction de J. Boldényi. Paris, 1850. Auguste de Gérando : *La Transylvanie et ses habitants*. Paris, 1858. *L'esprit public en Hongrie* ; Paris, 1848, in-8°.

Intérieur d'une auberge dans la « puszta ».

belle et ceux-ci eurent même la chance insigne de gagner à leur cause les hommes de lettres les plus en vue de l'époque, Edgar Quinet et Michelet, surtout le premier. En 1856, en reprenant dans la *Revue des Deux Mondes* la cause des nationalités opprimées, Quinet affirmait et prouvait les droits des Moldo-Valaques à s'unir en corps et à entrer dans la cité européenne, en échange de quoi ceux-ci signèrent adresse sur adresse en l'honneur du noble exilé qui avait revendiqué pour eux une patrie. Dans son poème *Merlin l'Enchanteur*, paru en 1861, il va même jusqu'à s'écrier : « Est-ce toi qui devances les autres nations, Hongrie, dont les chevaux effarés respirent encore la mort ? Prends pitié de ceux que tu as foulés trop longtemps et vois comme ils sont encore prêts à te haïr ; ne les fais pas repentir d'avoir pleuré sur toi. » En 1867, le gouvernement roumain lui conféra, en même temps qu'à Michelet, et du reste aussi à Gladstone, la grande naturalisation d'honneur, ce qui donna leur consécration définitive aux sympathies franco-roumaines.

Or, les Roumains ayant toujours considéré, par tendance politique, leurs frères de Transylvanie comme annexés et oppressés par le peuple magyar, cette opinion devait également se faire jour en France et même y grandir à mesure que le peuple roumain s'en approchait en adoptant notre civilisation et que s'en éloignaient les Hongrois, reconciliés avec l'Autriche et gravitant vers l'Allemagne.

Aujourd'hui, combien y a-t-il encore chez nous de Hongrois capables de tenir un rang et de nous rendre sympathique le vieux sang des Rakoczy ? On n'en réunirait pas dix ! Et ceux qui viennent de là-bas, élevés dans une autre sphère, pénétrés un peu, sans s'en douter, d'une autre civilisation, ayant d'autres mœurs, d'autres idées, une manière d'entendre et d'envisager les choses qui n'est guère la nôtre, ne se sentent-ils pas, à quelques rares exceptions près, dépaysés ? nous comprennent-ils toujours ? ne nous jugent-ils pas souvent, très souvent, de travers, tout en sympathisant beaucoup avec nous et en nous étant fort sympathiques à leur tour ?

Même situation au point de vue littéraire. Où est l'écrivain hongrois sorti de nos écoles, comme tant de Slaves et tant de Roumains, comprenant notre manière de penser et d'écrire et à même de nous faire connaître le caractère et les originalités de sa nation ? Voyez par contre les Slaves et les Roumains. Chacun, ils ont en France leurs défenseurs, leurs traducteurs, leurs vulgarisateurs, y tenant une place ou y jouant, ou y ayant joué un rôle ; voici les Ghica, les Bibesco, les Obedenare, les Xenopol, les Bratiano, les Boeresco ; pour les Slaves : les Tolstoï, les Mieckiewicz, etc., etc., sans compter leurs amis français les Louis Léger, les Charles Loiseau et tant d'autres auxquels les Hongrois ne peuvent plus opposer qu'un seul qui présente de la surface scientifique : Édouard Sayous (1).

Allons plus loin. En Bohême, où nous avons longtemps séjourné, en Croatie, pays où nous avons également fait de longs séjours d'études, en d'autres régions slaves de l'Autriche-Hongrie, partout nous avons trouvé les traces du passage de confrères venus avant nous.

Le palais épiscopal de Diakovo, où réside Mgr Strossmayer, évêque de Bosnie et de Syrmie, un des plus ardents propagateurs de l'Illyrisme, a reçu et reçoit encore, ainsi qu'on nous a dit, la visite de la plupart de nos pre-

---

(1) Edouard Sayous, ancien professeur d'histoire au lycée Charlemagne, en ce moment à l'Université de Grenoble, membre, à titre étranger, de l'Académie hongroise, etc : *Les origines de l'époque païenne de l'histoire des Hongrois*. Paris, Leroux, 1874, in-8°. *Histoire générale des Hongrois*. Paris, Didier, in-8°, 1876 (?). *Histoire des Hongrois et de leur littérature politique de 1790 à 1815*. Paris, 1872 in-8°. Son *Histoire générale des Hongrois* a été couronnée par l'Institut de France et par l'Académie hongroise.

miers écrivains en politique étrangère. Pour le reste, on sait qu'il paraît une Revue tchèque à Paris et que tous les corps savants slaves entretiennent des relations intimes avec nos académies et sociétés littéraires. Où est, par contre le milieu savant et hospitalier qui s'offre dans la Hongrie proprement dite à nos grands publicistes en voyages d'études ? Evidemment la réception qu'on leur fait est brillante, imposante; le Casino des magnats leur ouvre toutes larges ses portes ; c'est une succession ininterrompue de festins. Lesseps, Louis Ulbach, François Coppée, Massenet, le pauvre Delibes et tant d'autres y ont été portés aux nues, littéralement écrasés sous les manifestations de sympathie et d'admiration.... Le pays est riche et le Magyar a l'hospitalité grandiose et cependant, après avoir assisté à tant de ces fêtes, nous pouvons dire qu'un peu plus de ce fluide d'âmes sœurs, un peu plus de connaissance de l'âme française, de ce je ne sais quoi d'intime, eût mieux servi le rapprochement que ces somptueuses et par trop matérielles agapes.

Il ne faut donc pas s'étonner que, la générosité native de notre caractère national aidant, et, n'ayant jamais entendu que le son d'une cloche, la grande masse des Français témoignent la plus profonde sympathie aux nationalités qu'ils croient bel et bien opprimées et en butte aux pires vexations.

Que les Hongrois viennent chez nous sans négliger le reste de l'Europe occidentale, l'Angleterre et l'Allemagne; — ils ne voyagent, en effet pas assez, ou, s'ils le font, sont animés de parti pris, leur nationalisme leur faisant tirer des satisfactions d'amour-propre de faits purement matériels et extérieurs, qui les empêchent de saisir les rapports intimes, le côté intellectuel, raisonné, des vieilles civilisations occidentales, d'où le sentiment d'isolement qui prend généralement les étrangers en société de Magyars; ils n'ont pas encore, ni l'expérience, ni l'habitude des sociétés constituées depuis de longs siècles ; — que, entre tant de leurs jeunes gens qui vont faire leurs études à Graz et dans la capitale autrichienne, il en vienne à Paris ; qu'ils s'y mêlent, comme font les Roumains et les Slaves, aux étudiants français; qu'ils apprennent notre langue au lieu de cultiver la leur au *Grand Café* si par hasard ils passent par Paris ; que leurs aristocrates qui, eux, la parlent si bien, s'habituent à vivre une partie de l'année chez nous, toujours comme font les autres, et nous irons chez eux ; et bientôt on ne parlera plus en France, et chez les autres nations civilisées, de la Hongrie comme d'un pays dont on a vaguement entendu parler.

Mais le plus grand bénéfice qu'ils tireraient de ces relations ce serait certainement celui de pouvoir enrichir leur civilisation, qui est austro-allemande et par conséquent un peu exclusive, des qualités d'élasticité et d'élégance des civilisations latines.

Ceci nous amène à dire quelques mots des sentiments des Magyars à l'égard de la France et des Français.

L'on se tromperait fort en se figurant que, pour avoir reçu une éducation austro-germanique et pour être entrés dans la Triple Alliance, les Magyars ne professent pas une très grande sympathie à l'égard de la France. Outre que l'Autriche-Hongrie n'est entrée dans la combinaison bismarckienne que par crainte de la Russie, le peuple hongrois est beaucoup trop âpre au progrès et à la liberté pour ne pas conserver la plus grande estime pour une nation qu'il a toujours considérée comme une des plus importantes sources de lumières. Or donc, le Français est sûr d'être reçu à bras ouverts en Hongrie où la classe intelligente parle généralement passablement notre langue. Plus son nom sera connu plus il sera fêté, choyé, dorloté ; on sera aux petits soins pour lui et on lui expliquera, avec force raisons à l'appui, que l'entrée de la nation magyare dans la *triplice* fut une simple nécessité politique, mais que, pour le mouvement intellectuel, l'on se sent attiré de notre côté...

Toutefois, il est fort curieux que, sous ce rapport, les Hongrois n'admettent pas pour nous les mêmes raisons politiques et ne cessent de nous reprocher très sérieusement l'alliance de la République française avec la puissante autocratie du tzar, comme si nous étions obligés d'invoquer des raisons sentimentales et d'un ordre purement philosophique, pour songer à notre sécurité nationale, et, peut-être, encore consulter les sympathies des Hongrois avant de sortir d'un isolement en face d'une formidable alliance qui veut peut-être la paix, soit, mais qui, en tout cas, est trop puissante pour ne pas rompre l'équilibre si elle reste sans contrepoids.

CHAPITRE IV

La race magyare. — La force de son nationalisme. — Isolée en Europe, elle a pu se maintenir. — Le paysan de l'Alföld. — Sa musique et ses chants. — Son chauvinisme. — Caractère indéfini de la bourgeoisie. — Ses habitudes et ses mœurs. — La *gentry* et la haute noblesse. — La classe intellectuelle. — Son rôle. — Caractère anglais de la société hongroise.

Nous avons déjà étudié, épars dans ce livre, les principaux traits de caractère d'ensemble de la nation magyare contemporaine, traits dont le plus original est, certes, d'avoir su, lambeau de races asiatiques isolé en Europe, maintenir haut son nationalisme contre d'innombrables dangers. En effet, chacun des autres peuples du bassin pannonien, les Roumains, les Slovaques, les Russiens, les Allemands, etc., ont derrière eux, au delà des frontières, une grande nation parente leur servant de foyer national. Seuls, les Hongrois ne bénéficient pas de cet avantage, et cependant, ce sont eux qui donnent leur empreinte au pays.

Jetons maintenant un coup d'œil rapide sur les différentes classes de la société magyare, laquelle, vu l'état aristocratique des anciennes institutions, est encore assez divisée, sinon par des barrières, du moins par des préjugés.

Voici d'abord le paysan magyar, le paysan de l'Alfœld, pays où vint se fixer le gros de la nation lors de la conquête, et qui, pour cela, est demeuré comme le conservatoire du magyarisme.

Or, la vie continuelle dans les plaines immenses, avec leurs fermes isolées, leur soleil brûlant, leurs villages espacés et la mélancolie de l'infini qu'exhalent ces horizons lointains, lui ont donné une sentimentalité de caractère, dont les accents, tour à tour joyeux et tristes, de sa musique, les danses dites *tchardache* et la célèbre marche rakocienne, donnent le mieux une idée. Cette musique, il le dit lui-même, c'est son âme et sa vie ; il la savoure le plus volontiers seul.

Voulez-vous assister à la scène la plus originalement magyare qui se puisse rêver? Suivez-nous dans une auberge de village au milieu de l'infinie « puszta » : seul, un robuste gars magnifiquement vêtu de blanc, les immenses manches flottantes de sa chemise laissant entrevoir des bras d'hercule, est nonchalamment renversé sur la banquette, devant une bouteille de vin et un tzigane dépenaillé qui lui râcle sa « tchardache » favorite sur un violon décrépit; selon que l'air est triste ou gai, l'auditeur est, lui aussi, triste et songeur, la tête appuyée sur le bras, ou poussant des cris de joie en se mettant debout et en dansant sur place, les bras levés au ciel... Peu à peu, le tzigane lui approche son instrument de l'oreille, et, avec un ricanement de tentateur diabolique, lui fait savourer goutte par goutte, mesure par mesure, les passages qu'il sait devoir produire l'extase finale... et une pièce de monnaie pour le musicien. C'est là le jeune paysan en mal d'amour.

Pour le reste, cet homme est honnête, droit, franc, sans fausseté aucune, mais un peu gauche dans sa fierté native. Une longue période de servage n'a laissé aucune trace chez lui ; il est poli sans platitude, très raisonneur, et, le plus souvent, raisonneur indépendant et de bon sens, aimant à s'instruire et à réfléchir. Adorant son pays, persuadé qu'il est le plus beau du monde, et que, surtout sous le rapport du boire et du manger, la Hongrie est le paradis terrestre, il est extrêmement chauvin, mais d'un chauvinisme teinté de matérialisme : *Extra hungariam non est vita, si est vita, non est ita*, dit un vieux dicton patriotique hongrois.

Des usages rustiques datant des premiers temps, mais altérés par le voisinage d'autres peuples, subsistent encore dans les campagnes, malgré l'envahissement de la civilisation. Les relations des deux sexes sont encore patriarcales et sentimentales.

La bourgeoisie magyare est de caractère bien plus mélangé. D'origine récente, et même peut-être en voie de constitution seulement, elle s'est formée, sans secousse, pacifiquement, par l'infiltration des campagnes et de l'étranger dans les centres dits villes libres royales, c'est-à-dire jouissant chacune des droits et privilèges d'un noble et dont l'initiative semble appartenir au roi Béla IV. Parmi ces villes, très peu seulement sont de fondation magyare — et encore celles-ci n'étaient-elles, au début, que d'immenses villages où l'élément rural prévalait ; — la plupart ont été établies par les colons de race germanique qui, appelés par les rois et habitant leurs villes en vertu de privilèges, constituent le noyau et la souche de toute bourgeoisie en Hongrie.

Sur ce fonds allemand sont venus se greffer, à mesure que le commerce et les carrières publiques s'ouvraient à la bourgeoisie, tous les éléments campagnards possibles, Magyars, Serbes, Croates, Slovaques qui, maintenant, pris par le courant de l'idée de la patrie magyare ressuscitée, sont devenus les plus sûrs soutiens du magyarisme.

Ainsi se magyarisèrent, rien que sous l'influence des

libertés nouvelles, certaines villes comme Temesvár, Presbourg, Sopron, (Oedenbourg), encore hier allemandes, ou Pancsova, Ujvidék, encore slaves il y a peu d'années. Il y a même plus : tous ces bourgeois aux origines hétérogènes ayant naturellement des noms peu magyars, une loi est intervenue leur permettant, moyennant une taxe minime, de se donner des noms patronymiques aux allures hongroises à leur choix, en sorte que vous pouvez maintenant rencontrer des gens qui, après s'être appelés pendant toute leur vie prosaïquement Kohn ou Müller, s'appellent tout d'un coup pompeusement Hunyadi ou Rakoczi.

La bourgeoisie hongroise étant jeune et mélangée, son caractère a, bien entendu, encore quelque chose d'indéfini. Elle manque d'originalité, de traditions, et offre encore des côtés extrêmement inachevés. Toutefois, d'origine allemande, autrichianisée par l'influence des garnisons et d'une longue administration autrichiennes, c'est, nous l'avons déjà dit, dans le sens de la civilisation austro-allemande qu'elle évolue.

N'ayant jamais vu au-dessus de lui que l'exemple d'une noblesse gonflée de privilèges, le citadin hongrois, émancipé, a naturellement cherché à s'en rapprocher en se donnant lui aussi de petits airs de grand seigneur, ce qui contraste singulièrement avec les devoirs de labeur et d'activité qu'il s'est cependant imposés lui-même par la nouvelle législation démocratique. Surtout la jeunesse, perd encore beaucoup trop de temps à réfléchir sur la question de savoir si oui ou non le travail dégrade un gentleman magyar, ne se sentant attirée que vers les carrières administratives ou politiques ; cela explique l'extrême prépondérance, dans tous les autres domaines de l'activité, de l'élément israélite, faisant du reste partie de la minorité active, créatrice de l'évolution actuelle.

La femme des classes moyennes, souvent fort belle, mais de type très varié à cause de la diversité de son origine, tient le milieu, comme éducation et comme tour

Paysan cuman (tribu magyare immigrée après la conquête et presque fondue dans l'ensemble de la race).

d'esprit, entre l'Allemande et l'Orientale et est par conséquent loin d'avoir les qualités de courage et de labeur de la Française, généralement auxiliaire précieux pour les affaires de l'époux. Elle est ni plus ni moins vertueuse que les femmes de sa classe de tous les pays.

Une grande partie de la bourgeoisie hongroise se

Jeune paysanne cumane (tribu magyare immigrée après la conquête et presque fondue dans l'ensemble de la race).

confond avec la gentry, c'est-à-dire la noblesse à simple particule, les gentilshommes, classe immense et universelle dans un pays où tout le monde veut être noble et où on l'est généralement par le fait seul d'être d'origine magyare.

La haute noblesse, qui plane au-dessus, se console, dans un isolement de propriétaire terrien ou de globe-trotter, de l'héroïque sacrifice de ses privilèges, se contentant de l'admiration qu'elle suscite encore dans l'immense majorité de ses compatriotes.

Nous en venons à parler de ce que nous appelions plus haut la minorité, c'est à-dire la classe se recrutant dans toutes les castes, dans la haute noblesse aussi bien que dans la petite bourgeoisie, de ceux qui travaillent, poussent au progrès, s'instruisent, voyagent et instruisent la nation.

C'est d'un augure bien heureux pour l'esprit public de la Hongrie que ce soit là la seule et vraie classe dominante. Placée en dehors de toute idée de castes, jouissant non plus de l'admiration froide du public mais de sa plus chaude faveur, le rôle prépondérant qu'elle joue prouve une fois de plus que le peuple magyar, malgré un certain byzantinisme d'esprit, reste des vieux temps, a l'instinct du progrès et de la chose supérieure.

Dans cette classe encore, comme dans la gentry et la haute noblesse, rien de français, rien qui nous rappelle notre tour d'esprit, notre façon d'envisager les choses ; par contre, beaucoup de l'esprit anglais. C'est du reste une grande erreur de la part des Hongrois que de croire ressembler aux Français à cause d'une certaine mobilité du caractère national et d'un passé révolutionnaire, d'ailleurs tout oligarchique, et ne procédant en rien d'un mouvement philosophique. Le nombre de traits de caractère que la société hongroise a de commun avec la société anglaise est beaucoup plus grand; nous n'en voulons comme preuve que les institutions et l'esprit politique des Magyars, l'un et l'autre loyalistes, aristocratiques, féodaux, libéraux et démocratiques en même temps (1).

(1) Nous ne sommes pas le premier Français à émettre cette comparaison ; Édouard Sayous, qui a également étudié la Hongrie à fond et scientifiquement, l'a émise. V. pages 20 et 21 de son ouvrage : *Histoire des Hongrois et de leur littérature politique de 1790 à 1815*.

CHAPITRE V

La Transylvanie au point de vue pittoresque. — Son histoire. — Elle devient autrichienne. — Son union avec la Hongrie proprement dite. — Les Roumains de Hongrie. — Une énigme historique. — Deux versions. — Les premières persécutions. — Origines de l'irrédentisme roumain et du daco-roumanisme. — Excès de nationalisme. — Premier programme politique. — 1867. — L'affaire du *Memorandum*. — Les intrigues de la Ligue de Bucarest. — Le boulangisme international. — La contre-propagande des Magyars. — Portrait du paysan roumain. — La roumanisation des Magyars. — Les autres populations de la Transylvanie.

La Transylvanie n'est pas un pays, pour ainsi dire ; c'est le compartiment indispensable et complémentaire, espèce de clef de route, du bassin hongrois. Elle couvre 55,731 kilomètres carrés et renferme une population de 2,251,216 habitants, dont 1,276,890 Roumains, 700,000 Magyars, y compris les Sicules, et 218,000 Allemands. Elle est donc loin d'être le domaine exclusif de l'élément roumain (1).

Presque inconnue à nos voyageurs, bien que renfermant des paysages d'une originalité rare, cette région

(1) Les comitats suivants en font partie : Also-Féhér, Besztercze-Naszod, Brasso, Csik, Fogaras, Haromszék, Hunyad, Kis-Küküllœ, Kolozs, Maros-Torda, Nagy-Küküllœ, Szeben, Szolnok-Doboka, Torda-Aranyos, Udvarhely.

présente un contraste absolu avec le reste de la Hongrie. Ici, plus rien du provisoire, du vague, du nomade de la grande plaine hongroise; mais, nous l'avons déjà dit plus

Type de vieux paysan magyare.

haut, de vieux châteaux : Vajda-Hunyad, Bánffy-Hunyad, Segesvár, etc., rappelant les époques les plus héroïques de l'histoire des Hongrois, celles des guerres contre les Turcs et l'Autriche, à côté de ruines, souvenirs des établissements romains en Dacie ; plus loin, des mines de tous genres, de formidables couches, voire des montagnes de sel naturel, des plaines doucement accidentées, des collines peu élevées, une nature agréable à l'œil, des rivières comme partout, des villes anciennes aux rues étroites et pittoresques, aux pignons surélevés et aux étages en saillie ; puis, toute cette nature, d'un aspect peu extraordinaire, frappée au coin d'exotisme en raison des mœurs et des coutumes des races qui la peuplent, et renfermée dans la muraille circulaire des Carpathes orientales, dont les cimes dépassent 2,000 mètres d'altitude, aux flancs couverts de forêts presque vierges où l'ours et le sanglier règnent encore comme aux premiers temps de l'histoire.

Autre particularité : la Transylvanie possède une extrême quantité de sources minérales de tous genres et, par conséquent, de stations balnéaires ; on y compte quarante-deux villes d'eaux, dont quelques-unes, comme Borszék, Elœpatak, Tusnád, Vizakna, sont fort fréquentées par les malades et les villégiateurs des Etats circonvoisins.

Son unité géographique étant absolue, la Transylvanie commença de bonne heure à vivre d'une vie à part. Citadelle presque imprenable, poste avancé de la Hongrie vers les plaines d'Asie, ses gouverneurs, en récompense de services d'armes rendus au royaume, de simples fonctionnaires royaux devinrent bien vite les chefs d'un pouvoir séparé, pendant que les institutions du pays aussi se singularisaient sur le modèle de celles de la métropole. C'est ainsi que, dès saint Étienne, on la voit érigée en principauté ou *woïwodat*, et que dès 1291, sinon déjà avant, elle avait son corps législatif, c'est-à-dire sa Diète comprenant les nobles et les représentants des villes libres royales, délégués des trois nationalités ayant seules à ce moment encore d'existence nationale en ce pays : les Magyars, les Sicules et les Saxons. Il résulta de cette séparation un particularisme encore plus étroit que celui du Hongrois de la métropole, particularisme que le régime général n'a pas encore eu le temps de niveler complètement.

Devenue, après la bataille de Mohács, le centre politique de la Hongrie indépendante, elle a servi de conservatoire aux vieilles mœurs et au vieux caractère hongrois qu'on peut y étudier dans son état originel peut-être bien mieux encore que dans l'Alfœld, car ici l'élément magyar possède une bourgeoisie déjà ancienne.

Les successeurs de Jean Zápolya ne conservèrent pas le titre de roi de Hongrie, que ce prince avait reçu après la défaite, mais le cédèrent, dans la suite, à la maison de Habsbourg, en échange de la reconnaissance de leur principauté, agrandie des comitats nord-est.

Après la mort du fils de Jean Zápolya, Sigismond Jean de nom, la diète transylvaine éleva au pouvoir la famille des Báthory, d'abord, en la personne d'Étienne qui, élu roi de Pologne, nomma son frère Christophe pour gouverner la principauté en son nom. Son fils, Sigismond, lui succéda comme prince en titre. Déjà, sous les Zápolya, l'Autriche avait réussi, un instant, à s'approprier la Transylvanie, sans laquelle, elle le savait, son règne en Hongrie serait peu durable. Elle y réussit une seconde fois en concluant avec Sigismond Báthory un traité d'échange de possession. Celui-ci, s'étant repenti de ce marché, put la récupérer sur Rodolphe II de Habsbourg, vers 1595, pour la céder à son cousin André, qui fut tué dans la guerre contre le prince Michel de Moldavie, suscitée par l'Autriche en vue de reprendre la principauté. C'est ce prince Michel, proclamé depuis héros national par les politico-historiens de Roumanie, pour avoir tué ainsi un « ennemi héréditaire », dont la statue, à Bucarest, sert généralement de lieu de rendez-vous aux manifestations anti-magyares.

La Diète transylvaine élut alors prince Bocskay, oncle de Sigismond Báthory qui, après avoir formé un puissant parti contre l'Autriche, le chassa de son pays. Il mourut empoisonné à Cassovie ; Sigismond Rakoczy lui succéda, puis Gabriel Báthory, et ensuite Gabriel Bethlen (1619-1628), le premier des princes transylvains qui sût porter les armes hongroises jusqu'en Autriche et en Bohême ; il se fit même couronner roi, s'étant, à Presbourg, mis en possession de l'emblème stéphanique ; mais il perdit tous ces avantages par une politique inquiète et trop ambitieuse. Vint Georges Rakoczy Ier, puis Georges Rakoczy II, l'allié de Louis XIII, auquel succéda François Rakoczy Ier ; puis Michel Apaffy, l'allié de Louis XIV, et dont le fils, Michel Apaffy II de nom, ayant presque toujours résidé à Vienne, renonça définitivement à la principauté, moyennant le titre de prince de l'Empire et quelques terres dans le voisinage de la capitale autrichienne.

Le 9 mai 1688, les États de Transylvanie, déclarant leur pays à tout jamais émancipé de la suzeraineté turque, sous laquelle il s'était presque toujours trouvé en raison de l'alliance turco-magyare contre l'Autriche, prêtèrent serment de fidélité à Léopold Ier, en l'invitant à reconnaître à son tour leur indépendance constitutionnelle, ce qui fut fait le 4 décembre 1691 par le *Diplomum Léopoldinum*, portant réannexion de la Transylvanie au royaume de Hongrie en sa qualité d'*antiquissimum Hungariae regni membrum*.

Comme la Transylvanie continuait cependant à être administrée séparément, la Diète, en 1848, vint réclamer la suppression de tout gouvernement spécial et son incorporation à titre égal à la métropole, régime dont elle ne put jouir, vu les événements, mais qui fut rétabli par la constitution de 1867. Toutefois, cette union n'est pas encore aussi complète qu'on croit, attendu qu'il subsiste certains points de l'ancienne législation auxquels on n'a pas voulu toucher depuis que, dans leur guerre, les nationalités sont venues faire du rétablissement de l'autonomie transylvaine un des principaux articles de combat.

*
* *

Les Roumains de Hongrie n'habitent pas exclusivement la Transylvanie ; on les rencontre au contraire, répartis par portions égales sur les deux flancs des monts Bihar, séparant ce pays de la Hongrie proprement dite. Toujours est-il que la Transylvanie, d'où ils semblent s'être répandus sur le reste, est considérée comme leur véritable foyer (1).

De même que l'origine de la nation roumaine, en général, celle de Roumains de Hongrie se couvre d'un impénétrable mystère, qui n'est pas près de s'éclaircir depuis que, la politique étant venue se mêler à la science, les Roumains, pour établir l'ancienneté de leurs droits, se déclarent descendants des légions romaines que Trajan, vers l'an 107, amena en ce pays, hypothèse que les Magyars leur contestent, les faisant immigrer plus tard, de la presqu'île balkanique. L'avis des historiens étrangers, à ce sujet, est partagé de même.

Quoi qu'il en soit, il est certain que les plus anciens documents hongrois où il en soit parlé, datent du

(1) Actuellement ils constituent la majorité, soit de 58 à 90 pour 100, dans les dix-huit départements à cheval sur ladite chaîne de montagnes, couvrant un territoire de 88,649 kilomètres carrés, et où leurs masses ne sont interrompues que par de faibles enclaves étrangères. Dans trois départements limitrophes de cette région on les rencontre encore dans les proportions de 12 à 24 pour 100.

treizième siècle seulement (règne d'André II). Ils y sont désignés sous le nom d'*advenant* (advenus), et n'ont jamais formé en Hongrie qu'une population pastorale et rurale, fondatrice d'aucune ville, sans bourgeoisie et d'une culture intellectuelle fort inférieure.

Répartis de bonne heure comme serfs sur les terres des seigneurs hongrois, leur servage fut fort dur, attendu qu'à l'antagonisme entre maître et esclave vint se mêler la haine religieuse, les Magyars étant catholiques et les Roumains grecs orthodoxes. Sous Béla IV, Charobert et Louis le Grand, ils devinrent même ainsi l'objet de persécutions de la part du pouvoir central, persécutions qui ne servirent, bien entendu, qu'à les isoler davantage du reste de la population. Plus tard, cherchant à les arracher à leur barbarie, dont leur schisme, vu l'esprit du temps, n'était considéré que comme une conséquence, les seigneurs leur donnèrent des écoles, des imprimeries, des livres ; ainsi une première imprimerie roumaine fut établie à Brasso en 1533, une autre, en 1561, à Gyula-Fehérvár, et une troisième, en 1575, à Nagy-Szeben, alors que la Roumanie ne connut de ces établissements qu'à partir de 1634. On fit traduire en roumain les livres religieux qui jusque-là ne se publiaient qu'en slave d'église, et on remplaça cette langue par le roumain dans la liturgie ; le savant hongrois Fogarassy publia, en 1644, le premier catéchisme roumain ; un autre, Wiski, y ajouta une première traduction des psaumes de David.

Tout en n'étant inspirés que par des idées religieuses, ces efforts n'en eurent pas moins la plus grande influence sur la marche du progrès du peuple roumain même en Moldo-Valachie, pays dont la civilisation, du moins jusqu'à son entrée en relations avec les nations occidentales, au milieu de ce siècle, était d'origine exclusivement magyare.

C'est donc, de la part de certains historiens de Bucarest, faire preuve de quelque hardiesse que de venir traiter les Magyars de barbares asiatiques quand ils leur doivent la majeure partie de leurs lumières, à plus forte raison que la civilisation roumaine actuelle, apanage d'une toute petite minorité, n'est généralisée dans le peuple qu'à raison de treize individus sur cent sachant lire et écrire, proportion qui est de 49 en Hongrie et qui serait encore supérieure si ce n'étaient précisément les Roumains qui apportent le plus grand contingent à la population illettrée.

L'idée de race et de nationalisme étant récente même chez les nations occidentales, les premiers soulèvements de paysans roumains n'ont pu avoir qu'un caractère religieux ou de jacquerie. Le premier qui ait vaguement ressemblé à un mouvement patriotique fut la grande révolte des paysans Horia et Closka, qui eut lieu en 1784.

Le roumanisme est sorti de toutes pièces du daco-romanisme, c'est-à-dire de l'idée de la descendance romaine dont nous parlions plus haut. Cette idée, dit-on, n'a de racine ni dans les traditions populaires, toutes slaves, des Roumains, ni dans le cœur de la nation, mais serait le fruit sec des recherches hypothétiques de quelques historiens de chambre, dont Bonfin, historiographe du roi Mathias Corvin qui semble l'avoir émise le premier (1).

En 1697, les jésuites hongrois Baranyai et Hevenessy réussissent à rattacher une partie des Roumains à la religion catholique au moyen du rite grec-uni, définitivement institué en Transylvanie en 1721. Une école fut fondée en vue de former des prêtres pour la nouvelle religion, école dont on envoyait quelques élèves à Rome

---

(1) *Oesterreichisch Ungarische Revue*, tome XVI, 3ᵉ livraison. *Der Dakoromanismus*, par le prof.-doct. J.-H. Schwicker.

pour y parfaire leurs études. Ce furent ces jeunes gens-là et leurs disciples, les Samuel Klein, que les Roumains appellent Micul, auteur du premier ouvrage roumain imprimé en lettres latines et non glogalogiques, les Georges Schinkaï, les Pierre Major, etc., tous Transylvains qui, s'inspirant des souvenirs daciques de la ville éternelle, et en fondant l'histoire roumaine sur les bases de la descendance de ce peuple des Daco-Romains, répandirent parmi leurs compatriotes l'idée d'être les fils d'un des peuples les plus civilisés de la terre.

Cette thèse, mal comprise, devait nécessairement faire des grands ravages dans les cerveaux de ces masses de pauvres serfs qui, s'ils sont pour de bon les descendants lointains des compatriotes de Ciceron et d'Ovide, n'en ont pas moins été barbarisés complètement par une longue vie au milieu de peuplades slaves, ne conservant du latin qu'un vocabulaire pastoral primitif.

En effet, que d'actes de cruauté infernale, que de faits d'une barbarie sauvage laissant dans l'ombre les pires atrocités des Pavillons-Noirs du Tonkin, n'ont-ils pas été commis au nom de cette vieille civilisation latine lorsque, en 1848, instigués par l'Autriche, les Roumains vinrent l'aider à abattre la révolution hongroise! On vit alors des hommes sciés en deux, vifs, et leurs enfants forcés d'assister au supplice; des femmes, obligées de promener en triomphe, piquée sur une lance, la tête coupée de leur mari, et d'autres forfaits, par centaines, dont la plume se refuse de tracer le récit.

Et, pour parler d'excès d'un genre moins navrant, ne voit-on pas aujourd'hui des savants roumains très respectables agir en manière de parvenus qui cherchent à se confectionner des ancêtres et se targuer de cette origine romaine pour hisser leur nation sur le piédestal d'une vieille civilisation qu'elle est loin de posséder? ce qui a fait dire à un écrivain roumain : « Il me semble

Attelage de buffles dans les districts roumains.

que nous nous servons de cette origine comme les nègres de la verroterie... »; et à un autre, Tito-Majoresco, ex-ministre de Roumanie : « Dans notre civilisation roumaine, c'est le mensonge qu'il nous faut le plus déplorer ; mensonge dans les aspirations, mensonge dans la politique, dans la poésie et la grammaire (1). »

Dès avant cette guerre de 1849, les Roumains hongrois s'étaient organisés en parti politique. Le 15 mai 1848, 4,000 d'entre eux se réunirent dans un champ près de Balázsfalva, d'où ils adressèrent à l'empereur un vœu réclamant : l'émancipation et la reconnaissance de l'Église roumaine avec siège de ses prélats à la Diète ; dotation du clergé sur les fonds de l'Etat ; suppression du servage sans indemnité, de la dîme et de la corvée ; suppression des corporations ; liberté des métiers ; suppression des barrières douanières, liberté de la presse, de la parole et de réunion ; introduction du jury dans les tribunaux ; établissement d'écoles roumaines primaires, secondaires et supérieures ; suppression de tous privilèges ; nomination d'une Constituante avec mission d'élaborer une nouvelle constitution transylvaine basée sur le principe de l'égalité des citoyens. Finalement on demandait à la Diète existante de ne pas discuter la question de la réunion de la Transylvanie à la Hongrie sans consulter les Roumains et autres nationalités du pays.

Il est singulier qu'il ne soit encore fait, dans ce document, aucune mention des tentatives de magyarisation.

L'ère d'incubation des réformes de 1867, c'est-à-dire l'époque où les Roumains, malgré le secours prêté à l'Autriche, subissaient l'état de siège, est marquée, de leur part, par plusieurs démonstrations ayant surtout pour objet de protester contre les projets de réunion de la Transylvanie à la Hongrie, déjà à l'ordre du jour.

(1) Tito-Majoresco *Critice*, p. 327.

L'ère nouvelle leur apporta satisfaction sur tous les points du vœu de 1848, sauf sur celui de la non réunion de la Transylvanie et de la garde nationale. Leur Église est reconnue, leurs prélats ont siégé à l'Assemblée nationale et sont payés sur les fonds de l'Etat. En 1892, on comptait 2,659 écoles primaires de langue exclusivement roumaine; mais, hélas! 57 pour 100 des enfants roumains seulement les fréquentaient, ce qui est le taux le plus bas sous ce rapport chez les nationalités de la Hongrie. Ils ont, outre cela, leurs associations, leurs sociétés littéraires, leurs journaux, leurs écoles secondaires, etc. Ils sont électeurs, mais, tout en pouvant envoyer jusqu'à soixante-dix députés à la Chambre de Budapest, n'y sont représentés que par huit, leurs masses, nous l'avons dit, étant censées faire abstention aux élections. Se condamnant ainsi à ne pas faire valoir leurs revendications sur le terrain légal de l'Assemblée législative, ils épuisent leurs forces en une campagne stérile de protestations privées.

En 1872, dans une nouvelle réunion nationale, ils protestèrent principalement contre le rôle privilégié assigné à la langue magyare comme langue officielle.

Autre réunion en 1881, avec, de nouveau, protestation, rédigée, comme les précédentes, en termes solennels, jurée, paraphée, revêtue de tous les dehors du vœu d'un peuple qui gronde et contenant les revendications que voici : rétablissement de l'autonomie de Transylvanie ; reconnaissance du roumain comme langue officielle dans tous les districts roumains; revision de la loi sur les nationalités en vue de son application intégrale; assurer l'autonomie ecclésiastique et scolaire et réclamer du Trésor des subventions proportionnées aux sacrifices imposés aux populations roumaines ; suppression de toutes les lois pouvant entraver le libre développement des nationalités ; introduction du suffrage universel, ou, tout au moins, droit au vote pour tout citoyen contribuable ; condamner et s'opposer à toutes les tendances magyarisatrices possibles ; réduction des impôts.

En 1884, en 1887 et en 1890, nouveaux manifestes avec programme mis à point, et enfin, en 1892, envoi à Vienne d'un comité porteur du *Memorandum*, formidable réquisitoire à l'adresse du souverain contre la nation magyare, la constitution de 1867 et la réunion de la Transylvanie à la Hongrie.

Il faut s'imprégner des subtilités du dualisme pour comprendre combien, pour un sujet hongrois, le fait d'avoir recours à l'empereur d'Autriche en passant pardessus les autorités nationales, constitue un crime de haute trahison ; c'était, en outre, mal connaître le constitutionalisme de François-Joseph que de croire qu'il allait se prêter à ce jeu. La députation fut éconduite et les signataires du factum poursuivis.

Mais si des condamnations sont venues frapper les coupables, ç'a été beaucoup moins à cause du fait lui-même que parce que la mesure des agitateurs était, en effet, comble, car depuis quelques années, l'agitation roumaine avait passé la frontière et avait été accaparée, à Bucarest, par une de ces sociétés patriotiques intempestives, dont le seul but semble être de créer des incidents diplomatiques, et qui, s'adressant au chauvinisme le plus naïf des masses, spéculait sur l'idée chauvine de réunir un jour en un grand empire toutes les populations roumaines, idée pour laquelle il se fait beaucoup de propagande en Roumanie.

Cette association, qui couvre son véritable but du titre de *Ligue roumaine pour la propagation de la culture intellectuelle* et compte une quantité immense de membres parmi lesquels la plupart des étudiants, tant en Roumanie qu'à l'étranger, disposait à ce moment de ressources matérielles très considérables lui permettant de salarier des agitateurs en Transylvanie et d'entretenir hors des frontières des agents avec mission de profiter de toutes les occasions pour discréditer les Magyars dans l'opinion publique et de les faire passer pour des sauvages se livrant sur leurs compatriotes roumains aux actes de magyarisation les plus exotiquement féroces.

Or, que ne peut-on, par le temps d'effervescence nationale qui court, faire accroire au public quand il s'agit de malheurs nationaux ?

Ainsi nourrie par des incidents incessamment provoqués à l'intérieur, et que, immédiatement, l'officine de Bucarest annonçait à l'Europe, dûment dénaturés, en attendant que de doctes professeurs roumains paraphrasassent dessus dans de graves revues étrangères, et que des étudiants, leurs compatriotes, brodassent dans les journaux à manchettes des articles à faire frémir d'indignation les cœurs sensibles, cette campagne, pendant les deux dernières années, présentait, à l'œil de l'observateur, les dehors curieux d'une chose sans précédent, espèce de boulangisme international, genre de ballon trop gonflé, appelé à crever au premier rayon de lumière qu'il traverserait. Ce rayon de lumière ne se fit pas attendre. Les Magyars qui, par fierté de caractère ou par négligence, avaient laissé dire et faire, se mirent à répondre (1), démontrant que, d'abord, dans un pays

(1) Les principales publications internationales de cette contre-propagande sont :
La quistione daco-romana e lo stato ungherese, par Léopold Oávry (Roma, 1894), publié aussi à Paris en français; *La question roumaine et la lutte des races en Orient*, par Gustave Beksics (Paris, Chailley, 1895) ; *Die nationalen Ansprüche der Rumänen in Ungarn*, par le Dr I.-H. Schwicker, 1894 ; *Les calomniateurs de la Hongrie, un réquisitoire*, publié par un comité hongrois (éditions française, rou-

moderne, constitutionnel, libre et régi par des lois universellement proclamées, il pouvait y avoir des froissements d'ordre local, mais non pas des lois d'exception pour telle ou telle race, et que, ensuite, ils n'étaient pas assez naïfs pour s'imaginer qu'on pouvait arracher à leur nationalité 3,000,000 d'hommes s'appuyant sur un foyer de 8,000,000 de congénères au delà de la frontière, à une époque comme la nôtre, où toutes les fibres du nationalisme sont tendues.

Sur ces entrefaites, et à la suite d'un virement politique en Roumanie, la dite ligne subit une espèce de mise à pied la privant d'une bonne partie de ses ressources matérielles ; puis vint l'adhésion officielle de la Roumanie à la Triple-Alliance, et finalement l'amnistie rendant à la liberté les « Mémorandistes » condamnés ; trois circonstances qui semblent avoir ramené pour l'instant la question à ses justes proportions d'une affaire locale.

*
* *

Nous laisserons à une des feuilles les plus antimagyares de Roumanie, à l'*Indépendance roumaine*, le soin de nous faire le portrait des populations roumaines de Hongrie, portrait que nous certifions conforme à l'original.

« C'est évidemment » dit entre autres, dans son numéro du 3/15 juillet 1893, un rédacteur du journal, envoyé en Transylvanie pour y étudier les populations opprimées,

maine, allemande, italienne, etc. Budapest, 1893); *Protestation rédigée par MM. Michel Bodiu et Étienne Moldován, étudiants roumains, contre la réplique publiée au nom de la jeunesse universitaire roumaine*, traduite du hongrois par A. de Bertha (Kolozsvár, 1891); *Réponse au mémoire de la jeunesse roumaine de Bucarest*, par le Dr *Grégoire Moldován, professeur* (de littérature roumaine) *à l'Université de Kolozsvár*, traduite du hongrois par A. de Bertha (Kolozsvár, 1891).

« c'est évidemment une race supérieure que la population rurale roumaine d'outre-monts...

» Les femmes ont toutes un type d'une remarquable finesse de traits et elles joignent à la beauté une noblesse innée, une certaine allure aristocratique qu'on est tout étonné de découvrir dans un coin de montagne ; elles portent, cela va sans dire, le costume national — une chemise blanche dont l'éclat est rehaussé par l'opposition des nuances du double tablier ; les nœuds de leur coiffure retombent gracieusement sur leurs épaules.... Les hommes, de leur côté, sont tout à fait dignes de ces belles dames.

» Chez nous, on se représente généralement le paysan roumain de Transylvanie comme un être malheureux, rabougri, à l'allure timide et sournoise. — Ici, c'est un bel homme, grand et svelte, bien pris, à la physionomie ouverte et sympathique, se mouvant et causant avec aisance. Il y a parmi eux des riches, disposant de fortunes considérables, et qui font un commerce de plusieurs centaines de mille francs. Il en est qui ont envoyé leurs enfants à Paris pour y faire leurs études universitaires.

» Et tout ce monde, hommes et femmes, causait, riait avec un entrain qui vous donnait la sensation du bonheur et pouvait faire aimer la vie aux plus pessimistes... »

Le paysan roumain est bon, doux, travailleur, très attaché à l'agriculture, mais généralement d'une intellectualité fort primitive, complètement illettré, et par là sujet aux excitations démagogiques dont toutefois il commence à se désintéresser. Toujours demeuré confiné dans son culte oriental, il n'est d'être plus réfractaire aux réformes, plus irréductible comme nationalité. Après l'avoir étudié de près, l'on se demande dans quel cerveau malade a pu germer l'idée qu'il puisse jamais courir un danger quelconque de magyarisation.

Ce serait beaucoup plutôt au Magyar, être raisonneur, accessible à tout ce qui est neuf, d'avoir des craintes pour sa nationalité, car voici ce qui se passe : dans des villages à population mixte, dix ou onze familles roumaines noyées au milieu d'une centaine de foyers hongrois, non seulement se maintiennent intactes à travers des siècles, mais finissent par imposer leur langue, leurs costumes et leurs mœurs à tous les autres habitants. En effet, la race roumaine fait tache d'huile en Hongrie non seulement par voie d'augmentation numérique, mais bien plus encore par le fait d'un travail de roumanisation.

En plusieurs lieux comme dans la vallée de la Cserna, dans une contrée, dont les villages de Kis-Barcsa et de Nagy-Barcsa sont le centre, nous avons trouvé des populations magyares roumanisées depuis plusieurs siècles, mais ayant conservé le type, le costume et du reste aussi la conscience de leur origine. Partout ailleurs, l'élément roumain est en croissance ; dans les départements de Bihar, de Temes, de Szatmár et quelques autres encore, nulle trace de Roumains il y a à peine deux siècles, et actuellement l'on peut prévoir le moment où leurs foyers toucheront les bords du Tisza, dont ils ne sont plus éloignés.

Le principal agent de ce travail d'absorption, c'est la femme ; la femme roumaine a, en effet, quelque chose de fascinant, d'enjôleur, d'irrésistible, et le jeune paysan magyar, qui en raffole, la recherche beaucoup ; cependant, une fois entré dans une famille roumaine, il se roumanise à tel point que souvent ses enfants deviennent les agitateurs antimagyars les plus violents.

Une bourgeoisie roumaine est en voie de formation dans les principaux centres de Transylvanie, une soixantaine de mille âmes pour l'instant mais progressant à vue d'œil. C'est elle qui prend la part la plus active au mouvement antimagyar.

Les Sicules sont un peuple de 160,000 individus de race magyare formant un îlot isolé, et s'étant développé tel, à l'extrême coin oriental de la Transylvanie, en plein pays saxon et roumain (1). C'est à l'époque des chevaliers teutoniques, au onzième siècle, qu'il en est, pour la première fois, fait mention. Ils se disent volontiers descendants des Huns; il y a cependant lieu de croire qu'ils dérivent d'une bande de Magyars, rameau détaché du tronc avant la conquête et qui, s'étant trop avancée en Valachie, fut jetée en Transylvanie, vers 895, par les Petchenèques. Ils reçurent leur nom de leur condition de garder des frontières, le mot Székely, ayant, en effet, cette signification en hongrois.

L'histoire de ce curieux petit peuple est encore à faire; on y travaille en Hongrie depuis plus de vingt ans sans que rien n'ait paru (2), ce qui nous oblige à nous en tenir à des affirmations vagues et à des impressions de voyage. Le Sicule est d'un esprit pratique et terre-à-terre; grand *arriviste*, il fait généralement fortune, si le hasard vient à le jeter dans une grande ville. Sous le rapport du costume et des mœurs, il ressemble au Magyar en général, dont il parle la langue avec un léger accent.

Vu son rôle de défenseur de la frontière, le peuple sicule était autrefois organisé militairement; le territoire était subdivisé en districts appelés *sièges*, dont les chefs, en même temps capitaines, étaient élus par le peuple et confirmés par le souverain. Chaque citoyen était soldat. Cette organisation a subsisté jusqu'en 1849.

---

(1) Comitats de Csik, de Haromszék et d'Udvarhely.
(2) C'est le professeur Louis Szádeczky, de l'Université de Kolozsvár, qui en est actuellement chargé.

Encore aujourd'hui, en raison de ce passé soldatesque, tous les paysans sicules sont nobles.

La bourgeoisie des villes sicules fait de son mieux pour marcher de pair avec le progrès de la métropole ; mais cet extrême point de la monarchie hongroise étant presque privé de chemins de fer — une seule ligne conduit jusqu'à Székely-Udvarhely — l'esprit public se ressent fortement des effets de l'isolement.

CHAPITRE VI

La Croatie-Esclavonie. — Courte histoire des Croates. — Comment la Croatie échut à la Hongrie. — Les origines de l'Illyrisme. — La nouvelle constitution croate. — Les querelles actuelles. — Les Croates et les Serbes de Croatie. — Configuration du pays. — Les beautés pittoresques de la ligne d'Agram à Fiume. — Agram, capitale de la Croatie. — La question des langues.

La Croatie, pays mesurant 42,516 kilomètres superficiels, occupe l'extrême sud-ouest de la Hongrie où elle s'étend, en forme de triangle très allongé, aux contours tourmentés, de l'Adriatique à Belgrade, entre la Save, la Drave et le Danube (1).

La population croate, qui s'élève à 2,186,410 âmes, est loin de ne renfermer que des éléments homogènes ; l'on y comptait, en effet, fin 1890 :

---

(1) Historiquement parlant, il faudrait l'appeler Croatie-Esclavonie et Confins militaires, attendu qu'elle est, en effet, formée de ces trois éléments. La Croatie proprement dite couvre 13,629 kilomètres carrés, l'Esclavonie 9,638, et les anciens Confins militaires 19.238. La subdivision administrative du tout en comitats est la même qu'en Hongrie. Ces comitats sont : Lika-Krbava, Modrus-Fiume, Agram, Varasdin, Bellovar-Kœrœs, Pozega, Verœcze, Szerém.

Slaves croates	1 359.588
— serbes	562 131
— slovaques	13.614
— ruthènes	3.606
— slovènes	10.000 (env.)
Magyars	68.794
Allemands	117 493
Roumains	2.826
Italiens, races diverses et étrangers	48.358

Les Croates ne représentent donc que 62 pour 100 du total de la population.

On sait que la Croatie-Esclavonie constitue, par rapport à la Hongrie, un Etat autonome, comme une espèce de colonie émancipée, dont, toutefois, si étendue qu'elle soit, l'autonomie n'est guère la même que celle de la Hongrie à l'égard de l'Autriche.

Le peuple croate est, comme tous les Slaves du Sud, un rameau des Slaves septentrionaux s'étant détaché deux cents ans environ avant la conquête magyare pour venir se fixer dans ces régions.

C'est au onzième siècle que la Croatie échut à la Hongrie. Saint Ladislas (1079), un des successeurs de saint Étienne, avait été appelé en Croatie par sa sœur, veuve du dernier roi Croate, à l'effet de réprimer des troubles intérieurs. En récompense, la reine lui céda le pouvoir et le fit reconnaître roi de Croatie, d'Esclavonie et de Dalmatie (1) par la noblesse réunie en Diète. Il ne paraît pas cependant que Ladislas ait beaucoup compté sur ce nouveau royaume, puisqu'on l'y voit préparer le sacre et l'élection de son second fils Almos, qui ne dé-

---

(1) La Dalmatie est en effet partie constitutive, de droit, de la couronne de saint Etienne; elle n'est rattachée à l'Autriche que de fait.

vait pas régner en Hongrie. Kálmán, son successeur, fut plus habile. Prenant prétexte de nouvelles discussions intestines, il s'y introduisit, et quelques années après, put traiter avec les seigneurs croates de la réunion définitive de la province à la Hongrie.

Par ce traité, la noblesse croate conserva ses prérogatives constitutionnelles, calquées du reste sur le modèle de la constitution hongroise, et, quoique soumise aux lois générales du royaume, la Croatie fut groupée sous un gouvernement à part, dont le magistrat suprême, le Ban, était nommé par le roi de Hongrie.

L'antagonisme des Croates à l'égard des Hongrois a éclaté au commencement de ce siècle, avec le reste de la question des nationalités, sous la forme d'une variante du panslavisme : l'Illyrisme, qui consiste à réclamer l'établissement d'un grand royaume indépendant d'Illyrie, comprenant la Croatie, la Dalmatie, l'Istrie, la Carynthie, la Carniole, la Serbie, la Bosnie, l'Herzégovine et le Monténégro, c'est-à-dire, un empire englobant tout les Slaves du Sud.

Le caractère batailleur actuel de l'Illyrisme est une conséquence de la réaction contre les Magyars, s'étant produite vers 1835, lorsque donnant à leur idiome le rang de langue de l'Etat, ceux-ci vinrent en imposer la connaissance à toutes les nationalités, du moins dans leurs relations avec les autorités centrales. Jusqu'à ce moment les Croates se servaient beaucoup de la langue hongroise sans pour cela négliger la leur ; l'histoire eut même à enregistrer maints témoignages de sympathies de leur part à l'égard de la nation magyare dans laquelle ils voyaient la protectrice de leurs libertés nationales ; si bien qu'en 1830, lorsque l'émancipation de la langue magyare était déjà à l'ordre du jour à la Diète hongroise, on vit le comitat croate de Varasdin donner des instructions à ses députés pour qu'ils joignissent leurs efforts à ceux des députés magyars en vue d'obtenir gain de cause dans cette question. Les moyens de propagande en faveur de l'idée de la grande Illyrie furent les mêmes que pour le panslavisme : l'exaltation du nationalisme par la littérature et une diffusion extrême donnée aux écrits politiques.

En 1848, les Croates, imitant l'exemple des autres nationalités, se joignirent à l'Autriche dans la répression de la révolution hongroise pour en tirer, de même, les bénéfices problématiques que l'on sait. En 1867, voyant la Hongrie redevenue libre, ils vinrent lui réclamer leur ancienne autonomie, ce qui leur fut accordé par le traité dit Nagodba qui, revisé en 1873, fait de la Croatie un État dans l'État, ayant son petit corps législatif et son ministère au petit pied.

Voici quelques détails sur cette nouvelle constitution : l'Assemblée nationale croate se compose d'une seule Chambre (art. 2 et 3 de la loi de 1870), formée :

De membres de droit : les archevêques d'Agram et de Carlowitz, les évêques catholiques, grecs unis et grecs orthodoxes, les préfets des comitats, les magnats croates ;

De membres élus : 77 députés, dont 51 élus par les comitats et 26 par les villes.

Le système électoral est fort compliqué, moitié indirect, moitié direct, partie basé sur le cens, partie sur le degré de culture intellectuelle.

Le Ban, gouverneur du pays nommé par le roi de Hongrie, et trois de ses directeurs de services : intérieur, cultes et instruction publique et justice, formant comme un ministère à part, sont responsables devant la Diète, responsabilité qui toutefois n'est que relative étant donné que le Ban ne peut être destitué que par la couronne. Les autres affaires : postes, télégraphes, chemins de fer, navigation, traités commerciaux, armée, assiette générale des impôts, délégations, monnaies, brevets, etc., se règlent en commun avec la Hongrie.

Paysanne allemande, de race dite souabe, du sud de la Hongrie.

Pour les rapports avec le gouvernement de la métropole, la Croatie-Esclavonie possède à Budapest un ministre, sans portefeuille, mais ayant siège au Conseil. Il est l'intermédiaire entre le Ban, le cabinet hongrois et le roi, chargé de donner son appréciation relativement à la compatibilité des actes et faits de la Croatie avec les intérêts généraux. Depuis 1889, le titulaire de ces

Paysan allemand, de race dite souabe, du sud de la Hongrie.

fonctions est M. Josipovich, presque devenu inamovible, puisqu'il rentre dans tous les nouveaux cabinets (1).

(1) Eméric Josipovich, en même temps que ministre de Croatie, est un des quarante députés de la Diète croate à la Chambre de Buda-

En ce qui concerne ses rapports avec le Parlement hongrois, la Diète croate envoie siéger deux de ses membres à la Chambre des Magnats et quarante à la Chambre des députés de Budapest.

Le Nagodba ne satisfait naturellement pas les *ultras* en Croatie, bien que la majorité du peuple s'en contente. Dans cette question des nationalités, il faut toujours faire la part de la jalousie. Les lauriers de la Hongrie ressuscitée empêchent de dormir beaucoup de ces petites nations. La Hongrie avait promis à la Croatie de récupérer la Dalmatie sur l'Autriche, ce qui eût été un pas vers la grande Illyrie ; elle n'a garde de tenir sa promesse, vu l'attitude prise par la Croatie à son égard, la condamnant ainsi à demeurer le petit État qu'elle est. Il est naturel que le fait de ne pas se faire bénévolement l'outil de la grandeur nationale des Croates, lesquels ne cessent de lui démontrer que ce serait là un genre de suicide, lui est compté pour un crime de lèse-nationalité ; voilà un premier point de discussion.

Les autres sont des articles de législation intérieure et

---

pest. Il est fils d'Antoine Josipovich, en 1849 préfet d'Agram, et qui, pour son attachement à la cause hongroise, fut enfermé à Kufstein. Né en 1834, en Croatie, il a été élevé en Hongrie, et s'est distingué par ses travaux économiques notamment dans des questions de chemins de fer. Il est père de Geza Josipovich, également député croate à Budapest, et a succédé au pouvoir à M. Bedekovich.

Le comte Charles Khuen a ajouté le nom patronymique des Hédervary au sien, en 1874, après l'extinction de cette célèbre famille, dont il est parent. Il est né en 1849 à Graefenberg, dans la Haute-Silésie (Autriche), a fait ses études à Agram, fut député de Raab pendant la législature de 1875-1878. S'étant distingué par ses connaissances administratives, il fut nommé préfet du comitat de ce nom, auquel il a rendu de grands services à l'occasion d'inondations. Nommé Ban de Croatie, en 1883, il débuta au milieu de grandes difficultés, qu'il a vaincues à force d'énergie. Ayant ainsi réussi à rétablir la tranquillité en Croatie, il est considéré comme un homme à poigne. Outre la paix intérieure, la Croatie lui doit de grandes réformes. Le comte Khuen est conseiller intime du roi et chevalier de la Toison-d'Or.

se résument en l'opinion selon laquelle les libertés actuelles des Croates, cependant bien supérieures à ce qu'elles étaient dans les anciens temps, ne seraient qu'un leurre et entravent au contraire tout progrès.

Le cadre restreint de cet ouvrage ne nous permet guère d'étudier la querelle et de réfuter certains points que, après s'être créé de nombreux amis en France par le canal du courant franco-slave, ils y ont fait admettre pour vrais.

Après avoir visité la Croatie en de nombreux voyages, nous avons acquis la conviction que pour un petit peuple qui fait de très louables efforts dans la voie du progrès, mais qui, en somme — l'attitude terrible des soldats croates dans les guerres de Bonaparte nous l'a prouvé — n'est éclos à la civilisation que d'hier, les libertés actuelles sont plus que suffisantes, attendu que la culture croate ne nous semble pas appelée en Orient à un rôle prépondérant. La langue magyare n'est pas enseignée sur le territoire croate, même pas à titre de matière d'enseignement, et le développement intellectuel de la nation peut s'opérer à l'abri des six terribles leçons de hongrois par semaine... Et l'on n'a qu'à lire les articles des journaux antimagyars d'Agram pour se faire une idée du degré de liberté qui leur est laissée d'injurier leurs « maîtres ! »

Par contre, l'attitude des Croates à l'égard des 600,000 Serbes habitant leur territoire et auxquels ils défendent la moindre manifestation de nationalité, sous prétexte que ceux-ci font cause commune avec les Magyars, est d'autant plus singulière que les Serbes sont leurs frères de race, étant Yougo-Slaves comme eux. Cet antagonisme est déjà ancien sans avoir cessé d'être féroce et vient à l'appui de ce caractère « d'ôte-toi de là, que je m'y mette » qui est le trait général de la question des nationalités en Hongrie.

La Croatie présente le coup d'œil d'un pays agricole riche et assez bien cultivé. La partie orientale du triangle, dont elle affecte la forme, l'Esclavonie, plate, marécageuse, exposée aux innondations, uniquement formée d'alluvions, ressemble à la grande plaine hongroise dont elle n'est séparée que par le Danube. Elle se termine en pointe par la ville de Zimony sous les bastions roussis de Belgrade, située en face, au confluent du fleuve ci-dessus avec la Save, terrain historique, car ici eut lieu la célèbre bataille de 1456 et la mort du grand Hunyade.

S'arrêtant à son centre et en constituant l'ossature, un système de collines boisées, d'aspect doux, qu'on peut considérer comme un dernier contre-fort des Alpes, la sépare en deux versants, celui de la Save et celui de la Drave.

Sauf d'importantes cultures de vers à soie alternant avec des plantations de pruniers dont le fruit sert à confectionner une eau-de-vie nationale d'un goût âcre, ensuite les mœurs rustiques et pittoresques des populations rurales, ce pays, de même que les villes qu'il renferme, toutes aux allures agricoles comme les autres villes de Hongrie, offre peu d'intérêt au simple touriste.

Mais le voyageur sera certainement attiré vers l'arrière-partie de la Croatie qui est adossée aux Alpes et à l'Adriatique et où se rencontrent, à peu près à partir de Karlstadt, des paysages d'un aspect absolument grandiose.

Limitrophe des provinces autrichiennes d'Istrie et de Carnioles, cette région relève de la nature du Carso avec ses précipices nus et sauvages, ses déserts pierreux, ses grottes et ses rivières souterraines aux issues et aux sources encore ignorées.

Le chemin de fer d'Agram à Fiume permet de visiter les points de vue les plus remarquables de cette intéressante contrée montagneuse.

Après s'être hissée, sur un parcours de plus de cent kilomètres, par d'énormes courbes, à des hauteurs vertigineuses, la ligne est enfin arrivée au faîte du formidable rempart qui se dresse entre le bassin du Tisza et la côte maritime. Soudain, un peu après le station de Fucine, le train débouche de ce labyrinthe de rochers qui semblait ne pas devoir finir, et, à vos pieds, à mille mètres de profondeur, vient brusquement s'étendre l'immense nappe d'azur de l Adriatique. Comme sur une carte géographique étalée devant soi, on distingue, jusqu'à perte de vue, le moindre détour, la moindre déchirure de cette côte blanche, décharnée, déchiquetée et tourmentée en tous sens. Voici les contours bizarres, hachés, dentelés des îles de Veglia et de Cherso dessinant sur le fond bleu de la mer comme la silhouette d'un énorme ichtyosaure. Tout là-bas, au nord, à la racine de la presqu'île d'Istrie, la végétation semble reprendre ; un point blanc sur le fond noir des forêts nous indique Abbazia, la Nice autrichienne, au milieu de son parc d'aloès et de cyprès ; en face se voit, ramené à des proportions microscopiques, Fiume, avec ses môles et ses bateaux entrant et sortant.

Mais la descente commence, se dressant devant vous comme un problème insoluble ; en d'énormes lacets, avec d'infinies précautions, le train se laisse lentement choir dans l'immense précipice.

A mesure que la mer s'aplatit, la végétation revient, mais méridionale maintenant. Des maisons blanches aux toits rouges et bas, aux persiennes vertes, nous annoncent notre arrivée parmi les peuples gais ; on entend parler italien et après quelques instants, nous voici au milieu des faubourgs de Fiume qui n'est plus croate, mais hongroise (1).

(1) La ligne de Karlstadt à Fiume construite à grands frais en 1873, une des plus importantes de la Hongrie au point de vue du

La capitale de la Croatie, Agram en français et en allemand, en croate Zagreb et Zágráb en hongrois, est une ville aux allures autrichiennes en même temps que bureaucratiques et agricoles, de 40,000 habitants, occupant le centre ouest de la province et située non loin de la Save, au pied des derniers contreforts des Alpes. Moitié ancienne, moitié moderne, elle n'a rien cependant de ce caractère vague, flottant, provisoire que présentent les cités fondées par les Magyars, telles qu'Arad, Debreczen et Kecskemét, mais porte bien le cachet occidental. Au centre se voit l'archevêché, bâtisse ancienne carrée flanquée de grosses tours formant bastion ; non loin de là, la cathédrale, puis derrière elle, les quartiers de l'ancienne ville s'élevant, en pente, jusqu'à la forteresse, vieux système de remparts réformés, n'ayant plus aucune valeur stratégique, perchés sur une colline qui domine la ville et où se trouvent le palais du Ban, les différents services de l'Etat, d'autres édifices officiels et quelques hôtels particuliers de magnats croates. Les quartiers modernes s'étendent du côté de la gare en de belles façades graves et monumentales bordant de larges voies rectangulaires entrecoupées de squares dont chacun a déjà ou attend son bronze.

Sur la grande place, la statue du Ban Joseph Jellacîc, celui même qui, en 1848, fut le chef du mouvement anti-magyar, et, à ses pieds, le marché le plus pittoresque que l'on puisse imaginer. C'est ici qu'on peut admirer les costumes de paysans venus de tous les coins de la Croatie. Le blanc et le rouge prédominent ; les femmes portent une chemise blanche leur descendant jusqu'à la

commerce, est considérée, sous le rapport technique, comme unique en son genre.

cheville, aux manches bouffantes; gilet blanc, les jambes recouvertes d'un genre de guêtres blanches ; puis un fichu rouge noué derrière la tête et un tablier de même couleur. Quelques-unes sont belles, d'une beauté sauvage et plantureuse ; la plupart ont la mine fatiguée et desséchée.

Les hommes, de beaux gars barbus, graves, ont le large pantalon flottant des Magyars, par-dessus une chemise formant tunique, retenue par une ceinture rouge, gilet bariolé et brodé, chaussures comme leurs épouses.

Nulle part un mot de hongrois, langue honnie, bannie, conspuée et fuie comme la peste ; mais pas davantage de trace de langue internationale ; un peu d'allemand, oui, mais en rechignant et après vous avoir répondu en croate; plaques indicatrices de rues en croate ; croates les enseignes commerciales, croates les affiches officielles et privées, croate tout. Oh ! le farouche patriotisme que celui des peuples jeunes et petits !...

CHAPITRE VII

Les autres nationalités. — Les Slovaques et le panslavisme. — Historique de ce mouvement. — Les régions slovaques. — Les Serbes et leurs foyers. — La question des nationalités parmi eux. — Les Ruthènes et le nord-est de la Hongrie. — Les Slovènes. — Les Bulgares dans les comitats du sud. — Les Arméniens de Hongrie. — Les Tziganes et leur histoire en ce pays. — Les Allemands. — Histoire des Saxons de Transylvanie. — Leur physionomie morale et politique. — Les Allemands du nord de la Hongrie. — Caractère vieil allemand des cités saxonnes de la Transylvanie. — Les Souabes de Hongrie. — Fiume et l'élément italien de Hongrie. — Les paysans français de Hongrie. — Physionomie actuelle des villages français du Banat de Temesvar. — Saint-Hubert, Charleville, Seultour. — Colonies espagnoles et italiennes.

Un lambeau du peuple tchéco-moravo-slave, désigné sous le nom de Slovaques, s'avance jusqu'au centre même de la Hongrie dont il occupe toute la partie ouest septentrionale.

L'histoire des Slovaques est celle du peuple tchèque. Étant donné qu'ils formaient déjà un État puissant en Hongrie, possédant une certaine civilisation, au moment de la conquête magyare, ce sont eux qui, après avoir fait leur soumission à Arpad, ont exercé, par la suite, l'influence la plus décisive sur l'établissement social des Hongrois. La langue magyare est remplie de mots, —

Paysage du Haut-Tatra dans les escarpements dits des Cinq-Lacs (nord).

nous l'avons déjà dit, — d'origine tchéco-morave ; il en est de même pour les institutions et les mœurs.

Les populations de langue slovaque constituent une masse compacte de 1,910,279 individus, dont 1,333,322 catholiques, 98,342 grecs unis, 796 grecs orthodoxes, 452,439 protestants luthériens, 18,998 calvinistes, 13,436 juifs (1).

Le Slovaque est laborieux, essentiellement cultivateur, mais généralement pauvre, très porté à la religion, soumis et tranquille s'il n'est pas excité par les démagogues panslavistes qui parcourent ces régions et font graviter une petite partie de cette population vers les centres d'agitation en Bohême et en Moravie, voire même en Russie.

Le panslavisme est un mouvement trop connu et trop peu originellement hongrois, attendu qu'il provient d'au delà de la frontière, pour que nous en fassions ici un long exposé. Quelques dates suffiront :

Ses origines coïncident avec le réveil national en Bohême (2) et, c'est vers 1827 que furent propagées en Hongrie les premières idées panslavistes, dont le principal propagateur fut un poète slovaque, Jean Kollár, qui, après avoir excité l'amour-propre national par une épopée slave, continua par la voie de la presse l'œuvre de propagande pour laquelle il trouva de précieux auxiliaires parmi le monde du clergé slave.

La loi de 1840, sur la langue magyare, provoqua ici la même réaction qu'en Croatie, c'est-à-dire une recrudescence violente des tendances nationalistes. Le

---

(1) Leurs principaux foyers sont les comitats de Arva, Trencsén, Lipto, Zolyom, Turocz, Nyitra, Sáros, Szepes, Bars, Hont, Presbourg, Gœmœr, Zemplén, c'est-à-dire un territoire de 46,000 kilomètres carrés, où ils constituent de 96 à 41 pour 100 de la population totale.

(2) Que nous avons longuement décrit dans notre ouvrage : *L'Autriche contemporaine*.

mouvement panslaviste reçut alors aussi, un regain de cause par l'appui que lui prêta la *Gazette d'Augsbourg*, cet organe depuis si longtemps inféodé à la chancellerie de Vienne, qui ne cessait de dépeindre les Magyars aux yeux de l'étranger comme les pires tyrans des nationalités.

Pour l'instant, le panslavisme est toujours latent, quoique la grande majorité de la population slovaque soit pour le *statu quo* et tout à fait sympathique aux Magyars.

*
* *

Les contrées formant le domaine de la race slovaque, comptent parmi les plus belles du bassin hongrois ; ce sont les chaînes des Carpathes, à l'endroit où elles arrivent à leur plus grande élévation, c'est-à-dire dans le massif du Haut-Tátra.

En Autriche, en Hongrie et en Allemagne, les vallées du Haut-Tátra ont la réputation de valoir celles de la Suisse ou des Pyrénées. La société de Vienne et de Budapest les a adoptées comme principal rendez-vous d'été, et chaque année on peut y voir défiler tout le dessus du panier des deux capitales. Le Haut-Tátra est, dans l'enceinte circulaire des Carpathes, comme un bastion ou un donjon en recul, lançant au ciel les trois pointes les plus élevées du système : le Krivan (2,496^m), la pointe de Gerlsdorf (2,663^m) et la pointe de Lomnicz (2,632).

Cette contrée montagneuse est caractérisée par une série de lacs situés dans les escarpements les plus rapides. On en compte une centaine sur les deux versants, dont soixante au moins sur le versant hongrois. Ils sont généralement fort petits (c'est à peine si le plus grand a 35 hectares de superficie) et se rapprochent, quant à leur nature, des lacs des Pyrénées-Orientales, c'est-à-dire leurs bassins s'étagent les uns sur les autres. Les indigènes, très superstitieux, leur ont donné le nom de « yeux de la mer », croyant qu'ils sont sans fond et que l'océan les a fait monter souterrainement pour refléter dans ses eaux les beautés naturelles de la région. Selon la même croyance, leur surface s'agiterait à chaque tempête sur l'Adriatique. Toutefois, un des plus célèbres, le lac de Csorba, a à peine 21 mètres de profondeur ; d'autres en ont soixante ou pas beaucoup plus.

* * *

La Hongrie compte 1,057,264 habitants de race et de langue serbes, dont cependant 562,131 en Croatie ce qui fait, pour la Hongrie proprement dite, une population serbe de 562,131 âmes seulement. Les Serbes de Croatie appartiennent tous au rite grec orthodoxe. Parmi les autres, il y a 410,000 de cette religion. 2,000 grecs unis et, enfin, 80,800 catholiques d'une race spéciale connus sous le nom de Bunyevacz, immigrés de Bosnie et de Dalmatie, tandis que les autres viennent de Serbie. Tous ces Serbes se concentrent dans les contrées méridionales de la Hongrie, plates et faisant partie de la grande plaine magyare déjà décrite, où ils arrivent à constituer jusqu'à 57 pour 100 de la population totale. Les Serbes catholiques ont plus particulièrement leurs agglomérations dans les comitats de Bács et de Torontál.

La venue des Serbes de Hongrie semble être due à une infiltration lente commencée dès la conquête magyare, mais étant devenue particulièrement intense après ou pendant les guerres turques, où leurs foyers actuels en Hongrie faisaient corps avec la Serbie.

Au commencement du dix-huitième siècle, une formidable jacquerie éclata parmi eux, mouvement qui se communiqua aux populations rurales de tous les comitats sud-est du pays.

Nous avons vu, en parlant de la question des nationalités en général, quelle part importante eurent les Serbes hongrois à l'éclosion du mouvement nationaliste.

Leur panslavisme à eux, dans ses tendances exagérées, se résume en une gravitation vers la Serbie ayant pour objet la constitution de cette grande Serbie devant réunir en un seul royaume toute la nation serbe, objet au nom duquel fut déjà entreprise la guerre de la Serbie contre la Bulgarie. Mais ici aussi, comme chez les Slovaques, le mouvement n'est que de surface ; la majorité ou plutôt la presque totalité des populations serbes de la Hongrie est d'accord avec l'élément magyar.

*
* *

Les Ruthènes, frères des Polonais, habitant par masses compactes l'extrême nord-est de la monarchie hongroise au nombre de 383,392, se reconnaissent presque sans exception de l'Église grecque unie, et se trouvent par là rattachés au clergé catholique et par conséquent à l'élément magyar. Le mouvement nationaliste est nul chez eux, ce qui tient en outre à ce que cette race ne se rattache, comme les Serbes et les Roumains, à aucun foyer d'agitation au delà des frontières, ne pouvant tout au plus s'appuyer que sur les Ruthènes de Galicie et de Bucovine, c'est-à-dire d'Autriche, qui, politiquement, se trouvent dans des conditions identiques. L'élément ruthène constitue la fraction la plus arriérée, intellectuellement, des habitants de la Hongrie. Ses principales agglomérations sont dans les comitats de Marmaros, de Ung, de Bereg et de Ugocsa, c'est-à-dire au bas intérieur de la partie nord-est de l'enceinte carpathienne. Il y atteint jusqu'à quarante-trois pour 100 de la population totale.

Cette contrée, que nous avons parcourue à pied pendant l'été 1894, est absolument ignorée des étrangers et même peu connue des Hongrois. Elle tient beaucoup des paysages de la Transylvanie, surtout la Marmaros, espèce de compartiment de montagne qui n'en est que comme l'annexe. C'est dans le comitat de Bereg que se trouve le défilé, par lequel le peuple magyar, sous Arpad, s'introduisit en Pannonie.

*
* *

Peu de choses à dire des 71,000 Slovènes de Hongrie, habitant le sud-ouest et se rattachant, comme caractère, à leurs congénères de Styrie et de Carniole(1), dont, du reste, ils ne sont qu'un rameau. Le mouvement nationaliste chez eux est nul.

On en compte 49,000 dans le comitat de Vas, 21,300 dans celui de Zala et 11,000 en Croatie.

*
* *

La Hongrie possède, dans sa mosaïque de races, quelques enclaves de Bulgares immigrés au seizième siècle. On en compte 5,104 dans le comitat de Temes, 10,000 dans celui de Torontál et quelques-uns dans celui de Krasso-Szœrény (sud-est). Dans ce dernier, ils fondèrent, en 1526, les localités de Klokodics, Rafnik, Luppak, Vodnik, Nermeth et Javalcsa, que nous avons visitées. Ils sont catholiques, enclavés dans des populations roumaines grecques orthodoxes.

Il y a, dans ce même comitat est, une enclave isolée de 9,000 Tchèques.

(1) Voir l'*Autriche contemporaine*.

***

Des races slaves, passons, avant d'en venir aux Allemands et aux Français, à quelques races sporadiques, dont d'abord les Arméniens venus en Hongrie à la suite de vieilles relations commerciales avec l'Arménie. Leurs enclaves se trouvent principalement en Transylvanie ; mais on ne compte plus qu'un millier d'individus, à peu près, s'étant conservés purs comme races. Pour le reste, ils se sont complètement assimilés à l'élément magyar, avec lequel ils sympathisent beaucoup. Extrêmement doués pour le commerce, l'on compte, dans le gros commerce et la haute banque de Budapest, quelques richissimes familles d'origine arménienne.

***

Les Tziganes paraissent être venus des principautés danubiennes au treizième siècle ; l'accueil qui leur fut fait tout d'abord en Hongrie fut peu favorable : le passage du pays leur était interdit, et on les obligeait de se faire serfs. Dès le quinzième siècle, il existe des serfs tziganes sur les domaines des couvents.

Bientôt, cependant, l'opinion change en leur faveur ; la population de Hongrie est clairsemée, on manque de bras ; puis le Tzigane possède une habileté native le rendant excellent artisan, notamment en ce qui concerne les travaux métalliques. Vers l'époque où les Turcs menacent le pays, on rencontre des bandes de Tziganes fabriquant, pour les grands, des mousquets et des boulets de canon. Ils passent bientôt maîtres dans l'armurerie ; en Transylvanie, on les trouve aussi exerçant le métier de bourreau. Ce n'est que vers 1599 que les chroniques parlent d'eux comme des musiciens attitrés de la noblesse. D'ailleurs, le caractère hongrois, hautain et

Publication de nouvelles à son de caisse dans un village hongrois.

fier, s'accommoda assez bien de ces serviteurs rampants et bons à tout faire.

Marie-Thérèse et Joseph II tentèrent, plus tard, quelques efforts pour fondre la population tzigane dans celle magyare, ne réussissant, tout au plus, qu'à les habituer à une vie sédentaire ; c'est de cette époque que datent les clans de Tziganes qu'on voit aux extrémités des villages dans presque toute la Hongrie.

Les Tziganes ont fourni à la Hongrie de très bons musiciens, voire même quelques compositeurs de renom.

Ceux de Transylvanie, seuls, formant quelques enclaves compactes, ont pu être recensés ; on en comptait environ 24,000, en 1891. Ceux de la Hongrie proprement dite, complètement magyarisés et faisant corps avec les Magyars, échappent à tout recensement et ne se reconnaissent que par le type. Outre ces Tziganes sédentaires, on en rencontre, comme en France, en caravanes ambulantes.

*
* *

Les Allemands de Hongrie, d'origine très diverse, au nombre de 2,107,577, la Croatie comprise, et, dont 1,418,961 catholiques, 415,000 protestants de la Confession d'Augsbourg, 30,000 réformés calvinistes, et le reste de religions diverses, se répandent, tantôt par masses compactes, tantôt par enclaves isolées, sur toute l'étendue de la monarchie.

Il y a d'abord les Saxons de Transylvanie, dont voici l'histoire :

Les Croisés de la deuxième croisade (1147-1149, prêchée par saint Bernard), en passant par la Hongrie, et des guerres intestines ayant réduit à la misère toute la partie orientale de ce pays, beaucoup de régions n'avaient plus leur population établie.

Le roi Geiza II, sous le règne duquel eurent lieu ces événements, lança alors un appel à l'Allemagne, offrant de grandes immunités à qui voudrait venir s'établir en Hongrie.

Les populations qui vinrent, à la suite de cet appel, coloniser la Transylvanie, ne semblent pas être d'origine allemande pur-sang.

Dans certaine chronique on les dit originaires de Flandre, et une de leurs légendes veut que leurs ancêtres aient habité le pays où quatre fleuves se déversaient dans la mer. Leurs mœurs, leurs traditions, leur dialecte s'accordent du reste parfaitement avec ceux des habitants des régions comprises entre la Moselle, la Maas, la Lahn et la Lippe, et il est plus que probable qu'ils représentent un flot de ce courant d'émigration qui, au douzième sièle, poussé par les ravages que venaient de causer, dans les régions des Pays bas belges et allemands, d'immenses inondations marines, se répandit à travers la Saxe, la Prusse, l'Autriche, jusqu'aux confins de l'Empire byzantin et auquel la ville de Vienne doit ses premiers bourgeois commerçants désignés sous le nom de *flandrenses*.

Ce flot semble avoir été fort important, attendu que des pièces datant de 1224 constatent l'existence de 50,000 fermes appartenant aux Saxons en Transylvanie.

André II, pour mieux protéger la frontière, installa sur leur territoire les chevaliers de l'ordre teutonique, mais comme ceux-ci faisaient de la politique de conquête pour leur propre compte, le roi les en chassa, établissant gardes-frontières les Saxons, dont il augmente les privilèges. A cette époque, on les désignait sous le nom d'*hospites* (les hôtes).

Après le départ des Mongols, contre lesquels ils s'étaient battus avec courage, ils obtinrent de nouvelles immunités, ce qui leur permit de se concentrer sur eux-mêmes, et de se développer dans le sens allemand, voire même de faire de la politique allemande.

Ainsi, pendant la lutte des d'Anjou pour la possession du trône, on les voit (1301-1310) favoriser la candidature d'Othon de Bavière et, quand Charles-Robert est proclamé, lui refuser longtemps la reconnaissance.

Et cependant, dit Teutsch, leur historien (1), le siècle des rois angevins est la plus belle époque du saxonisme transylvain. Grâce à de nouveaux privilèges, ils monopolisaient presque à eux seuls tout le commerce de la Hongrie, exportant, jusqu'en Dalmatie et en Pologne, du blé, des poissons, du sel, de la cire, du miel, du vin, du bétail, des tissus, des vêtements faits, des arcs et des flèches, des cuirs et de la pelleterie.

Cette prospérité baissa sous Sigismond de Brandebourg.

Les Turcs attaquèrent durement leurs villes et le grand Hunyade dut intervenir pour les leur sauver.

Sous Mathias, nouvelles splendeurs. Ils atteignent à un degré de culture intellectuelle bien au-dessus du niveau général du pays ; chaque commune saxonne a déjà son école ; ils font venir leurs professeurs d'Allemagne, et forment des bibliothèques et des collections artistiques.

Après la bataille de Mohács, ils se mettent du côté de l'Autriche contre Zapolya, et, lorsque ce roi national arrive battu en Transylvanie, ils prennent les armes contre lui.

La doctrine luthérienne, introduite par quelques-uns de leurs commerçants de retour de la foire de Leipzig, fut presque aussi vite connue chez eux qu'en Allemagne. Un certain Honterus fut l'apôtre de ce mouvement, et,

---

(1) Teutsch. *Geschichte der siebenbürger Sachsen, für das sæchsische Volk.* Leipzig, Hirzel, 1874. 2 vol. in-8.

le 17 mai 1545, ils se déclarèrent à l'unanimité de la confession d'Augsbourg.

Les Saxons de Transylvanie, que nous avons étudiés de près, possèdent une individualité nationale allemande très prononcée. On a vu plus haut qu'ils n'ont cessé d'entretenir les relations les plus intimes avec l'Allemagne, et ce, non pas avec l'Autriche, mais bien avec l'Allemagne du Nord, dont, cependant, ils sont séparés par six siècles et par quinze cents kilomètres de distance.

Aujourd'hui ces relations sont plus que jamais intenses, surtout depuis les événements de 1870, où, exaltant leur chauvinisme par les manifestations patriotiques les plus bruyantes, ils se déclarèrent solidaires de leurs frères allemands pour la gloire. Leur bourgeoisie fortement constituée, riche, animée d'un particularisme irréductible, en s'inspirant de l'esprit de ses enfants, de retour des Universités germaniques, d'où ils rapportent les idées de doctrinarisme qui y ont cours, a souvent fait sentir aux Magyars qu'elle les considérait comme de race inférieure, avec ces airs de suprématie intellectuelle blessants qui sont précisément la négation de toute supériorité parce qu'ils ne sauraient émaner que d'âmes peu délicates.

En Allemagne, cet esprit, émanation juvénile du caractère national, faussée par l'esprit des corps universitaires, se perd le plus souvent, à mesure que les jeunes gens se polissent à l'atmosphère de la grande vie. Ici, dans ce petit coin de terre, au milieu de races étrangères, par l'effet de l'isolement, chaque idée rapportée de la mère patrie prend les proportions d'un sacrement ; le vin a tourné au vinaigre. Le Saxon transylvain est plus allemand que l'Allemand lui-même, ce qui n'a pas peu contribué à augmenter l'antagonisme entre lui et les Magyars.

Naguère, la lutte, dont les causes sont identiques au reste de la question des nationalités, était fort ardente. Elle s'est apaisée aujourd'hui, les Saxons ayant compris que les nouvelles institutions des Magyars ne menaçaient en rien les leurs ; leurs douze députés siègent et votent avec la majorité gouvernementale, mais forment un petit groupe tyrannique et jaloux, sachant toujours forcer le gouvernement à compter avec eux. Avis aux nationalités qui, par bouderie, ne se font pas représenter à la Chambre !!

Il y a un côté où les Saxons transylvains n'imitent pas l'Allemagne. C'est sous le rapport des enfants. Ils restreignent le nombre des naissances pour des raisons d'héritage. Rarement une famille saxonne a plus de deux enfants. Ceci surtout dans les campagnes. Ils sont 280,000 aujourd'hui, ils pourraient être le double.

*
* *

Le même appel du roi Geiza II provoqua une immigration identique, mais vers le nord de la Hongrie. Ces Allemands-là, qui semblent être de race germanique pure, y fondèrent, dans les comitats de Szepes, de nombreuses villes minières et industrielles, et figurèrent en général comme introducteurs des arts et des sciences dans ces contrées. L'histoire politique des Allemands de Szepes (Zips) est à peu près la même que celle des Saxons de Transylvanie. Même exclusivisme, mêmes manifestations philogermaniques, à propos de tous les événements de l'histoire allemande. Ils forment une population citadine d'environ 50,000 individus, noyée dans l'élément slovaque.

Les villes allemandes de la Szepes, comme celles de la Transylvanie, présentent, nous l'avons dit plus haut, le caractère inattendu, en ces lointains parages, des vieilles cités allemandes, belges et hollandaises. Sur la grande place de Brasso (Kronstadt), à deux pas de la frontière roumaine, on se dirait à Augsbourg, à Cologne ou à Francfort.

Le reste des Allemands de Hongrie, formant la majorité de 1,418,961 catholiques, appartiennent pour la plupart au courant de colonisation inauguré par Marie-Thérèse en vue de repeupler le pays dévasté par les guerres turques, et dont nous parlerons tout à l'heure. On rencontre leurs agglomérations dans les comitats de Tolna, de Baranya, de Krasso-Szörény, de Pest, de Temes et, en général, dans toute la moitié sud-ouest du royaume. Ils ne jouent aucun rôle politique, sont d'excellents patriotes magyars, ne se conservent intacts que dans les villages, devenant hongrois aussitôt qu'ils viennent s'établir dans les villes, et semblent tous originaires de l'Allemagne du sud. De là le nom de *Souabes* sous lequel on les désigne. Les environs de Budapest sont remplis de villages souabes.

*
* *

Passons à la race italienne, représentée dans la mosaïque hongroise par environ 50,000 individus, et dont la seule agglomération est Fiume et quelques petits ports de la côte croate sans importance.

La ville de Fiume, avec le petit territoire suburbain, enclavé en pleine Croatie, mais relevant, pour des raisons de politique commerciale, non du gouvernement d'Agram, mais de celui de Budapest, est sortie, comme sa population aborigène, d'un bourg habité par les Liburiens, peuple dont, pendant longtemps, Rome briguait l'amitié. La bataille d'Actium fut gagnée surtout grâce à leur concours. La légende raconte que, vieux peuple marin, ils avaient su apporter à leur matériel de naviga-

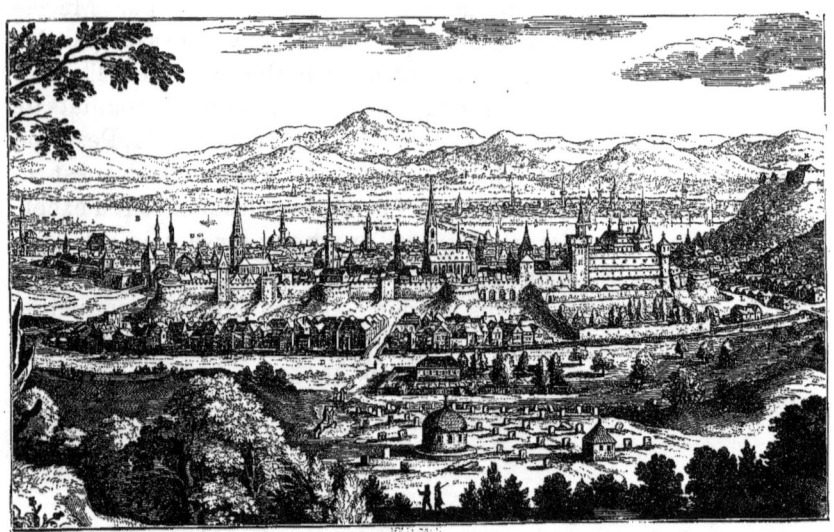
Bude au temps du roi Mathias. Vue prise du haut des collines s'étendant derrière cette ville (rive droite.)

tion des perfectionnements extraordinaires pour l'époque et se présentèrent au combat avec des navires longs de 300 pieds, mus par des roues qu'actionnaient des bœufs.

Sous l'empire romain, Fiume formait, à un moment donné, l'extrémité orientale de l'aile droite de la ligne de défense dont Aquileja était le centre. Alors, une muraille, exactement pareille à celle qui séparait naguère l'Écosse de l'Angleterre, allait de Fiume à Laibach, en Carniole.

Plus tard, Venise vint imprimer son puissant cachet à cette ville comme à toutes ses voisines. Elle devint autrichienne avec l'Istrie et la Dalmatie, et ce fut Marie-Thérèse qui la rattacha au royaume de Hongrie afin d'en faire un port de mer hongrois.

Toute la côte maritime hongroise étant habitée par l'élément croate, les 13,000 Italiens de Fiume et les 37,000 répartis dans les autres ports et qui suivent en toute chose l'exemple de la grande ville sont, naturellement, de race très mélangée.

La Hongrie, réduite à ce seul port de mer pour tout son important commerce, a tant fait pour Fiume, cette ville a tellement évolué depuis 1867, est tellement florissante, son trafic prend une extension si menaçante pour Trieste, sa voisine autrichienne, que l'élément italien de Fiume n'a qu'à se louer des Magyars. Aussi, ici, nulle trace d'irrédentisme ou d'un mouvement national quelconque. Alors que Trieste est une captive n'ayant jamais cédé à son vainqueur autrichien, sa petite sœur hongroise a reçu le Magyar à bras ouverts et ne cesse de proclamer ses sympathies pour lui.

Si les Magyars ont intérêt à magyariser quelque chose, c'est bien leur seul et unique port de mer. Or, personne, à Fiume, ne se plaint de la magyarisation; les Fiumais ont leurs écoles primaires, leurs collèges, leurs lycées italiens, comme les autres races ont les leurs; mais ils ne négligent pas d'adjoindre à l'italien l'étude de la langue magyare comme langue officielle, sans craindre pour cela d'être absorbés. Et Dieu sait s'ils en courent les chances, envahis qu'ils sont par une population étrangère de Hongrois, d'Allemands, de Croates et d'israélites, etc., que leur attire le commerce. En 1850, Fiume comptait 11,000 habitants, presque exclusivement de langue italienne. On en compte aujourd'hui 30,000, dont 13,000 Fiumais italiens, 4,000 Croates, 2,000 Allemands, la plupart de Hongrie ou autrichiens; 1,100 Magyars et 8,000 étrangers de toute provenance.

*
* *

Il y a eu, en Hongrie, de nombreuses immigrations françaises, autant dans les villes que dans les campagnes. Les colons des villes, généralement des savants ou des artisans, venus sporadiquement, sous les premiers rois, repartaient ou, en se fixant à demeure, étaient vite absorbés par la population ambiante.

Mais des colons ruraux, venus à la fin du siècle dernier, fondèrent dans le Banat de Temesvár, région des plus fertiles de la grande plaine, de nombreuses colonies qui subsistent et que nous avons pu étudier *de visu*. Les trois villages aux noms français de Saint-Hubert, de Charleville et de Seultour, exclusivement habités par des descendants français, constituent comme le centre de cette contrée que recouvrent quantité d'autres villages dont la population n'est que partiellement française.

Voici l'historique de la fondation de ces colonies :

Vers 1766, à la suite de la misère qui s'abattit sur le Bar et la Lorraine, sous le règne du roi Stanislas, beau-père de Louis XV, un courant d'émigration vint s'établir partant de ces pays vers l'Autriche-Hongrie, où les guerres contre les Turcs avaient laissé, comme les invasions précédentes, de vastes territoires complètement vides de population. Marie-Thérèse, pénétrée de l'importance que pouvait avoir pour son royaume la venue d'éléments occidentaux, sut rendre ce courant fort intense et, à cet effet, entretenait à Cologne, à Schweinfurth, à Francfort-sur-le-Mein, à Ratisbonne, à Ulm, et, pour les Français en particulier, à Kehl, aux portes de la France, des agents d'émigration chargés de recevoir les colons et d'en diriger les convois.

De 1763 à 1772, l'émigration lorraine ne fit qu'augmenter, malgré les obstacles de tous genres que Stanislas lui opposait, et l'agence de Kehl, cette dernière année, eut à enregistrer le passage de sept cents familles françaises à destination du Banat de Temesvár. Les émigrés voyageaient par groupes, accompagnés d'un guide qui, entre autres fonctions, avait celle d'empêcher que, pendant le voyage, ils ne fussent embauchés par une autre puissance; car à ce moment la Prusse et la Russie faisaient également des efforts pour combler leurs vides. Par petites journées, on les dirigeait de Kehl à Ulm. Là, on les embarquait sur le Danube pour leur faire descendre le fleuve par Vienne, Presbourg et Budapest, jusque dans les basses plaines de l'Alfœld, où on les débarquait à l'endroit le plus proche du Banat.

Le père et la mère de chaque famille recevaient 6 kreutzer (3 sous) par journée de voyage, et les enfants la moitié. Au passage à Vienne, on leur payait une prime de 3 florins par foyer, afin de leur donner une bonne opinion de la générosité de leur nouveau gouvernement.

Cent quatre vingt-dix-neuf familles lorraines fondèrent ainsi, en 1770, les trois communes de Saint-Hubert, de Seultour et de Charleville, proches l'une de l'autre. Chaque foyer recevait une concession se composant de trois hectares de pâturage, de douze hectares de champs labourables et d'un demi-hectare pour le jardinet et la maison.

On ignore la raison d'être des noms de Saint-Hubert et de Charleville ; quant à celui de Seultour, on sait qu'il y avait là un vieux clocher solitaire, reste de l'église d'un village détruit par les Turcs, et qui a servi à désigner l'endroit.

L'on est de même dans l'incertitude sur les lieux d'origine des diverses familles qui, appartenant aux classes les plus misérables du pays, n'ont guère laissé de vide en France ; quelques traces de ces départs semblent cependant subsister à Moncel, Arracourt, Bezange-la-Grande, Sornéville, Parroy, Pettoncourt, Lunéville (Meurthe-et-Mozelle), Moyen-Vic, Château-Salins, Chambrey, Aulnoy-sur-Seille (Lorraine annexée), et en général dans la région de Nancy et de Metz (1).

Ce n'étaient pas là les premiers établissements français en Hongrie. D'autres émigrés étaient venus avant et continuaient d'affluer ; seulement, au lieu de leur faire fonder des villages, on les répartissait dans ceux que venaient d'établir des colons allemands venus dans les mêmes conditions.

Ainsi furent fondées des colonies françaises dans les villages alentour, à Ostern, Hatzfeld, Klein-Jecska, Albrechtsflur, Csatád, Heufeld, Grabatz, Mastort, et à Trübswetter, lieu où la langue et les mœurs françaises se sont particulièrement longtemps conservées, parce que les Français de ce grand village avaient pris la précaution de se faire autoriser des écoles françaises, ce que ceux des trois villages fondés par des Français avaient négligé de faire. Aussi existe-t-il encore à Trübswetter, nous a-t-on affirmé, quelques vieillards

(1) V. *Les Colonies lorraines et alsaciennes en Hongrie*, par le Dr L. Hecht. Nancy, 1879, pièce, in-8°.

Bude au commencement du XVIIIe siècle. Vue prise de la rive gauche.

Pest au commencement du xviii⁰ siècle. Vue prise de la rive gauche, même en amont de la ville.

parlant le patois de lorraine et le français, tandis que Charleville, Seultour et Saint-Hubert sont, à part les noms patronymiques, aujourd'hui complètement germanisés (1).

Comme on ne se mariait généralement qu'entre Français, cette germanisation semble moins être le résultat de l'influence du milieu que celui des efforts que fit, à ce moment, dans ce sens, le gouvernement autrichien. Quelques vieillards nous ont déclaré, en effet, se souvenir que leurs parents ne parlaient français qu'en cachette et que, lorsque survenait un enfant, un vigoureux « chut ! » venait toujours mettre fin à la conversation. Toutefois, la langue française semble s'être conservée à l'église. Saint-Hubert, Charleville et Seultour eurent leurs curés venus de France, jusque il y a trente ans environ, et l'abbé Maze, prédécesseur du curé actuel, prêchait encore en français.

Les colons lorrains se firent bientôt remarquer par leur ardeur au travail. En 1772, un rapport officiel les signale comme « des cultivateurs laborieux et entendus ».

Leur prospérité, à un moment donné, devint même assez grande pour que des paysans des villages voisins vinssent mettre le feu chez eux par jalousie.

La population s'accrut rapidement ; les soixante-dix premiers foyers de Saint-Hubert en forment aujourd'hui cent vingt-neuf, comprenant seize cents habitants.

Ce qui frappe à première vue dans ces villages, c'est la quantité de figures au type purement français ; puis, la modestie et la propreté de la mise des paysans, con-

(1) Page 89 de son opuscule, le Dr Hecht dit : « En 1872, succombait à Charleville, à l'âge de 92 ans, une Lorraine qui ne pouvait remplir ses devoirs religieux qu'en s'exprimant en français. Dans le même village, trois braves vieillards tinrent à honneur de converser avec nous en un français qui, malgré les archaïsmes et les mots empruntés au patois lorrain dont il était émaillé, était cependant intelligible... »

trastant avec ce qu'on voit, sous ce rapport, dans le pays alentour. Il y a aussi les enseignes aux noms français des commerçants : Lafleur, Chambré, Michaud, etc. ; à part cela, rien que de très hongrois, sauf toutefois la régularité des rues dénotant un établissement récent. Les maisons des premiers colons ont à peu près toutes disparu.

Pendant notre séjour à Saint-Hubert, nous fîmes la connaissance des principales familles du pays. Voici leurs noms : Villars, Lafleur, Parmentier, Crétier, Aubertin, Lefort, Collin, Cocrou, Bon, Griffardon, Fourrier, Henry, Villiers, Charrier, Leblanc, Parison. Au cimetière, nous relevâmes encore, sur les pierres tombales, les noms de Gard, Grosjean, Degarste, Catraud, Georges, Toutenuit. Quelques autres noms français, défigurés par les autorités du pays et l'usage, ne sont plus reconnaissables sous leurs allures allemandes. Ces descendants lorrains se distinguent encore de la population ambiante par certains traits de caractère bien français ; ce qui est cause que l'on continue, dans la région, à les appeler les Français, *die Franzosen!* Ainsi, les intérieurs que nous avons visités dénotent un amour du confort que l'on ne connaît pas dans ces pays, du moins pas chez les populations rurales ; ensuite, ils sont débrouillards, fins et roublards en affaires, actifs, et point sentimentaux. La plupart d'entre eux sont riches, mais tous sont à leur aise. On n'y connaît qu'un pauvre : c'est une vieille folle, répondant au nom de Manjou. De la part des autorités hongroises, ils sont très bien vus. Ce sont des électeurs influents et toujours fidèles au gouvernement. Bons Hongrois, ils font enseigner leurs enfants dans cette langue ; mais ils ont protesté quand on a voulu débaptiser Saint-Hubert, Charleville et Seultour, pour leur donner des noms magyars. Charleville, par suite du zèle de son notaire, aurait seul, dit-on, demandé à changer son nom en Károlyliget ; personne ne l'applique et les Charlevillois eux-mêmes l'ignorent.

L'on peut compter de 6,000 à 10,000 descendants français en Hongrie. Jamais ils n'ont joué de rôle politique dans l'histoire de ce pays ; il n'y a eu ni manifestation, ni soulèvement quelconque de leur part. La question des nationalités n'existe pas pour eux.

*
* *

Dans des conditions identiques que les Français, vinrent de nombreux colons italiens et espagnols. Ces éléments sont aujourd'hui complètement absorbés.

CHAPITRE VIII

L'Église et les confessions. — La répartition des confessions. — Pourquoi le clergé catholique hongrois est si immensément riche. — Les revenus de l'épiscopat magyar. — Le prince-primat de Hongrie. — La Rome magyare. — Un office à la cathédrale de Strigonie. — La cour primatiale. — Le prince-primat actuel. — Libéralisme du clergé hongrois. — Où il a pris ces habitudes. — L'église schismatique. — Les deux protestantismes. — L'histoire du protestantisme en Hongrie. — Les israélites hongrois. — Il y a eu de tout temps des juifs parmi les Magyars. — Anciens juifs de race hongroise. — Situation de l'antisémitisme. — Le rôle social bienfaisant des juifs de Hongrie. — Tisza Eszlár. — Petite secte juive de race magyare en Transylvanie. — Le socialisme en Hongrie. — Pourquoi il n'y a pas de parti socialiste à la Chambre hongroise. — Le socialisme agraire dans les provinces. — Ses causes.

La Hongrie présente, au point de vue des religions, à peu près la même situation bigarrée qu'à celui des nationalités. L'on compte en effet :

Catholiques romains.	8.820.770
Grecs unis	1.670.682
Grecs orthodoxes	2.632.332
Protestants d'Augsbourg	1.204.040
Protestants calvinistes.	2.225.126
Unitaires ou antitrinitaires	61.645

Israélites. 725.222
Confessions diverses. 9.581 (1)

Toutes ces confessions sont égales devant la loi ; jusqu'au 1ᵉʳ octobre 1895, il fallait que tout citoyen en choisît une pour pouvoir accomplir les opérations d'état civil relevant de l'Eglise. Depuis, il y a liberté entière, les registres de l'état civil ayant été laïcisés.

Jusqu'en 1848, la religion catholique était seule religion d'Etat et, jusqu'en 1606, elle était même la seule autorisée.

Le fait que saint Etienne, en obtenant du pape le titre de roi apostolique et de nombreuses prérogatives ecclésiastiques, devint, dans son pays, une espèce de chef religieux, a toujours placé le clergé catholique hongrois à l'égard du Saint-Siège dans une situation à part et privilégiée. L'on trouve, dans le droit constitutionnel hongrois, une longue énumération des privilèges que possédait le roi à l'égard de l'Eglise, comprenant le droit de nommer et de destituer des évêques, voire même de les empêcher d'amasser trop de biens, privilèges dont, comme bien l'on peut penser, les souverains ne se servaient que pour faire du clergé, en le comblant de richesses et d'honneurs, le plus sûr soutien de leur trône.

De là, sa situation de fortune extraordinaire et son extrême influence.

Les biens fonds de l'Eglise catholique en Hongrie cou-

(1) En Autriche, l'on compte :
Catholiques. 18.934.166
Grecs unis 2.814.072
Grecs orthodoxes 544.739
Protestants de la confession d'Augsbourg 315.828
Calvinistes 120.521
Israélites. 1 200.000
Le reste, divers.

vrent en effet 11,593 kilomètres carrés, soit, à peu de chose près, la superficie de l'Alsace et de la Lorraine.

Voici quelques chiffres, très approximatifs, et plutôt au-dessous de la vérité qu'au-dessus, sur les revenus de l'épiscopat hongrois : l'archevêché de Strigonie (Esztergom, Gran), fondé l'an 1000 et ayant à sa tête le prince-primat, chef de l'Eglise catholique du royaume, rapporte à son titulaire bon an mal an, 500,000 florins, soit plus d'un million de francs. Huit évêchés en relèvent directement : ce sont ceux de Pécs, fondé en 1009, revenu : 300,000 francs ; de Raab, fondé en 1001, revenu : 150,000 francs ; de Vác fondé (?), revenu : 500,000 francs ; de Nyitra, rétabli par Béla II, revenu : 600,000 francs ; d'Albe royale, fondé ou rétabli en 1777, revenu : 60,000 francs ; de Szombathely (1777), revenu : 70,000 francs ; de Neusohl, revenu : (?).

L'archevêché de Kalocsa, fondé au onzième siècle, possède un revenu annuel de 400,000 florins, soit 850,000 francs. Trois évêchés en relèvent, ce sont : Nagyvárad, 800,000 francs ; Csanád, 400,000 francs ; et Transylvanie, 360,000 francs.

L'archevêché d'Eger est doté d'un revenu de 600,000 francs. Les quatre diocèses qui en relèvent disposent : Szepes, d'un revenu de 100,000 francs ; Rozsnyó, de 80,000 francs ; Cassovie, de 100,000 francs ; et Szatmár, de 160,000 francs par an.

L'archevêché d'Agram possède un revenu annuel de 650,000 francs ; et ses deux évêchés : Diakovo, 550,000 francs ; et Zenng-Modrus, 450,000 francs. Nous ne comptons pas l'immense fortune de certaines abbayes datant des premiers temps, comme celle de Saint-Martin, près Raab, et de Pannonhalma (Mont Pannonien), sur le lac Balaton.

Il va sans dire qu'avec une pareille fortune, l'épiscopat catholique hongrois n'émarge pas au budget de l'Etat; au contraire, c'est ce dernier qui vient souvent puiser dans sa bourse, lorsqu'il s'agit d'œuvres de bienfaisance ou de dépenses non prévues ; du reste, la plupart de ces revenus s'en vont en bonnes œuvres, frais d'entretien d'écoles, fondation d'églises, publications religieuses, etc. (1), car les prélats hongrois eux-mêmes vivent très simplement, trop simplement même, au gré du public qui voudrait leur voir dépenser leurs immenses revenus avec plus de faste et autrement.

* * *

La Hongrie ayant, au point de vue de la religion catholique, son organisation toute spéciale, possède une manière de vice-pape ou de lieutenant papal en la dignité de son prince-primat de Strigonie.

Le cardinal-prince-primat de Hongrie est *legatus natus* du pape, prince, premier secrétaire et chancelier du roi, garde des sceaux, archevêque et préfet du comitat de Strigonie, premier baron du royaume ayant le pas sur *tout autre dignitaire*, représentant de Sa Majesté à la Cour suprême, etc., etc., titres dont quelques-uns ne correspondent plus aujourd'hui à des fonctions.

De même qu'un chef ecclésiastique suprême, la Hongrie possède aussi son Saint-Siége au petit pied en sa vieille cité de Strigonie (Gran, Esztergom), qui est l'endroit même d'où, sous Geiza et saint Etienne, partit le mouvement chrétien pour se répandre sur le pays entier.

Strigonie, chef-lieu du comitat de ce nom, est située sur le Danube, à soixante-dix kilomètres environ en

---

(1) *Emlékkœnyv etc. Zalka János gyœri megyés püspœk püspœki szék elfoglalásának huszonœtœdik évforduloja alkalmáhol.* Györ, 4°, probablement par l'abbé Antoine Ruschek.

amont de la capitale. Sur une colline qui domine la petite ville et que couronne la cathédrale, se voient encore, faisant partie de la maçonnerie des remparts, les restes de la chapelle que fit construire saint Etienne et qui peut être considérée comme le premier foyer du catholicisme en Hongrie.

Autour de la basilique épiscopale, édifice aux dimensions colossales, rappelant vaguement les formes du Panthéon, mais d'aspect froid, du reste moderne, puisqu'elle n'a été terminée qu'en 1830, s'étendent, sur l'avenue qui y conduit, par deux rangées régulières, les façades uniformes, bourgeoisement cossues, badigeonnées de jaune, aux persiennes vertes, des maisons des dix-huit chanoines, qui constituent le conseil, la suite et la cour du prince primat, et dont chacun, pareil à un ministre, dirige un département spécial.

Nous assistons à l'office du dimanche. C'est un spectacle grandiose et bien fait pour donner une idée de l'opulence du clergé hongrois que de voir toute cette cour primatiale, vêtue d'or et de violet, réunie, autour du maître autel, sous cette voûte immense, éclairée d'un jour énergique, et à l'ornementation froide, moderne et sobre, pendant que, du haut de l'orgue, s'élèvent vers le ciel des chœurs chantés avec une précision magistrale par des centaines de jeunes gens du séminaire de Strigonie.

Et cependant les spectateurs sont peu nombreux; malgré l'intérêt historique et social du lieu, le flot des voyageurs passant à côté de la Rome hongroise sans s'y arrêter.

Le palais du primat, un vieux couvent de Jésuites transformé en une espèce d'immense hôtel particulier, très cossu, mais sans faste, est situé dans le bas de la ville, sur les bords de la rivière Gran. L'un des corps de bâtiments, où sont installées soixante-dix chambres d'amis destinées à loger les invités du prince, vous fait penser, avec ses numéros et ses tableaux télégraphiques, à un hôtel d'étrangers. La galerie de tableaux, qui est fort grande, ne renferme que quelques rares bonnes toiles; tout le reste, généralement des sujets bibliques, nous a semblé acheté par charité plutôt que par goût. De même la bibliothèque où, au milieu d'ouvrages très précieux, se rencontrent quantité de ces publications à la souscription desquelles le prélat n'a pu se soustraire.

Le titulaire actuel de la plus haute dignité ecclésiastique de Hongrie, Claude Vaszary, âgé d'une soixantaine d'années, est fils de ses œuvres. Il fut pendant longtemps simple professeur d'histoire dans des lycées de province, et est l'auteur d'une quantité de travaux historiques, parmi lesquels surtout est appréciée une Histoire universelle qui a eu, depuis, d'innombrables éditions, et dans laquelle la majorité de ses compatriotes ont puisé leur éducation historique. On a de lui, en outre, un travail sur la bataille de Varna, fait d'après des documents originaux, d'une très haute valeur scientifique. Au point de vue politique, Claude Vaszary est un fervent du parti Deák pour lequel il a rompu maintes lances pendant qu'il était encore professeur de lycée en province. Il fut même journaliste à son heure, car il publia dans le *Pesti Napló* de belles études sur des sujets pédagogiques.

***

Le clergé catholique hongrois s'est toujours distingué par une attitude très libérale et fort éloignée de tout esprit sectaire et cagot, en sorte qu'il était à prévoir que, dans le récent kulturkampf, il épuiserait bien tous les moyens pour défendre ses intérêts, mais finirait par mettre le patriotisme au-dessus de la religion.

Il s'est, en effet, toujours identifié plus avec la nation

qu'avec le Vatican et, comme elle, il a toujours été libre et oseur. Sous André III, pratiquant l'élection des rois avec la noblesse, on le voit défendre de toutes ses forces le droit d'élection attaqué par l'usurpation papale. Sous Charobert, on l'admire refusant de payer les « *annates* » et le « *subside* » pour la Terre Sainte, et lors de la guerre turque, il prouve qu'il sait non seulement prêcher mais encore combattre les armes à la main.

Son attitude fut surtout originale au moment de la réforme religieuse. La Hongrie ne connut jamais l'Inquisition, et deux ou trois victimes seulement furent immolées à ses ardeurs antihérétiques. Par contre, lorsque, finalement, le protestantisme semblait devoir conquérir tout le pays, on vit le clergé catholique se faire à son tour tolérant, doux, insinuant, aimable, en sorte qu'en moins de deux siècles, par les moyens de propagande les plus humains et les plus permis, il regagna le terrain qui tendait à lui échapper. Ces habitudes de tolérance lui sont restées. Il n'y a pas de plus naturel, de plus franc dans ses rapports avec ses ouailles comme avec les personnes d'autre religion ou peu croyantes que l'ecclésiastique magyar, avec son petit air frondeur, admettant tout, sans pour cela rien sacrifier de sa croyance. Très instruit sur les matières les plus diverses, constituant une des plus agréables sociétés qu'on puisse rencontrer dans ce pays, on le retrouve partout mêlé aux classes laïques, comme politicien, homme de lettres, membre de sociétés savantes très profanes, professeur d'histoire, de littérature, de langues, dans des établissement laïques, voir même, aux heures du repos, au café et au cabaret, fumant de gros et de bons cigares.

L'Église schismatique, introduite en Hongrie bien avant le catholicisme, par les missionnaires slaves et byzantins, mais toujours poursuivie et persécutée, ne fut émancipée qu'en 1791.

Elle se divise, d'après la race de ses membres, en deux branches : l'Église orthodoxe serbe et l'Église orthodoxe roumaine ; la première, se composant de l'archevêché de Carlowitz, avec les évêchés de Bude, de Bács, de Temesvár, de Werschetz, de Pakracz et de Károlyváros ; la seconde, de l'archevêché de Hermannstadt, avec les évêchés d'Arad et de Karansebes.

En raison de son existence mouvementée, cette Église est naturellement beaucoup moins riche que l'Église catholique, tout en étant aussi indépendante. Ses biens-fonds ne dépassent guère 60,033 hectares, dont 7,507 seulement à l'épiscopat et le reste aux fabriques, ce qui constitue un revenu insuffisant. Aussi ses archevêques et évêques sont-ils payés comme suit : pour l'Église serbe, les revenus des biens-fonds épiscopaux, très inégalement répandus, s'élevant à environ 200,000 florins, sont réunis dans une caisse commune sur laquelle chaque évêque touche 10,500 florins par an (21,000 francs), tandis que l'archevêque vit sur le revenu de ses terres, qu'on estime à 160,000 francs environ par an ; quant à l'épiscopat roumain, il émarge au budget des cultes, à savoir : l'archevêque pour 50,000 francs et les évêques pour 20,000 francs.

L'Église grecque-unie relève de l'épiscopat catholique et se compose de l'archevêché grec-uni de Károlyváros, résidence à Balázsfalva, avec les évêchés de Nagyvárad, de Lugos et de Szamos-Ujvár ; et ceux de Munkács, fondé en 1771, et d'Eperies, rattachés à l'archevêché catholique de Strigonie.

Le Magyar étant de sa nature raisonneur, et le catholicisme condamnant toute discussion, tandis que le protestantisme, au contraire, met la Bible à la portée de tous, les idées de la réformation devaient nécessairement trouver en Hongrie, dès leur éclosion, un terrain des plus propices.

Elles s'y introduisent, en effet, presque aussitôt après leur naissance. Nous avons déjà raconté, plus haut, le rôle de l'Église catholique dans cette lutte d'où les protestants, dont le nombre croissait sans cesse par esprit de révolte contre l'Autriche, devaient sortir vainqueurs.

Quelques années après, le luthéranisme, vers 1554, se répandit, avec la même rapidité, le schisme de Calvin, et un grand nombre de Hongrois, encore catholiques, ou déjà luthériens, vinrent se faire calvinistes, en sorte que, bientôt, la religion d'Augsbourg n'était plus professée que par les Saxons de Transylvanie.

En 1606, par la pacification de Vienne, les deux protestantismes surent forcer les souverains autrichiens à les reconnaître. A ce moment, les deux tiers du peuple magyar étaient protestants.

Bien que le catholicisme ait su reconquérir le terrain perdu, la religion de Calvin est demeurée partie intégrante du magyarisme. C'est la religion du Magyar par excellence, celle des anciens protestataires contre l'Autriche. Le centre des régions calvinistes est la ville de Debreczen que, pour cela, on appelle la *Rome protestante*.

Mais l'esprit raisonneur de la nature hongroise ne s'en tint pas aux deux protestantismes ; au contraire, il vint se former quantité d'autres sectes, dont la plus importante est l'Église unitaire ou antitrinitaire, émancipée en 1848, mais introduite et existant en Transylvanie depuis 1568. Elle est placée sous la direction d'un évêque qui a siège à la Chambre haute.

Passons maintenant aux israélites et à l'antisémitisme.

Les Magyars ont eu, de tout temps, les rapports les plus intimes avec les sémites, toujours très nombreux dans leur pays. Avant la conquête, au moment où elle habitait encore le royaume des Khazares, situé sur le Volga, peuple se reconnaissant de la religion hébraïque et dont toutes les institutions reposaient sur le judaïsme, une partie de la nation hongroise alla jusqu'à embrasser cette religion, de sorte qu'il est hors de doute que, lors de la conquête, les Magyars, non seulement ne poursuivaient pas les nombreux juifs vivant sur le territoire pannonien depuis la conquête romaine, mais encore comptaient eux-mêmes dans leurs rangs quantité d'israélites pour la plupart de leur race. En 1232 et en 1268, on rencontre encore, à la tête de certains départements, des barons magyars de religion juive, comme les Teka et les d'Henuk, possédant des châteaux et d'immenses terres. Certains lieux, comme Zsidofœld, Zsidovár, fondés par des juifs, en étaient entièrement peuplés.

L'esprit de tolérance inhérent au Magyar fut cause que l'infiltration sémitique put, dans la suite, se continuer sans entraves. Saint Étienne, reconnaissant l'utilité que pouvait avoir pour son peuple, encore barbare, la venue d'éléments aussi actifs que les juifs, en paraît même avoir favorisé l'immigration. Aussi figuraient-ils de temps immémorial comme usuriers et banquiers des rois.

L'esprit de persécution et d'intolérance, suite du triomphe du christianisme, fit empirer leur situation en Hongrie, comme ailleurs ; l'on décréta des lois prohibitives à leur égard, puis, sous Coloman (1095), eurent lieu les premières persécutions violentes.

Aujourd'hui, la Hongrie compte 725,000 juifs et, pour peu que l'augmentation continue dans les mêmes proportions, elle en possédera bientôt un million.

L'israélite hongrois a les défauts de tous les israélites; il est *paon*, *snob*, et a la soif de l'or; mais il a aussi, comme ses congénères, de très grandes qualités qui, en ce qui concerne la Hongrie en particulier, ont profité à l'évolution de ce pays dans une très grande mesure.

Nulle part l'activité commerçante et le flair des affaires des juifs n'ont joué un rôle aussi important qu'en Hongrie, quoi qu'en disent les antisémites. En effet, en ce pays, sans les juifs, et malgré l'énorme abondance de la production hongroise, jamais un commerce ou une industrie nationales n'eussent pu se former, précisément en raison du caractère magyar, dont l'éloignement pour ce genre d'activité est manifeste, et, si actuellement, abandonnant leur esprit féodal, les Hongrois sont en voie de devenir une nation pratique, active, positive, entreprenante et commerçante, c'est certainement grâce à l'exemple démocratisant de l'activité laborieuse de leurs juifs. Les symptômes de cette transformation de caractère chez les chrétiens de Hongrie sont déjà manifestes. Dans beaucoup de villages où, il y a quinze ans, nous voyions encore le juif monopolisant tout le commerce et le paysan à sa merci, lui livrant ses produits au prix qu'il voulait bien donner, nous avons trouvé récemment le juif disparu ou faisant à peine ses affaires, et les paysans, devenus sobres et économes, faisant leurs opérations commerciales eux-mêmes.

Toujours est-il que le grand commerce et la grande industrie en Hongrie, à part quelques entreprises allemandes, sont encore presque entièrement entre les mains de l'élément israélite, que l'on rencontre encore, sauf dans l'administration publique, dans la plupart des carrières, notamment la science, la poésie, le barreau et l'université, où, il faut le dire, il est au premier rang.

A la suite de la retentissante affaire de Tisza-Eszlar (1880), où un tribunal hongrois régulièrement constitué

Bude et Pest au commencement de ce siècle. Vue prise du haut du mont Saint-Gérard.

condamna, à la grande stupéfaction de l'Europe, quelques pauvres juifs de village accusés, par la rumeur publique, d'avoir tué et mangé rituellement une petite fille chrétienne ; vu les troubles que cette affaire provoqua à Budapest, où la populace mit à sac les magasins des israélites, et les efforts du député Istoczy, en vue de créer à la Chambre et dans le peuple un parti antisémite agressif, un mouvement antisémite sembla devoir, à un moment donné, englober toute la Hongrie. Il n'en fut rien. Les esprits se sont calmés faute de combattants et le parti antisémite de la Chambre lui-même s'est retiré dans sa coquille.

Actuellement, l'antisémitisme hongrois n'existe qu'à l'état intangible, en raison du contraste même existant entre les natures juive et magyare et qui est en effet beaucoup trop grand pour qu'il n'y ait pas antagonisme du tout.

*
* *

Nous avons rencontré dans l'est de la Transylvanie, à Boszod-Ujfalu, une petite enclave de race magyaro-sicule, dite secte des *samedistes* et professant la religion juive orthodoxe.

Cette secte qui, jadis, fut beaucoup plus nombreuse, remonte à 1588 et eut pour fondateur André Eossi, paysan lettré de race sicule. Sa croyance, un mélange des doctrines chrétienne et israélite, mais plus près de cette dernière, finit par s'identifier complètement avec elle, lorsque, ne pouvant réussir à se faire reconnaître, l'on vint cependant autoriser la religion juive ; toutefois, une demi-douzaine de familles restèrent fidèles à l'ancien rite indépendant.

Pendant la semaine, les *samedistes* sont vêtus comme les paysans de leur race ; mais le samedi, ils endossent, par-dessus le costume national, l'*arba-kanfoss*, ne se découvrent jamais, portent souvent les tire-bouchons rituels des deux côtés de la figure, ne mangent que de la viande rituellement abattue, et ne se marient pas avec les chrétiens.

*
* *

Passons à la question sociale.

Pays encore en majorité agricole, ne possédant qu'une population ouvrière accidentelle, arrachée à la charrue et prête à y retourner au premier chômage, la Hongrie, — nous parlons en général — même dans les grands centres, ne connaît du socialisme ouvrier qu'une espèce de reflet lui venant de l'étranger. Nous n'en voulons comme preuve que l'absence complète de parti socialiste à la Chambre.

Toutefois, à Budapest et dans une ou deux autres grandes villes, l'on entend assez souvent et assez bruyamment parler de réunions socialistes ; mais il suffit d'examiner d'un peu plus près ce mouvement, pour se persuader qu'il est tout de surface. Les socialistes budapestois, sans meneurs de marque, comme sans organe de presse un peu saillant, ne sont que de simples copistes. Leurs idées leur viennent d'Allemagne, comme leur organisation, et ont été importées par des ouvriers allemands, appelés à l'époque fort récente d'ailleurs où l'industrie hongroise, encore dans les langes, et, ne trouvant pas de bras à l'intérieur, était obligée d'avoir recours à l'étranger. Leur programme est la thèse de Lassalle, qu'ils ont adoptée un peu à tort et à travers sans se soucier si elle est oui ou non applicable à la situation particulière du pays. Une seule modification leur a semblé s'imposer : pieux de leur nature, les socialistes hongrois s'abstiennent de faire la guerre aux prêtres et à la religion et demeurent attachés à la foi chrétienne, sans toutefois devenir les socialistes catholiques dans le sens du prince Lichtenstein de Vienne. Cependant, comme la Hongrie est en voie de transformation économique, et, de purement agricole, sera bientôt devenue industrielle, il est peu probable que la question sociale ouvrière y conserve encore longtemps ce caractère bénin.

Mais si l'on ne connaît en ce pays le socialisme ouvrier que par ricochet et sous forme de reflet, il n'en est pas de même pour une espèce de socialisme agraire, dont les comitats de Békés, de Csanád et d'Arad, c'est-à-dire les parties les plus fertiles de l'Alfold, sont les principaux foyers.

Les causes de ce mouvement très intense, et qui n'a rien d'artificiel, résident dans un vieux reste d'esprit de jacquerie chez les populations rurales de ces régions, compliqué de quelques faits économiques nouveaux et d'un caractère local.

Très exposé aux inondations, le gouvernement fit exécuter, il y a quelques années, dans ces départements d'importants travaux de défense, ce qui attira quantité d'ouvriers venus d'autres contrées. Les travaux terminés, tous ces cultivateurs, qui étaient immigrés avec leurs familles, y restèrent, formant ainsi une population flottante, un prolétariat agricole qui, maintenant, a d'autant plus de peine à trouver du travail qu'il n'y a guère d'industrie dans la région et que, le travail des champs, devenu très peu rémumérateur à la suite de cette concurrence, et d'autres circonstances particulières qu'il serait trop long d'expliquer, ne suffit pas à occuper tous les bras. Cette surabondance de population agricole et ce qui en résulte, existe dans d'autres comitats par des causes autres. Or, avant d'en arriver au socialisme ouvrier, la Hongrie connaîtra dans ces provinces une ère de calme, parce que l'industrie naissante sera venue occuper tous les bras oisifs.

Vu les difficultés d'acclimater le socialisme dans les villes, les meneurs de Budapest se sont rabattus sur ce mouvement-là, en l'exaltant au moyen de brochures, de journaux et de discours, et à l'heure qu'il est, le socialisme agraire de ces régions, parfaitement organisé, est affilié au parti ouvrier de la capitale qui le dirige.

Très impressionnables de caractère et très naïves, ces populations se laissent souvent exciter, d'où les révoltes de Hodmezœvásárhely, de Békés et d'Orosháza, d'il y a deux ans, et où il y a eu, comme on sait, de nombreux morts et des blessés.

TROISIÈME PARTIE

LA CAPITALE HONGROISE

CHAPITRE PREMIER

Les beautés du site de Budapest. — Le Danube et le mont Saint-Gérard. — Histoire de la capitale hongroise. — La ville romaine. — Le bac et la colonie des chaufourniers, premiers vestiges de Budapest. — *Ofen* signifie four, en allemand, et *pest* a la même signification en hongrois. — La fondation de Bude sous la première race. — Bude sous les d'Anjou. — Le passé de la ville de Pest. — Quelques chiffres au sujet de l'évolution des deux cités.

On sait que Budapest offre à celui qui arrive un coup d'œil d'une beauté rare, beauté toute faite de majesté et de grandeur. Quelle belle ville! s'écrie quiconque la voit pour la première fois, surtout s'il vient par la voie du Danube.

Cette impression tient à l'heureuse combinaison qui se produit en ce lieu entre la grande plaine hongroise, aux horizons pareils à l'océan, les derniers contreforts d'un système de monts d'élévation moyenne et d'aspect doux venant du sud-ouest, et le Danube, qui possède déjà ici son caractère majestueux de fleuve géant de l'Europe. Brusquement, son lit s'est resserré jusqu'à la largeur de moins d'un demi-kilomètre et, rapides, ses flots passent, fendant l'immense étendue de la *puszta* que les toits de Pest semblent entièrement recouvrir, pour venir se briser contre le rocher de Saint-Gérard, couronné d'un fort, aux parois nues et perpendiculaires rappelant les falaises du Finistère. Cette montagne est flanquée d'une autre, longitudinale, parallèle au fil de l'eau, et du haut de laquelle les bastions roussis, ébréchés de Bude, la vieille capitale des rois, profilent sur le ciel leurs contours irréguliers.

L'histoire de la capitale hongroise — un long martyre, assez compliquée, parce que jusqu'en 1873, elle se composait de deux municipes distincts : Bude (rive droite) et Pest (rive gauche), réunis depuis sous le nom de Budapest (1) — tout en remontant très loin, est remplie, quant à ses origines, de mystères et d'inconnu, par suite des invasions de peuples incultes et peu constructeurs qui ravagèrent ces contrées, dès la chute de l'empire romain.

Avant cette époque, et en raison des thermes que l'on trouve aux environs de Bude, il existait, un peu au nord de cette ville, un établissement du nom d'*Aqua-Quincuum*, ville des cinq sources, dont on a mis à jour, il y a une dizaine d'années, les restes se composant d'un amphithéâtre et de bains. L'on ignore s'il y avait une ville romaine à l'endroit même ou se trouve aujourd'hui Budapest, mais cela est probable.

Pendant les quatre siècles qui s'écoulèrent depuis

---

(1) Cette fusion ayant été dûment portée à la connaissance des pays étrangers par les voies diplomatiques et de la publicité, l'on pourrait cesser, dans certains journaux étrangers, de désigner la capitale hongroise à volonté sous les noms de : Pest-Ofen, Ofen-Pest, Ofen, Bude-Pesth, Pesth, Pest, Buda, Bude, ce qui prête à la confusion, d'autant plus que, tôt ou tard, il faudra se rendre à l'évidence.

Budapest actuellement. Vue prise des terrasses du mont Saint-Gérard.

l'invasion d'Attila jusqu'à celle des Magyars, les établissements romains disparurent, et il est certain que la capitale hongroise n'y possède en rien ses racines qui sont toutes barbares et asiatiques.

Il faut aller chercher les premiers vestiges de la future ville des rois de Hongrie dans la petite vallée qui débouche sur le Danube entre le mont Saint-Gérard et la colline du château. Là se trouvait, au sixième siècle, c'est-à-dire au temps des Avares, successeurs des Huns, un important service de bac auprès duquel s'était formé une colonie de chaufourniers.

C'est d'après les fours à chaux que les commerçants francs et allemands qui poussaient jusqu'ici, à l'époque de Charlemagne, baptisèrent ce lieu du nom de *Ofen* (four, en allemand), nom qui s'est conservé en cette langue pour désigner l'ancienne cité des rois devenue, après la réunion des deux villes, les quartiers de la rive droite.

Les origines de Pest, la ville de la rive gauche, sont identiquement les mêmes, en tant que, lorsque, au neuvième siècle, les hordes d'Arpad arrivèrent ici, ils traduisirent simplement le nom allemand de Ofen en hongrois, où four s'appelle encore de nos jours *pest*.

Par l'effet de la circulation du bac, la colonie se continua de l'autre côté de l'eau où, pouvant s'y étendre librement en raison de la nature plate du terrain, elle devint bientôt très importante. Peu à peu la rive droite, trop accidentée, fut entièrement délaissée, et le mot de *pest* ne servit plus qu'à désigner la ville de la rive gauche.

Lorsqu'au treizième siècle, après l'invasion mongolique, le roi arpadien Béla IV vint établir sur la crête de la colline du château une ville forte qu'il appela du nom de Buda, en souvenir d'un des frères d'Arpad, les géographes allemands firent passer la dénomination de Ofen à cette cité, tout en adoptant celle hongroise de Pest pour la rive gauche, et voilà pourquoi la capitale des rois de Hongrie s'appelle Ofen, au lieu de Buda, sur la plupart de nos vieilles cartes, généralement copiées sur des cartes allemandes.

Les rois de la première race, on le sait, n'avaient pas de capitale fixe, et résidaient, au gré de leur choix, tantôt dans l'une tantôt dans l'autre des grandes villes, toujours de l'ouest du royaume. Charobert d'Anjou fit, le premier, cesser cet état de choses un peu nomadique, comme du reste il fit table nette d'une quantité de mœurs gouvernementales un peu asiatiques, en érigeant Bude en capitale royale, tout en séjournant la plupart du temps dans le merveilleux château qu'il s'était fait construire sur le rocher de Visegrád et, dont les ruines se voient encore lorsqu'on se rend de Vienne à Budapest en suivant le cours du Danube.

Tandis que pour Bude commencèrent, dès lors, des jours de splendeur et de magnificence, Pest, dont le sol plat ne se prêtait pas aux fortifications dans la manière du temps, ne menait qu'une vie de Cendrillon.

Les périodes les plus brillantes de Bude furent, outre l'époque angevine, d'abord celle de Sigismond de Brandebourg, où, ce souverain étant empereur d'Allemagne, la capitale hongroise devint résidence impériale, et ensuite celle de Mathias Corvin.

Les historiens hongrois nous disent des merveilles de ce qu'était Buda à l'époque du roi-soleil magyar, homme de goût, fin connaisseur, esprit imprégné de la renaissance italienne, et où, autour d'un château dont les Turcs devaient bientôt emporter les immenses richesses, s'étendaient, sur les flancs de la colline, les plus beaux jardins qu'on ait jamais vus en Hongrie. Malgré l'état de délabrement et de saleté où l'administration turque vint plonger toutes ces splendeurs, Bude, au dire de nombreux voyageurs qui la visitèrent pendant les cent cinquante ans de l'occupation ottomane, demeura même encore bien supérieure à Pest sous le rapport des beautés citadines.

Ce qu'était à ce moment cette dernière ville, dont le luxe de toilette éblouit maintenant le plus blasé des voyageurs, un bourgmestre de la ville de Cassovie, du seizième siècle, qui eut occasion de visiter le pacha de Hongrie dans sa capitale, nous le raconte dans la relation qu'il publia de ce voyage :

« Pest, dit ce voyageur, est situé au milieu d'un champ ; on y arrive de Bude en une demi-heure ; la ville est entourée d'un mur assez élevé et parfaitement circulaire, dont nous fîmes le tour en une heure ; à l'intérieur on voit des maisons misérables, les rues sont sales et remplies de boue, et l'on y rencontre, comme dans toute la Turquie, beaucoup de femmes de mauvaises mœurs. Autour de la ville, il y a des marais et des terrains sablonneux jonchés de bêtes crevées ; un pont, reposant sur 63 pontons, relie Pest à Bude, ville qui est de beaucoup plus importante. On dit qu'il y vit quelques chrétiens se disant protestants et ayant même une église et un curé, mais les cloches leur sont interdites. » Et finalement l'auteur s'écrie : « O Pest, tu mériterais plutôt de t'appeler la peste ! »

Cette situation devait se changer lorsque, privée de ses rois nationaux, la Hongrie n'aspirait plus à ressusciter de ses cendres que par la voie de l'évolution économique. Alors, tout ce qui avait fait jusque-là les avantages de Bude : accidents de terrain, rochers abrupts, c'est-à-dire ses excellents moyens de défense naturels, devint un obstacle à son développement, tandis que ce qui avait été cause du retard de Pest, nature plate du sol, accessibilité de tous côtés, devint le principal agent de la croissance rapide de cette ville. Voici quelques chiffres sur cette évolution absolument stupéfiante :

En 1720 Bude comptait	9,600 hab. et Pest	2.600
1780 —	21,665 —	13,600
1810 —	24,910 —	35,349
1831 —	38,565 —	64,137
1851 —	50,127 —	127,935
1870 —	70,000 —	200,476
1881 —	75,794 —	284,757
1890 —	92,465 —	399,772

Budapest réuni compte donc, à l'heure qu'il est, plus d'un demi-million d'habitants.

CHAPITRE II

Ce qu'il y a à voir à Budapest. — Rareté des monuments historiques. — Physionomie de la ville de Bude. — La forteresse. — Le château du roi. — Les insignes de la couronne. — Vicissitudes subies par cet emblème. — L'église Mathias. — La cérémonie du sacre. — Perspectives danubiennes. — L'histoire de l'île Marguerite. — Les ruines du monastère. — Contraste entre Pest et Bude. — Pest, image de l'évolution et du caractère agricole de la Hongrie. — Les architectes. — Les ponts, les quais et les principaux édifices.

La presque totalité des monuments historiques ayant été détruits au cours des siècles, la capitale hongroise offre fort peu de points intéressants dans le sens des *Guides Baedeker* ou *Joanne*. Le plus souvent, le visiteur en est réduit à admirer la place où naguère se trouvait un monument ayant rappelé quelques hauts faits de l'histoire de Hongrie.

Bude, l'ancienne cité des rois, renferme naturellement encore le plus de souvenirs de ce genre.

Cette ville n'a pu s'étendre que le long du fleuve ou dans la vallée autour de la colline du château. Ses bas quartiers, généralement sans animation aucune, sont habités par une population de viticulteurs, de petits rentiers ou de petits commerçants; c'est le *buen-*

retiro des habitants de la capitale, parce que ses extrémités touchent aux nombreuses collines boisées s'étendant derrière elle, où tout le dessus du panier budapestois possède ses villas et ses maisons de campagne. Les environs de Bude sont en effet fort beaux, rappelant comme caractère du paysage, Montmorency, Bellevue ou Saint-Cloud.

Dans la ville haute, ce qu'on appelle là-bas « la forteresse », l'enceinte royale, même tranquillité qu'en bas. Le pas des sentinelles devant le château royal résonne dans le vide, les passants se comptent, et seul, de ci, de là, le roulement d'un fiacre conduisant bride abattue — ce qui est en Hongrie un signe de l'importance de l'occupant non moins qu'un danger pour le piéton — un personnage dans un des quatre ministères qui se trouvent encore là-haut, vient troubler la morne tranquillité où dorment quelques centaines de fonctionnaires et de pensionnaires de l'État qui, seuls, constituent la population du sol que foula le pied des Arpad, des d'Anjou et des Mathias.

A part les souvenirs historiques, ce coin de terre est curieux à visiter, à cause de la vue superbe dont on y jouit sur l'ensemble de la capitale hongroise, la vieille cité des rois se trouvant à une quarantaine de mètres d'élévation au-dessus du reste de la ville.

Le château royal, qui a remplacé sous Marie-Thérèse ce que les Turcs avaient laissé du palais de Mathias Corvin, est un édifice en style Louis XV, comprenant quelque deux cents pièces, badigeonné de jaune, aux persiennes blanches toujours closes, faisant face au Danube, d'où il se présente d'ailleurs fort bien, avec les jardins anglais qui l'entourent et descendent jusqu'au fleuve, où ils se terminent par une galerie de construction récente d'un très bel effet.

Dans l'aile gauche du château royal, sous la surveil-

Les montagnes de Bude. Environs de Budapest, rive droite.

lance d'une garde d'honneur spéciale et sous la responsabilité de deux dignitaires, appelés gardiens de la couronne et ayant siège à la Chambre des seigneurs, sont conservés les insignes de la royauté : la sainte couronne stéphanique, la sphère, le sceptre, l'épée, le manteau, les gants, les bas et les sandales du premier roi chrétien, fondateur de la monarchie hongroise.

Nul n'est reconnu roi si cette couronne n'a été solennellement placée sur sa tête. Elle se compose de deux parties superposées de date et d'origine différentes. Celle qui touche la tête forme une demi-boule surmontée d'une croix latine et autour de laquelle sont représentés quelques apôtres. C'est là la couronne que le pape Sylvestre donna à saint Étienne. Certains chroniqueurs prétendent qu'elle avait été donnée à la cour de Rome par Clovis, roi de France. L'autre, d'un travail plus subtil, serpente autour de la première, dont elle cache une partie. Elle fut donnée à Geyza, père de saint Étienne, par Michel Ducas et Constantin Porphyrogénète.

Primitivement, l'emblème de la royauté hongroise était conservé au chapitre de Sainte-Marie, à Albe royale. Après l'extinction de la famille arpadienne, il fut enlevé en Transylvanie, et Charobert ne put se faire inaugurer qu'après l'avoir récupéré. En 1439, Frédéric III, empereur d'Allemagne, la prit en gage contre 2,800 ducats, somme destinée à la défense des droits de Ladislas le Posthume au trône de Hongrie. Il la garda pendant vingt-trois ans et Mathias, pour être légalement reconnu roi, dut la lui arracher les armes à la main.

Depuis ce moment jusqu'à la bataille de Mohács, elle est enfermée à Visègrád; ensuite Zapolya s'en empara et après lui Ferdinand Ier d'Autriche, qui la fit garder à Presbourg. Pendant ces voyages continuels, il arriva, un jour d'alerte, que cette parure fut placée précipitamment dans une malle trop basse : de là, la croix inclinée qui la surmonte.

Lors de la révolution de François Rakoczy II (1703), la couronne changea encore de lieu de dépôt : elle fut transportée à Vienne où elle resta neuf ans. Au bout de ce temps, elle revint en Hongrie ; mais Joseph II la fit retransporter à Vienne au milieu des protestations de la nation ; toutefois, elle fut rapportée au château de Bude.

En 1848, elle fut transportée en Transylvanie, et cachée, puis rapportée en triomphe à Bude.

Quoique apostolique et sainte, elle ne confère à celui qui s'en trouve possesseur, aucun droit divin et perpétuel. Elle est propriété nationale et c'est le peuple seul qui est censé en disposer.

*
* *

Le seul édifice de la « forteresse » vraiment ancien et d'un intérêt historique, à part quelques vieilles maisons particulières, datant de l'époque de Corvin, est l'église Mathias, récemment restaurée, dont les premiers fondements remontent au neuvième siècle et à laquelle Béla IV donna sa forme définitive. Tous les styles s'y trouvent réunis. Ici, fut sacré roi, en 1309, Charles-Robert d'Anjou. Mathias Corvin y célébra son mariage avec Béatrice de Naples, et, enfin François-Joseph, y fut couronné en 1867. A l'avenir, elle demeurera particulièrement affectée à cette cérémonie.

La solennité du sacre, dernier reste des temps héroïques qui se passe en grande partie dans cette enceinte, est tellement restée l'acte politique et religieux d'un peuple de guerriers et de cavaliers, que nous en donnons ici le récit, bien que ce soit presque commettre un lieu commun, étant donné qu'elle se trouve être à peu

Le pont suspendu à Budapest.

près la seule chose que les auteurs étrangers de la Hongrie aient généralement su rapporter sur ce pays.

Tous les dignitaires du royaume sont réunis autour du maître-autel; les divers officiers de la couronne tiennent en main les ornements que revêtit saint Étienne, le jour où le duché magyar devint royaume de Hongrie. Pendant que les prélats célèbrent la messe, le roi se lève et, étendant la main sur l'Évangile, jure fidélité à la constitution. Il est ensuite oint par le prince primat, à la tête, au pouce droit, dans la paume de la main et sur les épaules ; puis il reçoit la couronne et les autres insignes, et le clergé entonne un bruyant *Te Deum*. A partir de ce moment, tout se passe en plein air et à cheval; un cortège se forme, et tous les magnats avec le corps législatif en costume national, les évêques revêtus de leurs ornements sacerdotaux, mître en tête et la crosse à la main, marchant à leur rang, montés sur des chevaux magnifiquement harnachés et tenus par des palefreniers richement vêtus, accompagnent le nouveau souverain jusqu'à un tertre sur lequel il s'élance, brandissant l'épée de saint Étienne dans la direction des quatre points cardinaux, annonçant par ce simulacre qu'il saura défendre la patrie et combattre ses ennemis d'où qu'ils viennent.

*
* *

Descendons des hauteurs du château pour gagner les bords du fleuve.

La baie, large d'un demi-kilomètre, avec ses immenses perspectives, que le Danube vient percer à travers la capitale, constitue naturellement la meilleure partie de ses beautés citadines. Le soir surtout, quand tous ces quais sont illuminés jusqu'à perte de vue, mais aussi en plein soleil, ce soleil gris, ardent, enveloppant tout le paysage de teintes chaudes et délicates, le spectacle est vraiment féerique.

A droite, sombre et mort, le mont Saint-Gérard semble rappeler l'époque où les Magyars païens, dans leur fureur antichrétienne, précipitèrent l'évêque de ce nom de son sommet dans le Danube.

Là-bas, vers le sud, le fleuve va se perdre dans le vague de la plaine. Des teintes bleues et jaunes, mystérieuses, recouvrent les horizons derrière lesquels il continue, lentement et majestueusement, en s'élargissant et en se répandant en mille méandres, son chemin vers Mohács de néfaste mémoire, Belgrade et la mer Noire.

Au nord, les montagnes de Bude reculent. Ici aussi, le fleuve s'élargit et de ses flots émergent, noirs, teintés de bleu, les bouquets d'arbres séculaires des nombreuses îles que forme le Danube en amont de la capitale, et dont l'île Marguerite, la plus proche, transformée en parc anglais, sert de lieu de délassement quotidien à la bonne société budapestoise.

Voici l'histoire de ce poétique coin de terre, en même temps, ainsi que nous allons le voir tout à l'heure, une des premières stations thermales du pays.

Le roi Béla IV, obligé de s'exiler devant l'invasion mongolique, avait fait vœu que, si jamais son royaume était délivré, sa fille Marguerite prendrait le voile en signe de sa reconnaissance envers Dieu. Ainsi fut fait, et la jeune princesse, après la libération du territoire, entra dans un couvent, d'abord à Veszprém, et ensuite dans celui de cette île. Là, la fille du roi vécut conformément au vœu fait par son père, se sacrifiant pour la liberté reconquise de sa patrie. On dit qu'elle fut tentée par de brillants cavaliers venus de loin lui demander sa main, dont le puissant Ottokar, roi de Bohême, et l'un des d'Anjou de Naples; à tous, bien que n'ayant pas

Le tunnel passant en dessous de la colline du château. (Budapest, rive droite.)

encore, à ce moment, prononcé ses vœux, elle répondit : « J'ai donné ma parole à Dieu, je ne saurais la donner à un homme. » Elle mourut dans sa retraite, où elle fut enterrée. Les religieuses emportèrent plus tard son corps, en fuyant devant l'invasion des Turcs, et le déposèrent à Presbourg, tandis que les armées du Sultan dévastèrent le monastère, dont quelques ruines cependant se voient encore.

*
* *

Regardez maintenant la rive gauche du fleuve, où se déroulent, sur un parcours de plusieurs kilomètres le long du fleuve, les façades imposantes de Pest, mettant comme un cadre moderne et brillant au spectacle de tout à l'heure, fait de souvenirs historiques.

L'ancienne Cendrillon est devenue, depuis qu'elle s'est lancée dans le commerce, une demoiselle, dont la toilette tapageuse laisse bien dans l'ombre la défroque à peine rapiécée de quelques édifices modernes de la vieille veuve des rois. Tandis que celle-ci semble dormir dans un songe paisible de souvenirs, sa sœur, sans passé ni histoire, vit, s'affirme, étend, en vraie parvenue bruyante et arrogante, ses bras de tous côtés, ne songeant qu'à son avenir.

Derrière cette orgie de palais neufs, au-dessus de cette mer de toits, de tours et de coupoles dorées allant se perdre dans l'infini des étendues de l'Alfœld, planent, pareilles à un rideau de fer, noires, lourdes et opaques, soutenus par l'air immobile et surchauffé de la puszta, de longues traînées de fumée, trahissant le caractère industriel du lieu. Si, à Bude, tout est silence des bois et sommeil historique, ici, ce n'est que bruit de la foule affairée, halètements et sifflets de machines, grincements de poulies et roulements de voitures. Ce n'est guère à

Pest que l'on trouverait les traces d'édifices anciens, car, outre les guerres dévastatrices, de nombreuses inondations, dont celle de 1838 fut la plus terrible, et les besoins d'une rapide évolution sont venus détruire tout ce qui datait du vieux temps, et ce n'était pas grand'chose !

Pest est, certes, aujourd'hui une ville fort monumentale. Les Hongrois, dans un effort patriotique admirable d'unanimité, ont su donner, en une trentaine d'années, un très grand air à leur capitale qui, aujourd'hui, donne à merveille une idée de la grandeur du pays, et de l'immensité de ses ressources en richesses naturelles, car, il n'y a pas à s'y méprendre, tout en elle trahit la nature agricole de la Hongrie.

Cette forêt d'immenses cheminées qui, pareilles à des minarets, émergent de ses extrémités, vomissant sans trêve sur elle des nuages de fumée, ne sauraient appartenir qu'à des usines ayant pour objet la transformation de matières premières ; ces palais cossus, dont le commerce n'occupe qu'humblement le rez-de-chaussée que, généralement, il partage avec un café à l'ornementation monumentale, ne sauraient être habités que par une population vivant de ses terres et disposant de beaucoup de loisirs.

Pest manque un peu d'originalités individuelles. On pourrait en dire ce que madame de Staël disait de Berlin, à savoir qu'elle ne fait pas une impression assez sérieuse et que l'on n'y aperçoit point l'empreinte de l'histoire, ni la griffe du caractère national.

Quant à l'histoire, les Hongrois sont excusables, nous savons en raison de quelles péripéties historiques. Les véritables beautés de Pest sont tout entières dans l'image que cette ville offre de la résurrection hongroise et de ce qu'un peuple, devenu libre, peut faire en n'employant sa liberté que dans le souci de son avenir.

La place de l'Hôtel-de-Ville à Budapest, rive gauche, pendant la grande inondation de 1838.

C'est, en effet, inouï ce qu'on construit à Budapest ; l'on peut dire qu'une partie de la ville se trouve incessamment en ruines pour faire place à des maisons plus belles encore, et, toutes les fois qu'on y retourne après quelques mois d'absence, l'on trouve, à ses extrémités, des quartiers entiers battant neuf, enlevés au vague des champs.

Quant au manque d'originalité, il serait facile d'y remédier, le moment des premières nécessités étant passé et la Hongrie possédant ses écoles d'architecture à elle. Pour cela les architectes hongrois, au lieu de suivre le pli déjà pris, et de copier sans cesse Vienne et Zurich, n'auraient qu'à puiser sérieusement dans l'histoire et la nature de leur pays.

Pest, comme toute ville née en plaine sur les bords d'une rivière, est construite exactement pareille à l'une des deux rives de Paris, avec ses boulevards intérieurs et extérieurs, d'après un plan à cercles concentriques debout sur la base du Danube, coupée par des rayons partant du centre vers la périphérie. D'ailleurs, à Bude aussi, une voie en demi-cercle, partant et revenant au fleuve, existe, avec la différence toutefois qu'elle contourne la colline escarpée du château, et que les rayons de même que les boulevards extérieurs ne peuvent se développer faute de place.

Les constructions les plus remarquables de la capitale hongroise sont naturellement les ponts et les quais.

Sur un fleuve atteignant à un demi-kilomètre de longueur, au milieu d'une ville de cinq cent mille habitants, les ponts jouent un rôle considérable, car on n'en établit guère comme on veut.

Jusqu'au milieu de ce siècle, seul, un méchant pont de bateaux reliait Pest à Bude ; aujourd'hui, il y a trois ponts fixes, dont le plus ancien, le pont suspendu, au centre même de la ville, construit de 1838 à 1848, long de 384 mètres, reposant sur deux piles monumentales et suspendu à d'immenses chaînes, constituait une curiosité européenne jusqu'à ce qu'il fût dépassé par des travaux plus modernes de ce genre. Les deux autres, le pont Marguerite et le pont du chemin de fer, le premier, type pont d'Iéna, long de 500 mètres, construit par des Français, l'autre, en treillage, même longueur, construit en France, sur les plans d'ingénieurs hongrois, tous deux récents, se trouvent aux extrémités sud et nord de la ville. Deux autres ponts sont en construction, sous les flancs du mont Saint-Gérard.

Les quais, tous en pierre de taille, d'une longueur totale de dix à quinze kilomètres, ont englouti des sommes colossales.

Au milieu de la mer de palais dont Pest offre le spectacle, quelques édifices se font tout particulièrement remarquer par l'aisance et la beauté de leurs formes. Voici d'abord, tout au nord, sur le quai, face à l'île Sainte-Marguerite, la masse gigantesque du nouveau Palais législatif, profilant ses pointes gothiques sur l'azur un peu enfumé du ciel. Dimensions colossales, véritable Escurial ; longueur, un quart de kilomètre ; largeur, la moitié ; à l'intérieur, dix-huit cours, vingt-sept escaliers, plus de cent salles ; sur les façades plus de quatre cent cinquante figures et statues, allégorisant les beautés du parlementarisme... et, afin de symboliser la grandeur, l'unité de la constitution et la solidarité inviolable des deux assemblées, une coupole de cent mètres d'élévation réunissant l'aile affectée à la Chambre des députés à celle où siègeront les magnats.

Comme pendant, à l'autre extrémité du quai, la masse noire du Palais des douanes et l'Élévateur. Puis :

L'Académie, au bout du pont comme à Paris, de plus modeste figure, mais très monumentale aussi ; elle renferme une belle galerie de tableaux, une bibliothèque merveilleusement outillée et d'autres collections précieuses.

Le Musée national, rappelant, comme formes, la Madeleine et le Palais-Bourbon, un des édifices les plus purs, comme style, de la capitale, construit au commencement de ce siècle, et dont le modèle est visiblement emprunté à l'école de Bonaparte. La Hongrie, du reste, possède quelques monuments de cette école.

L'Opéra, rue Andrassy, en style de Renaissance italienne pur, orné des statues de Pergolèse, Arezzo, Palestrina, Jacopo Peri, Orlando di Lasso, Rossini, Beethoven, Cherubini, Spontini, Haydn, Weber, Lully, Mozart, Gluck, Meyerbeer et Wagner.

La salle, d'une acoustique excellente, est cependant petite, tout y étant sacrifié à la scène, laquelle est pourvue de ce plancher mobile reposant sur des piles hydrauliques, que l'on a depuis introduit dans quelques autres théâtres d'Europe.

La cathédrale du quartier Léopold, en construction depuis 1851, et dont la coupole de 95 mètres de haut, reconstruite depuis, s'écoula en 1867.

La Redoute, grande salle municipale des fêtes, des concerts et des danses, au centre des quais et située sur l'emplacement d'une autre Redoute dans laquelle le Parlement hongrois de 1848 tenait ses séances.

A l'intérieur, une série de fresques fort belles représentant des sujets de l'histoire nationale. A l'extérieur, un mélange de styles roman, byzantin, mauresque et de Renaissance, entremêlés de motifs hongrois qu'un homme d'esprit a appelé une *Csárdás,* de l'architecture.

Malheureusement, la façade tournée vers le Danube, et qui n'est pas dénuée de beauté, détonne sur les façades des deux rues adjacentes qu'on a laissées nues et sans ornement aucun, de sorte que l'édifice ressemble à un portant de coulisses dont on voit les revers.

Parmi les édifices tout récents, un des plus monumentaux est le palais que la Compagnie d'assurances la *New-York* s'est fait construire sur le grand boulevard circulaire « Thérèse-Kœrut. » Gigantesque monument en style Louis XV mélangé, on y voit le café le plus extraordinairement décoratif de la capitale, rappelant, comme ornementation, les salles du Casino de Monte-Carlo. Ce café a plusieurs étages, les billards sont établis dans une espèce de piste moitié souterraine et que dominent des loges et des balcons où l'on prend des consommations. Dans les autres dépendances de l'édifice se trouvent les bureaux de la Compagnie et les localités du cercle de la Presse budapestoise.

Etc., etc., etc.

Le palais de la Compagnie d'assurances la *New-York*, à Budapest.
(Photographie Klösz.)

CHAPITRE III

Budapest comme ville d'eaux. — Le groupement des thermes. — Leur histoire. — Les Bains de l'Empereur. — Les thermes de l'île Marguerite. — La source artésienne de la rive gauche.

L'on ignore généralement que la capitale hongroise est une ville d'eaux très importante, possédant de nombreux thermes déjà connus pendant l'antiquité.

Ces thermes prirent une certaine extension sous le roi Mathias, qui en fit un des principaux ornements de sa bonne ville, et devinrent célèbres sous la domination des Turcs qui, on le sait, attachent, par religion, beaucoup de prix à ces sortes de bains. Ce furent quelques-uns de leurs pachas qui firent construire les établissements thermaux appelés « Bains de l'Empereur, » au nord de Bude, et dont nous parlerons tout à l'heure; en 1556, ce sont encore eux qui firent élever le bain dit « Rudas » au pied du rocher Saint-Gérard, et y aménagèrent, quelque vingt ans après, sous la coupole où il se trouve encore, un grand bain de vapeur naturelle.

Géologiquement, les thermes de Budapest se divisent en quatre groupes : deux sur la rive droite du Danube, aux deux extrémités de la vieille ville des rois; l'un dans l'île Marguerite, et le quatrième sur la rive gauche, consistant en un puits artésien d'exécution récente, situé au « Bois-de-Ville », derrière Pest.

Les thermes du nord de Bude et ceux de l'île Marguerite, situés en face et en faisant géologiquement partie, sont des sources sulfureuses dont les plus chaudes, celles du « Bain de l'Empereur », atteignent de 61 à 64 degrés centigrades de chaleur naturelle. Aux bains « Saint-Luc », appartenant également au groupe septentrional de Bude, l'on compte onze sources d'une température variant entre 26 et 60 degrés.

Les thermes de l'île Marguerite sont de découverte récente ; ils sortent de quatre réservoirs souterrains différents, d'une température de 17, 20, 32 et 44 degrés.

En ce qui concerne le groupe au midi de Bude, l'on compte une vingtaine de sources thermales jaillissant des escarpements mêmes du mont Saint-Gérard. Leurs eaux contiennent des éléments calcaires et sont d'une température variant entre 33 et 50 degrés.

Toutes ces sources sont, pour ainsi dire, inépuisables, et débitent ensemble 486,000 hectolitres d'eau par vingt-quatre heures. Une certaine corrélation semble exister entre elles et le Danube, car, aux époques des grandes crues, leur débit et leur température s'augmentent proportionnellement au niveau du fleuve.

Passons la rivière pour examiner la source artésienne de la rive gauche, non comprise dans les évaluations du débit ci-dessus. Elle fut inaugurée, en 1878, après un travail de dix ans. Le puits a une profondeur de 970 mètres, et son eau, sentant l'hydrotion et contenant beaucoup d'acide carbonique, possède une température de 73 degrés centigrades, et donne un débit de 11,977 hectolitres par vingt-quatre heures.

Il va sans dire que tous ces bains sont fort fréquentés,

non seulement par la population de la capitale, mais encore par des nombreux baigneurs venus de loin, et pour lesquels il existe, près de chaque établissement, d'élégants hôtels et des villas.

En dehors de ces thermes, Budapest possède, sur le versant sud du mont Saint-Gérard, une centaine de sources où se puise cette eau purgative, dont celle dite « *Hunyadi János* » est la plus connue à l'étranger. Elle a ceci de particulier qu'elle ne se forme pas par des emprunts faits à des dépôts souterrains, mais est, au contraire, le produit d'un procès chimique s'exécutant sous l'influence de l'atmosphère et de l'eau douce dans les dolomites et les marnes éocènes de son terrain (1).

(1). *Budapest, hygiène publique et culture* (culture de quoi ? impossible de comprendre); *ouvrage rédigé à l'occasion du VIII° congrès international d'hygiène et de démographie*, par le docteur Gustave Thirring. Budapest, 1894.

CHAPITRE IV

La vie et la société dans la capitale hongroise. — Les origines de la vie sociale à Budapest. — Américanisme dans l'évolution. — Surabondance et splendeurs des cafés et autres lieux publics. — Les amusements pour les étrangers. — Les théâtres et les cafés-concerts. — La badauderie au sujet des acteurs. — Les rues de Pest. — Les quais. — Promenade du soir. — La rue Andrassy. — En quoi la rue, à Budapest, rappelle Madrid. — La femme dans la rue. — Les salons. — Les clubs et les cercles. — Les clubs politiques. — Les syndicats professionnels. — Les courses, le patinage, etc. — Dîners chez les ministres. — La vie de la cour à Budapest.

La vie sociale dans la capitale hongroise, au commencement de ce siècle, était nulle, et ne dépassait pas le niveau d'une société provinciale.

L'aristocratie vivait dans ses terres ou à Vienne ; la Diète siégeait à Presbourg, aux portes de l'Autriche, pour éviter à l'empereur des voyages d'inauguration trop longs et trop pénibles à un moment où Budapest n'était accessible qu'en chaise de poste ou en bateau à rames ; l'ancien rôle de capitale de cette ville allait complètement tomber en désuétude, lorsque vinrent se produire le réveil économique, l'invention des bateaux à vapeur transformant le Danube que son cours, dirigé vers l'Orient, avait jusqu'ici rendu inutile à la Hongrie, en une

Le palais de l'Académie hongroise des Sciences, à Budapest. (Rive gauche.)

puissante artère commerciale, et les idées de Széchényi qui, reconnaissant les avantages économiques considérables qu'offrait la configuration du sol de Pest, plat, librement accessible de tous côtés, presque à fleur de niveau du fleuve, résolut d'en faire le grand port commercial dont son pays avait besoin.

Ce serait faire l'histoire économique de la Hongrie dont nous nous occuperons tout à l'heure, que de raconter l'évolution sociale et intellectuelle de la société de la capitale hongroise.

Ce fut un peu avant la révolution de 1848 que Budapest entra dans la voie d'extension rapide où elle se trouve, extension qui prit son allure vertigineuse actuelle, à la suite du nouvel état de choses inauguré en 1867.

Il serait téméraire d'affirmer que la capitale hongroise possédât déjà, socialement parlant, une physionomie très prononcée, fût déjà un foyer intellectuel resplendissant au delà des frontières, attirant les esprits par le seul effet de ses lumières. Elle n'en est pas encore là ; mais elle s'en est donné les éléments avec une si extrême rapidité, manifeste tant de bonne volonté et tant d'envie d'y arriver un jour, qu'elle est dès maintenant fort intéressante à étudier.

Se trouvant être centre social d'un pays équivalant aux trois quarts de la France, mais privé, ou le plus souvent privé, de la présence du chef de l'État et, toujours, de celle de la cour, sans corps diplomatique comme sans bon nombre d'autres éléments capables de faire jouer à une ville un rôle international et de lui attirer la clientèle des étrangers, elle en est réduite à alimenter son caractère de capitale et à rivaliser avec Vienne par le seul effet des splendeurs extérieures ; et ceci explique le côté « américaniste » du progrès que l'on y remarque, ces tramways électriques, filant dans les rues à une allure de train express, ces chemins de fer souterrains, ces cafés dont l'ornementation intérieure met dans l'ombre la décoration du Casino de Monte-Carlo, ces hôtels d'étrangers monumentaux, cette inondation de lumière et de musique bruyante le soir, dans tous les endroits publics, et l'orgueil que la masse des Budapestois tire de ces choses-là, les identifiant naïvement avec le progrès lui-même.

C'est vous dire que l'étranger ne s'ennuie pas dans la capitale hongroise, où, à côté de tous les plaisirs d'importation occidentale, il en trouvera d'autres d'un goût de terroir très prononcé...

D'ailleurs, on s'amuse beaucoup à Budapest, où, en raison même du caractère national, la vie est très en dehors; aussi les cafés et les restaurants, à la manière allemande, y sont-ils encombrés, fort avant dans la nuit, de familles bourgeoises écoutant la musique militaire, ou les airs nationaux d'un orchestre de tziganes.

Même situation pour les théâtres, et si c'est au snobisme envers l'histrion que se mesure la grandeur d'un peuple, le Budapestois n'a plus rien à envier au Parisien. Toute proportion gardée, même affluence et même fièvre « mondaine » pour assister aux premières, même sacrifice de temps, d'argent et de dignité pour en décrocher un billet; et lorsque mesdames Jászaï, la grande tragédienne nationale, ou Blaha, la Judic des bords du Danube, se montrent dans la rue, le passant hongrois commettra les mêmes bassesses de curiosité pour les dévisager à son aise que le badaud de Paris lorsqu'il voit apparaître la silhouette vénérée de Sarah Bernhardt ou d'un Coquelin quelconque. La comédie se jouant en langue magyare, l'étranger est le plus souvent privé d'en goûter les délices, à moins d'aller voir au Théâtre populaire la mise en scène de la vie et des costumes des villages de la puszta. Mais il lui reste l'Opéra : orchestre

Le nouveau palais du Corps législatif à Budapest. (Rive gauche.)

de premier ordre, défilé de toutes les étoiles européennes, décors d'un soigné frisant la reconstitution historique, salle splendide d'élégance et de confort, et public trié sur le volet ; finalement, comme suprême ressource, il a quelques cafés-concerts où il peut admirer quelque Ivette Guilbert suisse, berlinoise ou belge, qualifiée d' « essentiellement parisienne », pour débiter des incongruités d'une tangibilité trop positive.

Jetons un coup d'œil dans la rue. Les rues de Pest sont assez animées et plus animées que celles de Vienne ; dans quelques-unes, comme la rue Kerepes et le boulevard Vác, reliant, en ligne droite, l'intérieur et les quais aux quartiers où se trouvent les usines et les grandes gares, l'animation commerciale atteint à certains moments de la journée les proportions des grandes artères de Berlin.

En général, c'est aux extrémités que se concentre la vie, depuis l'ouverture d'un grand boulevard circulaire extérieur, le « Kœrut », de plusieurs kilomètres de long, partant des bords du Danube et y revenant en un immense demi-cercle ; les quartiers de la ville intérieure, l'ancienne « cité », se désertent de plus en plus et sont déjà devenus mornes et tranquilles. Les quais, cependant, restent animés et toujours beaux.

Ces quais sont, en effet, ce que Pest offre de plus intéressant. Rappelant beaucoup, comme cadre et comme largeur du fleuve, ceux de Bordeaux aux environs du « Cours de l'Intendance », on se croirait, en effet, dans un port de mer, tant il y a de gros vapeurs amarrés et en train de charger.

Le tronçon des quais de Pest, compris entre le pont suspendu et la statue du poète Petoefi, muni d'une large terrasse interdite aux voitures, plantée d'acacias, et où se trouvent la Bourse, les hôtels d'étrangers les plus à la mode, la Redoute et les grands cafés, sert à la population budapestoïse de promenade d'exhibition du soir. Par de belles soirées d'été, le Tout-Budapest est là jusqu'à une heure très avancée de la nuit.

D'autres parties intéressantes sont : la rue Andrassy, conduisant droit de l'intérieur au « Bois de Ville », et qui est l'avenue du Bois de Boulogne des Budapestois. Là, on parade aussi un peu en voiture. Les palais riverains de cette voie appartiennent généralement à ceux qui ont gagné leurs millions dans la récente et vertigineuse évolution économique...

La rue de Budapest rappelle toujours un peu celle de Madrid, parce que le caractère espagnol se rencontre avec le caractère magyar dans certains traits extérieurs : grandezza du geste, démarche raide, théâtrale et fière, geste hautain. Aussi, peu de gens affairés dans la rue ; le juif seul court après ses affaires, le Hongrois daigne s'y rendre.

Côté des femmes, autre fait bizarre ; soit fausse interprétation de ce qu'une femme se doit, soit autre chose, neuf fois sur dix, une jeune femme de votre connaissance vous rendra à peine votre salut dans la rue. Dans le vestibule encombré d'un théâtre, nous avons entendu deux dames élégantes apostropher des messieurs en ces mots : « D'abord les femmes ; les messieurs, cela peut attendre...! »˙ Dans un restaurant bondé, deux dames encombrant de leurs manteaux la seule table vide, ne répondirent même pas d'un signe de tête aux observations d'un monsieur voulant s'y installer, et qui se retira tout penaud... Jamais, dans un tramway, une jeune dame ne remerciera l'homme qui lui offre sa place, mais toujours elle acceptera... Petites bourgeoises de Budapest, n'oubliez pas que la femme la plus sûre de sa vertu est toujours la plus polie, la preuve en est que vous le devenez en vieillissant !

Certains côtés semblent encore trahir la petite ville ;

Les terrasses réservées aux promeneurs, dites « Corso », sur les quais de Budapest. (Rive gauche.)

on se salue beaucoup, et par conséquent, on se rencontre beaucoup ; mais c'est là un effet d'optique pour ainsi dire, tenant à ce que Budapest, pareille à Venise, avec sa place Saint-Marc, n'a qu'un petit périmètre où se meut un certain monde.

Pour le reste, rue très réglementée; pas de cris, point de camelots, aucun marchand des quatre-saisons, pas d'étalages au dehors, sauf les terrasses des cafés, réglementation qui donne à la voie publique cet air glacial qu'on observe aussi à Vienne, en lui ôtant la meilleure partie de son mouvement de grande ville, et par conséquent de son charme.

Poussons une pointe dans la vie intérieure de la société.

Vie de salon et de réception peu développée. On a cherché, sous ce rapport, à introduire les mœurs parisiennes; les dames ont essayé de se donner le fameux jour où, au milieu d'une dizaine d'inconnus, on en est réduit à tortiller son chapeau en rabâchant les échos mondains ramassés dans les feuilles du matin... rien que pour faire nombre... Cela n'a pas pris, et ce n'est pas dommage. Il y a eu retour aux mœurs patriarcales ; les femmes du même clan, comme dans le bon vieux temps, passent les après-midi chez l'une d'elles à potiner: bonne, cuisine, enfants, toilettes ou mariage ; il y en a même qui vont au café, par trois ou quatre, en tout honneur, et avec les enfants et la bonne, tandis que les hommes vont au cercle ; le soir, on va au spectacle ou l'on passe la soirée entre amis.

La vie de cercle est en effet très prononcée, et malgré les qualités d'indépendance du caractère hongrois, il y a à Budapest un nombre proportionnellement très grand de clubs et d'associations de tout genre. Cette habitude ne procède pas du tout, à l'encontre du caractère allemand, d'un besoin de s'associer, de vivre en corps, mais bien plutôt de ce vieux reste de *farniente* de la nature magyare, héritage des temps féodaux, dont nous avons déjà parlé.

Un surcroît de vie est apporté à cette habitude par le système des clubs politiques ou de partis, où se groupent plus intimement qu'à la Chambre les diverses fractions de la représentation nationale.

Il y a ainsi le club du parti libéral, ceux des dissidents, du parti national, etc., offrant tantôt la physionomie de séances de comité politique, tantôt de simple cercle, selon qu'on y est pour passer le temps ou pour délibérer.

Les syndicats professionnels, aussi à la manière allemande et italienne, sont généralement représentés par un club en bonne règle, avec cafés, salles de jeux et de billard.

En dehors de cette vie, peu de cohésion entre les différentes classes de la société. Des courses périodiques, une ou deux expositions de peinture par an, où l'on se voit; pendant le carnaval, une série de grands bals organisés par souscription, avec beaucoup de luxe, par les différents clubs, pour offrir à leurs membres une occasion de se marier ou de marier leurs filles; le patinage en hiver, qui n'a généralement d'autre but que celui-là, et c'est tout, — et encore, à ces différents rendez-vous, les classes ne se confondent-elles pas autrement, à moins que ce soit pour quelque mariage entre un aristocrate ruiné et une riche héritière juive, bien que depuis quelques années des efforts sérieux aient été tentés pour se côtoyer ailleurs que dans les clubs.

Ainsi, les ministres, aux dîners qu'ils offrent, n'invitent plus exclusivement des fonctionnaires, des aristocrates ou des politiciens, mais on voit défiler à leur table les directeurs des grands journaux, des hommes de lettres en vue, des savants, des financiers n'ayant aucun contact direct avec la politique. Les soirées et les réceptions chez eux sont rares, ne se produisant que dans des circonstances exceptionnelles.

Dès les premiers beaux jours de mai, tout le monde quitte la capitale pour habiter d'abord les environs, et ensuite pour faire un voyage à l'étranger ou dans les montagnes ; de sorte que la société de Budapest a deux physionomies : une d'hiver et une d'été.

* * *

Le séjour de la cour ne vient en rien troubler cette vie.

Le drapeau jaune et noir est hissé sur le paratonnerre du château de Bude ; la garde se monte musique en tête ; le jour d'audience, des voitures amènent les personnes à recevoir, généralement en costume national : bonnet de fourrure orné d'une plume de héron, manteau de hussard fourré jeté sur l'épaule, cimeterre orné de pierreries, bottes jaunes... Les audiences passées, tout rentre, là-haut, dans le silence morne, car la vie que mène François-Joseph est monotone et tranquille, où qu'il se trouve, et principalement à Bude, parce qu'il y séjourne rarement longtemps et n'y amène qu'une partie restreinte de sa cour. Les audiences particulières sont rares, de sorte que le contact du souverain avec la société de Budapest ne s'entretient qu'au moyen de deux à trois dîners de cour par semaine.

Ces dîners ont lieu à six heures du soir, dans le salon rose qui, étant fort exigu, n'admet pas plus de trente invités, toujours choisis dans le monde du clergé, de la Chambre, de la noblesse ou de l'armée.

L'étiquette jouant un rôle considérable à la cour habsbourgeoise, les invitations sont rédigées sur un petit ton sec de commandement, et tout est réglé d'avance. Le personnage arrivé, un chambellan lui fait savoir où il sera assis, et qui seront ses voisins de côté et d'en face.

On est rangé debout dans la salle d'attente, selon l'ordre qu'on occupera à table, s'inclinant profondément quand la porte des appartements privés s'ouvre, et que l'empereur-roi fait son entrée, précédé du grand-maître de la cuisine et suivi de ses aides de camp.

Pendant le dîner, qui dure une heure, montre en main, le souverain, ayant devant lui le plan de la table, avec les noms des invités, cause vivement avec ses voisins. Après le repas, il tient cercle, ce qui lui fournit généralement l'occasion de jouer de sa merveilleuse mémoire, en rappelant à ses interlocuteurs des menus faits de leur vie publique qu'ils ont le plus souvent déjà oubliés eux-mêmes. Rarement cette réception se prolonge au delà de neuf heures, car François-Joseph est un des premiers lève-tôt de son empire. A Budapest, comme à Vienne, à six heures du matin il travaille déjà, soit avec le conseiller d'État Braun, son secrétaire pour les affaires d'Autriche, soit avec M. de Pápai, celui pour la Hongrie, soit avec celui de son cabinet militaire. Pendant son séjour à Bude, arrive tous les jours un courrier de Vienne apportant des pièces à signer, pour repartir le soir avec les dossiers expédiés.

La journée faite, le souverain prend généralement le premier train venu pour passer l'après-midi au voisin château de Gœdœllœ, à son plaisir de prédilection, la chasse.

CHAPITRE V

Améliorations considérables de la situation hygiénique de la ville. — Les grands travaux d'utilité publique. — La municipalité et les bourgmestres. — Unité d'action. — Point de politique. — Le régime municipal. — Un revers de la médaille. — Comment logent les pauvres. — Les nationalités dans la capitale.

La gigantesque et rapide transformation de la capitale hongroise a nécessité une série de travaux techniques d'un genre spécial, mais que nous ne pouvons passer sous silence, parce qu'ils sont venus révolutionner de fond en comble la situation hygiénique de cette ville qui, on s'en souvient, était, il y a peu d'années encore, moins que satisfaisante, et commençait à nuire à la bonne réputation du pays. Sous ce rapport, il a fallu lutter d'un seul coup contre un concours de circonstances défavorables, à l'égard desquelles d'autres centres n'ont eu à procéder que lentement et par voie d'élimination.

Il y avait d'abord certaines conditions climatériques ; les étés étaient intolérables de chaleur — de là l'habitude prise par la société d'aller se réfugier dans les montagnes de Bude, dès les premiers rayons chauds de soleil — parce que, d'un côté, le sable de la grande plaine, dont Pest occupe l'angle occidental, par l'effet de la réverbération calorifique, provoque une température étouffante, et, que de l'autre, le moindre souffle de vent venait jeter, dans la ville, des nuages opaques de sable mouvant.

On est venu à bout de cet inconvénient en protégeant les extrémités par où la ville touche à la *puszta* par une immense ceinture de plantation d'acacias, dont les racines rendent les terrains moins meubles, et dont les branchages servent de filtre aux courants d'air.

Puis il y avait la question des eaux et des matières fécales qui, tout d'un coup, vint se dresser en problème d'une vitalité impérieuse : une grande partie des quartiers de Pest sont construits, vu l'extension vertigineuse qu'a prise ce côté de la capitale hongroise, sur l'emplacement des cimetières et des champs de détritus, encore trop récents, de l'ancienne ville, ce qui empoisonnait les puits, d'où manque d'eau potable à mesure que la population s'augmentait et, en même temps, danger de puiser dans le Danube, où s'écoulaient toutes les matières fécales.

L'absence complète de sources et de rivières potables dans un périmètre considérable, rendait très difficile d'obvier à cette situation jusqu'à ce qu'on vînt à découvrir, au nord de la ville, rive gauche, une série d'énormes nappes souterraines d'eau des plus pures que, au moyen de puits et d'aqueducs, on est en voie d'amener aux consommateurs de la capitale. Mais ces travaux n'ont été commencés qu'en 1893. L'eau est puisée à 14 mètres au-dessous du niveau du Danube ; les aqueducs terminés fourniront 120,000 mètres cubes par jour, la conduite principale a 7 kilomètres de long. Pour l'instant, le nouveau système ne fournit que 30,000 mètres cubes, et le reste des besoins est encore couvert par le puisage dans le Danube, en amont de la ville, au moyen de filtres perfectionnés.

En ce qui concerne l'écoulement des matières fécales,

La rue Andrassy, à Budapest. (Rive gauche.)

il a fallu ici aussi, procéder à un remaniement complet de l'ancien système. Au lieu de les conduire, ainsi que cela se pratiquait auparavant, directement dans le fleuve par les égouts débouchant sur les quais et où, à la moindre crue, se produisaient des stagnations nauséabondes, on les conduit maintenant au milieu du Danube, à une certaine distance en aval de la ville, à l'aide de grands égouts collecteurs.

En même temps, il fallut mener de front d'autres travaux non moins importants pour l'hygiène publique : tels la substitution de quarante-quatre marchés en pleine rue, par des marchés couverts et des halles centrales à l'instar de Paris, — en voie d'achèvement ; — la construction d'abattoirs gigantesques, du reste un chef-d'œuvre d'architecture sobre et naturelle, fonctionnant depuis quelques années déjà, etc., etc.

Ce sont ces travaux-là, qui font constamment ressembler la capitale hongroise à un immense chantier de construction. Coût total, une centaine de millions de francs ; mais ne pas oublier que la ville de Budapest est une des municipalités les plus cossues du continent, sa fortune en biens-fonds étant évaluée à 240 millions de francs environ.

Voici maintenant les résultats de ces efforts :

En 1874, la mortalité était encore de 45 décès par 1,000 habitants.

En 1883, elle n'était plus que de 30.

En 1893, de 26.

De plus : la variole qui, il y a dix ans, sévissait à Budapest d'une manière endémique, n'y existe plus ; de même, le nombre des cas de fièvre typhoïde, après avoir été de 500 en 1874, y est descendu à 80 pour 1893, et en général, après avoir été, il y a vingt ans, une des villes les plus malsaines du monde civilisé, la grande cité des bords du Danube est arrivée à occuper dans l'échelle de la mortalité des grandes villes, la place respectable que voici :

Stockholm	19,1	décès par mille habitants.		
Bruxelles	19,8	—	—	—
Hambourg	20,4	—	—	—
Berlin	20,8	—	—	—
Paris	21,8	—	—	—
Vienne	23,8	—	—	—
Dresde	23,6	—	—	—
Varsovie	24,2	—	—	—
Budapest	26,7	—	—	—
Dublin	26,9	—	—	—
Liverpool	27,0	—	—	—

Ces résultats, de nature à étonner tous ceux qui s'intéressent à l'hygiène publique, sont dus en grande partie à une unité exemplaire dans l'administration et dans la direction des affaires municipales, administration demeurée encore indemne de la gangrène politique.

Le conseil municipal, en effet, avec un rare esprit de suite, maintient, par voie de réélection, depuis de longues années, à la tête de l'administration, le personnel avec lequel il a inauguré l'ère moderne. Charles Rath, le bourgmestre en chef, Charles Kammermayer, premier bourgmestre, Charles Gerloczy, premier vice-bourgmestre, et Markus, deuxième vice-bourgmestre. Le dernier seulement est de nomination récente, mais uniquement, grâce à des capacités spéciales pour ses fonctions (1).

---

(1) D'ailleurs, la simplicité de l'organisation municipale et la latitude dont elle jouit à l'égard des pouvoirs centraux, donnent à la capitale hongroise une liberté de mouvement que beaucoup d'autres capitales ne possèdent pas. En vertu d'un droit d'autonomie très largement compris, elle décide de toutes ses affaires intérieures et élit ses fonctionnaires en toute liberté ; la police seule

**
* **

Une seule calamité publique attend encore son remède à Budapest : c'est la surpopulation des logements.

Lorsqu'on se promène au milieu de cette danse effrénée de palais, l'on songe involontairement au sort de ceux, — la majorité dans toute grande ville, — qui ne peuvent se payer le luxe de façades à frises et à cariatides.

Or, la population pauvre de la capitale hongroise loge, entassée, soit dans les sous-sols des rues intérieures, non encore comprises dans la parade générale et attendant la pioche du démolisseur, soit dans les quartiers extérieurs, au milieu de conditions hygiéniques et de morale publique déplorables. Nous avons vu de près de ces intérieurs d'ouvriers ou de petits employés de commerce ; c'est tout simplement navrant.

A Paris, où les loyers sont en général de moitié moins cher qu'à Budapest, ces classes sociales pourraient avoir, comme tous nos ouvriers, leur petit appartement de deux ou trois pièces, aux Batignolles, à Levallois, à Clichy, à Belleville, etc, etc. Ici, les familles vivent pêle-mêle dans une seule, et encore sont-elles obligées, pour faire face au loyer exorbitant du taudis, de prendre des sous-locataires au lit et à la semaine. Neuf fois sur dix,

relève du ministère de l'intérieur. Le représentant du gouvernement au sein du conseil municipal, lequel se compose de 400 membres, élus, partie parmi les 1,200 plus forts contribuables, partie parmi la généralité des électeurs, est le bourgmestre en chef, en même temps président de la dite assemblée. Mais celui-là même n'est pas nommé directement par le pouvoir exécutif, mais est élu, en conseil, sur une liste de trois noms présentés par le souverain. En dehors du conseil municipal existe, présidée par le bourgmestre et se composant des deux vice-bourgmestres, du secrétaire général de la ville et des dix directeurs de service, une commission exécutive appelée « *Magistrat* », représentant à peu près notre « bureau du conseil municipal » mais revêtue de pouvoirs plus étendus et qui décide, en toute souveraineté, dans une quantité d'affaires.

cette situation se complique d'une rapacité d'hyène chez le propriétaire, la spéculation sur les immeubles étant arrivée à des proportions américaines.

En 1893, 5,095 sous-sols hébergeaient 25,120 individus ; dans 9,868 petits logements sans cuisine on comptait 36,788 personnes ; plus de la moitié de la population de la capitale hongroise loge, selon les plus récentes statistiques, à raison de 5 individus par pièce habitable (1).

Voilà un revers bien sombre de la brillante médaille. La municipalité se démène contre cet état de choses mais n'y peut rien ; et l'initiative privée, qui seule pourrait porter remède, continue d'entasser palais sur palais. Ce serait à l'opinion publique de comprendre que des tramways électriques, des cafés Louis XV et de façades à cariatides ne constituent le progrès que si cette belle toilette extérieure correspond à des dessous propres et à un cœur d'or.

*
* *

Capitale d'un Etat polyglotte, il nous a semblé intéressant d'y connaître la répartition des nationalités.

Nous savons que Bude et Pest étaient, avant l'évolution, foncièrement allemandes, comme du reste beaucoup d'autres villes en Hongrie. L'idée nationale magyare les a magyarisées, en sorte qu'aujourd'hui Budapest compte 403,941 habitants parlant le hongrois, à côté de 313,040 — pour la plupart les mêmes, car on est essentiellement bilingue dans la capitale hongroise, — sachant l'allemand, et de 66,901 individus, parlant le slovaque, mais qui sont également compris, en partie du moins, dans les chiffres ci-dessus.

Les autres langues du pays sont représentées par

---

(1) Chiffres empruntés à l'ouvrage ci-dessus de M. Thirring.

20,000 individus, dont, cependant, 15,000 comprenant l'un des trois idiomes sus-indiqués, et 5,000 seulement les ignorant.

44 pour 100 de la population magyare, soit 145,520 individus, ignorent toute autre langue ; 170,288 individus, ou 51 pour 100 des habitants, ne parlent que l'allemand ; 9,242 ou 2 pour 100 seulement le slovaque. Les langues étrangères, le français, l'anglais, l'italien, etc., ne sont représentées que par 1,251 individus ignorant l'une des langues du pays (1).

Résumé : Budapest, au point de vue des idiomes, est une ville essentiellement magyaro-germanique.

(1) Renseignements publiés par M. Joseph Kœrœsi, directeur du bureau de statistique municipale à Budapest.

CHAPITRE VI

La signification politique des fêtes du millénaire, célébrées à Budapest en 1896. — La genèse de l'idée. — Occasion depuis longtemps recherchée. — Les nécessités de se manifester en dehors de l'Autriche.

C'est à la vue des forces nationales reconquises que, il y a une dizaine d'années, germa dans l'esprit de la nation hongroise l'idée de célébrer, par une grande fête commémorative, le millième anniversaire de la conquête arpadienne, fête qui, tout d'abord, ne devait pas dépasser les proportions de toute autre fête de ce genre.

Peu à peu seulement, et grâce à l'initiative d'un Baross et d'un Wekerle, l'on comprit l'immensité du profit que le pays pouvait tirer de ce fait.

Depuis l'inauguration de l'ère nouvelle, et malgré les progrès accomplis par elle, il manquait à la Hongrie une occasion légale et manifeste de s'affirmer indépendamment de l'Autriche, comme puissance coordonnée et alliée, ayant sa vie politique propre, ses richesses à elle, son commerce, son industrie, ses finances, sa politique, son gouvernement, sa capitale distincte.

Devant l'étranger surtout, le besoin de cette affirma-

« Csikos » ou gardiens de troupeaux de chevaux, dans la grande plaine.

tion devenait de plus en plus impérieux. Sans cesse on y confond les deux pays, s'imaginant que l'idiome hongrois n'est qu'un patois allemand, que la Hongrie n'est qu'une province de la puissance habsbourgeoise, se gouvernant de Vienne ; ses produits sont taxés d'articles autrichiens et c'est à Vienne qu'on vient encore souvent les acheter et non pas à Budapest, etc., etc.

Cependant il ne fallait pas songer à faire cette manifestation dans des circonstances courantes. La position des Magyars à l'égard de leur voisine est beaucoup trop délicate pour cela ; il y a en Autriche beaucoup trop de susceptibilités emmagasinées à leur endroit, le contrat de mariage de 1867 est hérissé de beaucoup trop de subtilités, et les relations extérieures des deux pays sont beaucoup trop indissolublement liées ensemble pour qu'un acte pareil n'eût provoqué immédiatement une réexplosion de tous les vieux soupçons d'anti-dynastisme et de séparatisme.

Or, la célébration commémorative du millénaire de la conquête arpadienne, érigée en fête d'Etat avec un caractère de manifestation nationale à l'adresse du monde civilisé, n'offrant aucune prise, même aux susceptibilités les plus farouches, c'était là une occasion unique pour arriver à ses fins et qu'il fallait saisir au bond et en tirer tout le bénéfice qu'elle était susceptible de rendre. C'est ce qui fut fait et voilà pourquoi la Hongrie a convié le monde entier à ses fêtes auxquelles elle a donné les formes et les pompes les plus variées : expositions nationales, cortèges historiques, inauguration de monuments commémoratifs et de grands travaux d'utilité publique, réunions de congrès, fêtes de fraternité, etc. C'est la jeune Hongrie célébrant le jour de sa majorité !

QUATRIÈME PARTIE

L'ÉVOLUTION ÉCONOMIQUE DE LA HONGRIE

CHAPITRE PREMIER

La genèse du commerce et du crédit. — Le maréchal Marmont sur le crédit et l'esprit des affaires en Hongrie, en 1839. — Entraves apportées au développement économique par la politique autrichienne. — Manque de débouchés. — Etienne Széchényi et son livre sur le crédit. — Kossuth et les sociétés patriotiques pour favoriser le développement de l'industrie nationale. — Les trois premiers grands établissements financiers de la Hongrie. — Quelques autres établissements, fondés après 1867. — Aperçu général sur le commerce hongrois.

L'évolution économique de la Hongrie est l'image fidèle de son histoire politique, toutefois avec la différence qu'ici, ce n'est plus à l'Autriche seule qu'incombent les retards et les empêchements, mais aussi, et en majeure partie, à l'ancien tour de l'esprit public.

Voici, à ce propos, un portrait que nous fait le maréchal Marmont de la situation économique de la Hongrie vers 1839, et qui, en nous dispensant de le faire nous-mêmes d'après les données du temps, vient à l'appui de ce que nous disions à ce sujet dans la première partie de cet ouvrage :

« Il n'y a pas, dit le duc de Raguse, de commerce étendu sans crédit, et il n'y a pas de crédit là où la propriété est incertaine, et où un débiteur ne peut être contraint à payer ses dettes. Tel est le cas pour la Hongrie : le créancier n'a de garantie que dans la moralité du débiteur.

» Les négociants, étant sans crédit, doivent faire toutes leurs transactions au comptant, et lorsque la nature des affaires exige du papier, il faut qu'ils en fassent chercher à Vienne, et qu'ils envoient de l'or dans cette ville pour s'en procurer.

» Il y a, dans tous les esprits, en Hongrie, un sentiment intérieur des besoins du pays, des changements que ses intérêts commandent; mais, comme tout changement utile à la généralité est cependant défavorable à quelques-uns, les innovations les plus heureuses rencontrent de l'opposition : des idées confuses se croisent, on veut et l'on ne veut pas. Tel qui se croit pénétré des idées les plus saines, sur les moyens d'appeler la prospérité dans son pays, se révolte à l'idée de tomber dans une dépendance qui lui semble un déshonneur. Ainsi, on veut des chemins, condition première de la circulation et du progrès ; le gouvernement n'ayant pas les fonds nécessaires pour les faire exécuter, il faut que ce soit une entreprise commerciale qui s'en charge et qu'un péage assure le remboursement des frais ; mais celui qui a demandé les routes, qui les désire avec le plus d'ardeur, ne veut pas du péage, parce qu'un gentilhomme hongrois ne peut et ne doit être assujetti à aucun impôt.

» On ne comprend pas, en Hongrie, que le seul privilège raisonnable est de ne payer que lorsque l'on a consenti, et qu'il faut savoir payer pour s'enrichir.

» En général, l'idée d'une contribution révolte la fierté hongroise, et tant que ces préjugés, qui tiennent à l'ignorance et à l'absence des plus simples notions de bon sens, ne seront pas déracinés, le pays restera stationnaire et privé des immenses améliorations dont il est susceptible (1). »

Du côté des autorités viennoises, les entraves apportées à la mise en valeur des richesses naturelles de la Hongrie consistaient principalement en une politique de prohibition, en vue de favoriser le commerce autrichien, auquel les fortunes enfouies dans le sol magyar portaient ombrage. Ainsi, le blé hongrois payait deux fois sa valeur pour sortir du pays ; les droits d'exportation sur les vins étaient du double de la valeur sur place (1790); état de choses qui dura jusqu'à la veille de la révolution. Résultat : les produits les plus riches pourrissaient sur place. « J'ai vu, dit un voyageur anglais de 1793, des caves remplies d'excellents vins, des greniers remplis de grains, des pâturages remplis de chevaux et de bêtes à cornes. Lorsqu'il m'arrivait de féliciter les propriétaires de leurs riches produits, c'était toujours la même réponse : tous se plaignaient de ne point trouver à vendre, et toute transaction commerciale devenait illusoire. »

L'idée des réformes à accomplir, réformes qui flottaient dans l'air depuis la Diète de 1790, objet de discussions et tiraillements de toute espèce entre la représentation nationale et la cour de Vienne, ne devint claire que par suite de la publication, en 1825, du retentissant ouvrage d'Étienne Széchényi, *le Crédit*, dans lequel l'auteur indiquait les principales causes du retard de l'évolution économique.

---

(1) *Voyage du maréchal, duc de Raguse, en Hongrie, en Transylvanie, dans la Russie méridionale, en Crimée, etc.* Paris, 1839. 5 vol. Tome I, pp. 22 et suiv.

Dès lors, le mouvement prit une allure d'autant plus rapide, que c'était sur ce terrain-là seulement que les publicistes de marque pouvaient s'exprimer avec quelque liberté sans trop avoir à craindre la censure.

Parmi eux, Kossuth fut, nous l'avons déjà dit, un des plus infatigables. Ce fut lui qui réclama, sous la devise, restée fameuse en Hongrie, de *Tengerre Magyar!* (en avant, Hongrois, à la conquête des mers !), l'érection de Fiume en grand port de mer hongrois. C'est lui qui initia la suppression des corporations et corps de métiers et la création d'associations pour favoriser le développement de l'industrie nationale, lesquelles (vers 1844), comptaient bientôt une centaine de mille membres, mais se laissèrent, dans la suite, aller à des exagérations patriotiques regrettables, mettant à néant les tentatives de réconciliation avec l'Autriche, dans lesquelles les patriotes sensés, comme Széchényi, voyaient le seul salut.

Un premier établissement de crédit, la *Banque hongroise du commerce*, fondée en 1841, après dix ans de démarches vaines pour en obtenir la concession, et destinée à s'occuper des intérêts hongrois plus spécialement que ne le faisait alors la vieille *Banque nationale autrichienne*, résidant à Vienne (1), vint donner au commerce hongrois une physionomie plus individuelle.

Chose fort caractéristique et prouvant combien les paroles de Marmont ci-dessus étaient justes : nous relevons sur le premier programme de cette société le projet d'un véritable tribunal de commerce privé, muni de pouvoirs judiciaires, et auquel, pour en finir tant avec les idées des nobles qui, en vertu de leurs privilèges, ne se croyaient pas tenus de faire honneur à leur signature

---

(1) Voir, pour l'historique de cet établissement, notre *Autriche contemporaine*, p. 405 et suiv.

qu'avec les tribunaux ordinaires qui les protégeaient, tout correspondant de l'établissement se soumettait d'avance sans appel. La réforme judiciaire rendit plus tard ce tribunal inutile.

Pendant la révolution, cette banque figura comme banque fiduciaire pour l'émission des billets d'État hongrois, opération qui, après Világos, vint à la plonger dans des complications, dont seule une gestion extrêmement habile l'a pu tirer (1).

Le goût de l'épargne complètement négligé, à cette époque, presque inconnu, fut éveillé par un écrivain digne émule de Széchényi, André Fay, philanthrope et auteur, entre autres, de nombreux travaux d'esthétique et de pédagogie, qui fonda, en 1839, après quelques tâtonnements, la première caisse d'épargne (2).

(1) Cet établissement, la doyenne des banques hongroises, est aujourd'hui dans une situation des plus florissantes et continue de rendre les plus grands services au commerce. Le vieux programme a été sensiblement élargi; sa spécialité, ce sont aujourd'hui les émissions d'obligations hypothécaires, emprunts de villes, de communes, y compris naturellement l'ancienne sphère d'opérations. Capital action, 25,000,000 de francs; actions de 1,000 fr., valant aujourd'hui 2,800; dividendes, en moyenne, 12 pour 100. Elle est dirigée par Léon Láncy, une des sommités de la finance hongroise.

(2) Aujourd'hui, une des colonnes de l'épargne hongroise, à la suite, bien entendu, de nombreuses augmentations du capital action qui, primitivement, n'était que de 39,627 florins, soit 80,000 francs. L'établissement a pris le nom de *Première Union de Caisse d'Épargne de Pest*, en hongrois : *Pesti hazai elsö takarék pénztár egyesület*. Capital social, 4,000,000 de florins; fonds de réserve, 15,000,000 (30,000,000 de francs). Mouvement de caisses (1893), un milliard de francs à un milliard et demi; dépôts sur livrets, 208 millions de francs; escompte, 240 millions de francs. A joint à ses opérations primitives, celles de prêts sur lettres de change, affaires de chèques, émissions d'obligations hypothécaires, etc., etc.

La gestion, tout en conservant les principes d'extrême prudence qui sont de tradition depuis Fay, ne se départit pas de la ligne de conduite libérale que lui trace l'énorme évolution dans laquelle se trouve le pays. A la tête de l'établissement se trouvait, jusqu'à son passage au pouvoir, Ernest Daniel, actuellement ministre du commerce.

Le régime absolu eut, sur le développement économique de la Hongrie, une influence beaucoup moins mauvaise qu'on ne serait tenté de le croire, parce que l'impulsion démocratique imprimée aux idées par les événements de 1848 avait fait naître quantité de projets que le silence de la dictature militaire permit de mûrir convenablement; de plus, les institutions féodales demeurèrent abolies, et le royaume, fondu dans l'État autrichien, vit tomber les barrières douanières qui l'en avaient toujours séparé (1).

C'est à ce moment que fut inaugurée une troisième branche de l'activité économique, celle des assurances, qui attendait encore, sous l'orme, ses initiateurs. Sous ce rapport, comme sous les autres, il n'y avait eu, dans la première moitié de ce siècle, que des tâtonnements sans importance, dont une compagnie d'assurances de transports fluviaux sur le Danube, fonctionnant à Comorn, vers 1807.

La fondation du premier, demeuré le plus important des établissements de ce genre, remonte à 1857, et fut, à son époque, autant un acte financier qu'un acte de politique patriotique, comme, du reste, les fondations précédentes, visant toujours l'émancipation économique de la patrie de la tutelle autrichienne. Comme fondateur, nous voyons figurer Henri Lévay, ancien capitaine de l'armée du honvéds, auquel viennent prêter leur concours toutes les sommités politiques et intellectuelles de la Hongrie d'alors, les Deák, le sage de la nation, les baron Paul Sennyey, l'incarnation du conservatisme européen moderne ; les comte George Apponyi ; les baron Joseph Eœtvœs, déjà tant de fois nommé ; les baron Jósika, qui fut le Walter Scott de la Hongrie, etc., etc.

---

(1) Kautz-Schiller, *Entwickelungs Geschichte der Volks-Wirthschafti chen Ideen in Ungarn.*

Aussi, la *Première Compagnie hongroise d'assurances générales* — c'est, du reste, là son titre officiel — devint-elle l'asile de la langue magyare au milieu du militarisme allemand de la réaction, et le refuge de tous ceux qui, s'étant « compromis » pendant la révolution, trouvaient difficilement à s'employer ailleurs (1).

Ce fut avec ce mince bagage d'une seule banque pour le commerce, d'une compagnie d'assurances et d'une caisse d'épargne que la Hongrie fit son entrée dans l'ère de la charte de 1867. Tout le reste de l'activité financière et commerciale était entre les mains d'institutions autrichiennes, ayant leurs succursales à Budapest.

Aussitôt la nouvelle constitution établie, la campagne d'émancipation financière reprit de plus belle par la fondation d'abord (1867) de la *Banque générale de Crédit* (2) ; et ensuite (1869) de la *Société du Crédit fon-*

(1) Cet établissement, dont le titre hongrois, est : Elsœ magyar általános biztositó társaság, est toujours dirigé par Henri Lévay aujourd'hui comblé d'honneurs, membre de la Chambre des seigneurs, etc. Il s'est adjoint, en qualité de co-directeur, Guillaume Ormody, spécialiste en matière d'assurances, et, en raison de la facilité avec laquelle il parle la plupart des langues étrangères pour ainsi dire, le ministre des relations extérieures de la puissante compagnie, laquelle possède des succursales dans beaucoup de pays étrangers, entre autres une agence à Paris. Cette société ne s'est, depuis, pas départie un instant de son programme patriotique, a fondé des bourses pour favoriser l'éducation agricole scientifique de campagnards peu fortunés, secourt et entretient des corps de pompiers, fait des prêts d'argent à des conditions philanthropiques à toutes institutions pouvant servir le progrès public, etc. Capital-action aujourd'hui, 85,000,000 de francs, actions de 2,000 fr. valant 9,000 au cours actuel. Dividendes, de 15 à 25 pour 100.

(2) Titre hongrois: *Magyar altalanos hitel bank* ; capital social, 14 millions de florins (30 millions de francs) ; cours des actions de 480 à 490 florins. Est le banquier du gouvernement et se trouve intimement liée à la *Banque de crédit autrichienne* qui participe pour 25 pour 100 dans ses bénéfices et au groupe Rothschild. Dividendes entre 10 et 11 pour 100. S'occupe d'émissions, d'affaires de banque de tout genre, d'opérations sur marchandises, etc., s'élevant à un chiffre total d'affaires de deux milliards par an. Elle figure comme

cier de Hongrie (1) et de la *Banque hongroise d'escompte et de change* (2), établissements auxquels vint se joindre peu à peu une floraison quelque peu surabondante de congénères de toute provenance, mais qui vint à subir une épuration salutaire par suite du krack de Vienne en 1873, lequel eut à la Bourse de Budapest un contre-coup retentissant (pour l'historique de cette catastrophe financière, ses causes et ses conséquences, voir notre *Autriche contemporaine*, p. 405).

Parmi les établissements de fondation récente, nous ne citerons que ceux plus ou moins fondés par l'initiative officielle, c'est-à-dire comblant, comme les précédentes, une lacune effective dans la vie économique de la Hongrie; à savoir encore une caisse d'épargne, sous le titre officiel de *Caisse d'épargne réunie de la capitale de Budapest*, le seul établissement de ce genre, en dehors de l'*Union*, déjà citée, qui ait vraiment de l'importance; ensuite, en vertu de l'article 14

principal actionnaire dans plusieurs entreprises industrielles telles que raffinage de pétrole, minoterie, amidonnerie, etc. etc. Directeur général le marquis Edouard Pallavicini, une des personnalités financières les plus importantes du pays.

(1) Titre hongrois : *Magyar jelzálog hitel bank*. A la tê'e de cet établissement se trouve, avec le titre de président, Coloman Széll ancien ministre des finances, dont nous avons parlé dans la première partie de cet ouvrage. Directeur général, Fernand Beck, financier de l'école de Széll. Capital-action 50,000,000 de francs. Affaire d'hypothèques, commissions d'emprunts municipaux et communaux, d'obligations hypothécaires, etc. Dernier dividende (1894), 96 pour 100.

(2) Titre hongrois : *Magyar leszámitolo és pénz válto bank*. Egalement sous la présidence de Coloman Széll. Directeurs généraux, Max Beck et Eméric Pekár, capital 25,000,000 de couronnes (francs). Dividende : de 5 à 8 pour 100. Opérations : affaires d'escompte, sur les grains. (*La Banque hongroise d'escompte et de change* à l'exploitation, à la suite d'un bail conclu avec la ville de Budapest, des entrepôts de grains et de l'Élévateur, c'est-à-dire de l'édifice, le seul dans son genre en Europe, où les grains, par une opération hydraulique, sont à la fois emmagasinés et transbordés.) Transactions sur l'étranger, crédits circulaires, etc., etc.

de l'année 1890 accordant l'appui matériel et moral de l'Etat à toute institution financière ayant pour but la création d'entreprises industrielles, la *Société anonyme de la Banque hongroise pour le commerce et l'industrie* (1), qui développa immédiatement une grande activité sur ce terrain.

Sous les auspices immédiats de l'ancien ministre du commerce, Gabriel Baross, fut fondée, en 1891, la *Société anonyme hongroise du commerce*, établissement semi-officiel destiné à émanciper les relations commerciales internationales de la Hongrie de la tutelle des maisons de Vienne et de Trieste, et qui, ayant à sa tête un jeune homme fort actif (2), a déjà fait beaucoup de chemin dans cette voie.

Mais, n'est-ce point caractéristique pour le commerce de ce pays que ce soit là la seule maison hongroise d'importation et d'exportation, entretenant vraiment des relations directes avec les pays d'outre-mer ? Et puis, toujours l'initiative officielle obligée de se substituer à l'initiative privée, point encore réveillée de son sommeil léthargique.

Nous verrons, dans le chapitre suivant, combien la production hongroise tend à prendre de l'extension. Tenons-nous en ici au mouvement commercial auquel elle donne lieu.

(1) Capital 18,000,000 de florins. Comprend en outre dans ses attributions les opérations et affaires de banque ordinaires. Elle figure comme fondatrice des entreprises industrielles suivantes : *Danubius*, société anonyme de construction de navires ; société anonyme « *bourgeoise*, » pour la fabrication de la bière, à Kœbánya ; *Hungaria*, briqueterie ; Tramway électrique, Budapest, Ujpest, Rakospalota, etc., etc., etc. ; président : Etienne Tisza ; directeurs, Jules Posch et Félix Schwarz.

(2) Paul Engel. Cette société exporte déjà quantité d'articles de fabrication hongroise, surtout en Russie ; elle est chargée de la gestion des expositions d'échantillons de marchandises hongroises, que le gouvernement entretient à Belgrade, Sophia, Philippopoli, Rustschuk, Constantinople et Salonique.

En 1892, le royaume de Hongrie, toutes ses dépendances comprises, possédait 1,485 établissements de crédit, dont 7 de crédit foncier, 552 caisses d'épargne, 213 banques et 714 associations de crédit et d'épargne (basées sur la mutualité), sans compter les caisses d'épargne postales, ni une trentaine de compagnies d'assurances, la plupart étrangères.

L'argent engagé dans ces entreprises rapportait de 2 à 12 pour 100.

Le total des importations s'élevait, fin 1803, à la valeur de 513 millions de florins ; les exportations étaient de 524 millions de florins, ce qui est un fort beau résultat.

Les principaux objets d'exportation étaient le bois et la houille et les céréales, et, en général, les matières premières ; les principaux articles d'importation, les marchandises manufacturées de tout genre.

Pour la France spécialement, la Hongrie importait, en 1893, des tissus de soie, du cognac, des parfums, du champagne, des objets d'horlogerie. Mais les exportations dépassaient de beaucoup les importations, et rien que pour les douves, atteignaient le double de celles-ci.

Encore, avant de finir ce chapitre, quelques mots sur l'esprit des affaires actuellement.

En haut, c'est-à-dire dans la haute banque et les grandes entreprises, partout teintées d'internationalisme, à cause des rapports constants entre elles des Bourses du monde, il y a ampleur de vues, proportionnée à la situation du pays ; toutefois dans le commerce, en général, règne encore le vieil esprit de bas de laine de petite province, l'esprit d'épicier.

Le commerçant hongrois, ne sachant dépenser, ne sait encore ni gagner de l'argent, ni mener rondement les affaires. L'argent, possédant pour lui encore trop le caractère de but, n'a pas suffisamment celui de moyen de richesse, et, dans son amour d'acheter bon marché, il achète mauvais, gaspillant ainsi ses fonds par crainte de trop dépenser. C'est cela qui est cause d'une part que le commerce hongrois ne figure point encore dans le grand commerce du monde et de l'autre, que des commerçants de l'Europe occidentale, intelligents et actifs, n'auraient qu'à se baisser pour ramasser l'argent que l'inertie du public laisse encore enfoui dans ce sol riche et abondant.

CHAPITRE II

La production industrielle. — Les causes du retard de l'industrie. — La population manufacturière en 1785. — Pourquoi les Hongrois n'étaient pas un peuple industriel. — Baross, son œuvre et ses successeurs. — Les principaux centres industriels. — Où il y a encore à faire pour les étrangers. — Les industriels français en Hongrie. — Fortunes faites. — Les grandes entreprises au point de vue de leur nationalité.

Le besoin d'une industrie nationale ne s'est pas, pendant longtemps, fait sentir chez la masse des Magyars parce que, le sol fournissant presque toutes les matières premières, les paysans satisfaisaient à toutes les nécessités industrielles à leurs foyers mêmes. Comme dans les sociétés primitives, c'étaient les femmes qui étaient chargées de ce soin, tissaient le lin, fabriquaient le savon, teignaient les étoffes, confectionnaient les vêtements, brodaient les chamarrures nationales, tandis que les hommes ne s'occupaient que des travaux exigeant de la force musculaire. Quant à la bourgeoisie et à la noblesse, elles se fournissaient à Vienne.

Or, en 1785, à la conscription militaire, on comptait en Hongrie, tout juste 113,311 individus exerçant les diverses professions industrielles, la plupart Saxons de Transylvanie et de Szepes, qui, nous l'avons dit,

Race bovine hongroise (probablement importée d'Italie sous les rois angevins.)

avaient importé les arts et les métiers, dès leur venue, au douzième siècle.

Du reste, fabriquer un objet pour le vendre eût été, au sens de l'ancien Magyar, se disqualifier, parce que c'était travailler pour les autres, et c'est du piédestal de l'illustration imaginaire de son origine, qu'il regardait avec un air de pitié les « pauvres étrangers », juifs, Allemands, Saxons, Français, Espagnols, Italiens, etc., se livrer, dans son pays, à l'industrie et au commerce.

Les efforts faits, vers la fin du siècle dernier, par Marie-Thérèse et son fils, en vue de créer des industries en Hongrie (1), ne changèrent presque rien à cet état de choses, parce qu'ils correspondaient à un mouvement extra-national et impopulaire.

Ce fut le grand élan national de régénération économique, dont les Széchényi et les Kossuth furent les promoteurs, qui vint modifier un peu cet esprit, mais comme il avait pour but principal la mise en valeur et l'exploitation complète des richesses naturelles du sol par le perfectionnement des voies de communication et l'établissement d'institutions de crédit, l'industrie elle-même n'en profita que fort peu.

La Hongrie est donc encore à attendre son Colbert, rôle que Baross eût peut-être joué, si une mort prématurée n'était pas venue arracher cet homme d'État à sa fiévreuse activité.

Baross a, en effet, rendu d'éclatants services à l'industrie hongroise. Il serait trop long et aussi trop peu intéressant pour nous autres étrangers d'énumérer ici dans le menu les réformes et les institutions auxquelles il a attaché son nom ; résumons plutôt en quelques mots :

Baross, en émancipant la production hongroise de la tutelle de certaines institutions autrichiennes et en lui

---

(1) Voir notre *Autriche contemporaine.*

imprimant, par là, un regain de vie, a eu le grand mérite de préciser la voie dans laquelle elle devait évoluer. Là plus belle fille du monde ne pouvant donner que ce qu'elle a, il a fait comprendre à ses compatriotes qu'une industrie nationale ne se copie pas sur l'étranger comme on imite des rues et des palais, mais que, ici, pour faire grand il fallait faire œuvre pratique et n'offrir que des articles que la Hongrie, en raison de ses ressources spéciales, peut fournir dans des conditions meilleures que d'autres pays. C'est pour cela qu'il jeta son dévolu, du côté de la production, sur la transformation des matières premières et les articles de premier besoin : machines, ustensiles de maison et de métiers, etc., et, du côté des marchés d'exportation, sur la péninsule balkanique, la Russie orientale, l'Asie-Mineure, pays facilement accessibles en raison de la proximité et de la modicité des frais de transport. Les idées de Baross ont fait école et la voie tracée par lui, suivie d'abord par Béla Lukács, son premier successeur, et Ernest Daniel son successeur actuel, demeurera certainement la ligne de conduite des ministres à venir.

La population ouvrière strictement industrielle était, pour toute la Hongrie, fin 1891, de 913,010 âmes, soit un peu plus de 5 pour 100 dont environ 140,000 femmes.

Les régions les plus riches en industries étaient, à la même date, les villes de Budapest, de Presbourg, de Temesvar, de Fiume, d'Agram, avec une population ouvrière variant entre 18 et 22 pour 100 de leur population totale ; pour les comitats entiers, ce taux ne dépasse nulle part 10 pour 100.

Les occupations de premiers besoins : confection de vêtements, le bâtiment et ses dérivés, etc., ensuite les métiers de transformation de matières premières, la métallurgie, l'alimentation, surtout la minoterie, etc., etc., emploient naturellement le plus de bras.

Dans tous les autres métiers, mais surtout dans ceux de luxe, des industriels étrangers venant s'établir sur place feraient fortune en peu de temps, principalement dans la joaillerie, l'orfévrerie, les articles de précision et de science, dans la confiserie, l'horticulture et tout particulièrement dans le meuble et la décoration, deux industries qui, en Hongrie, n'ont pas encore quitté le niveau de l'improvisation rudimentaire ; ensuite les produits chimiques, les tissus, les papiers, etc., etc.

Dans tous ces métiers là et en général dans ceux exigeant du goût artistique et des aptitudes particulières à notre race, les Français trouveraient beaucoup à faire. Il y en a très peu en ce moment en Hongrie, ce qui tient à ce que chez nous tout est affaire de mode et qu'il ne s'est pas encore produit d'événements ayant mis le pays d'Arpad à la mode sur le boulevard ; mais le peu que nous y avons rencontré, fabricants de cognac ou de vins mousseux, horticulteurs, confiseurs, ingénieurs, entrepreneurs de construction, etc., etc, tous venus en ce pays par hasard, généralement en pauvres diables, y ont fait, ou sont en train d'y faire des fortunes tout américaines... mais, ils savourent leurs rentes en cachette, se gardant bien d'appeler d'autres compatriotes, de peur de se créer des concurrents.

Les chiffres suivants nous apprendront que l'industrie hongroise se trouve encore, dans sa plus grande partie, à l'état de petit métier sans division de travail ni concentration. Fin 1890, sur 321,258 entreprises, 199,055 avaient leur patron pour seul ouvrier ; dans 67,960, il y avait un ouvrier en plus de l'entrepreneur ; dans 26,783, deux ouvriers en plus ; dans 19,857 cas l'on comptait de 3 à 5 ouvriers ; pour 4,727 autres, de 6 à 10 ouvriers ; pour 1,630, de 11 à 20 ; pour 1,013, de 21 à 100 ; pour 114 entreprises de 101 à 200 ; et, pour 11 seulement, plus de 1,000 ouvriers.

Voici maintenant les entreprises industrielles hongroises les plus importantes au point de vue de la nationalité et de la situation sociale des entrepreneurs. Sur 1,214 entreprises, occupant 112,345 personnes, l'on comptait 1,108 nationales occupant 94,515 ouvriers, et 136 étrangères occupant 17,830 ouvriers; mais parmi celles nationales, dans 36 cas, avec 19,160 ouvriers, l'Etat s'était substitué à l'initiative privée, ce qui équivaut à dire que les plus grandes entreprises de l'industrie hongroise sont, soit étrangères, soit gouvernementales, d'où il ressort clairement que l'étranger et l'État sont encore, dans la plupart des cas, appelés à combler des lacunes que l'initiative privée laisserait indéfiniment ouvertes. Par conséquent, ici aussi, il y a encore énormément à faire en Hongrie pour l'initiative étrangère.

Dans le nombre des entreprises étrangères, l'élément allemand prédomine, l'élément anglais vient ensuite et l'élément français, malheureusement, en dernier lieu.

CHAPITRE III

Les voies de communication. — Les trois principales causes du retard dans l'évolution. — Le premier bateau à vapeur sur le Danube. — Le port de Fiume. — Les chemins de fer. — Les premières lignes. — Széchényi et son programme politique. — Intervention des compagnies. — Développement successif du réseau. — Le principe des chemins de fer d'Etat érigé en principe gouvernemental. — Le tarif zonal. — Ses résultats financiers. — Ce que rapportent les capitaux engagés dans les chemins de fer hongrois. — Les principales administrations. — Les chemins de fer vicinaux et les routes.

Le manque de voies de communication a été une des principales, sinon la seule vraie cause capitale des retards de l'évolution économique de la Hongrie.

Trois circonstances particulières ont empêché ce pays de posséder de bonnes voies, tant que la machine à vapeur n'était pas inventée, à savoir : l'état des routes qui, dans la grande plaine magyare, ne seront jamais, quoi qu'on fasse, et vu la nature du sol, que des fleuves de sable ou de boue ; l'orientation du cours du Danube, fleuve s'éloignant des pays de l'ouest, où la Hongrie eût seule pu trouver des marchés pour ses denrées alimentaires, et se dirigeant vers des contrées aussi agricoles et aussi fertiles qu'elle-même et, finalement, la séparation du territoire hongrois, de sa côte maritime par la muraille des Alpes, situation qui se complique du fait qu'aucun des cours d'eau hongrois n'appartient à cette côte.

Or, la vapeur seule pouvait surmonter ces obstacles ; aussi n'était-elle pas plutôt inventée qu'elle fit son entrée triomphale dans le royaume de saint Etienne, où un nommé Antoine Bernhard (1) construisit en 1817 le premier bateau à vapeur sur le Danube. Sept ans après, en 1825, un service de remorqueurs fonctionnait entre Presbourg et Vienne, et en 1830 fut fondée, par l'initiative du comte Etienne Széchényi, la grande compagnie de navigation à vapeur du Danube, qui monopolise encore aujourd'hui la plus grande partie du trafic danubien depuis Passau jusqu'à la mer Noire. Avant cette époque, à la fin du dix-huitième siècle, on avait régularisé un peu les fleuves et construit quelques canaux, entre autres, en 1777, le canal de la Béga, reliant les riches contrées du Banat, de Temesvár au Tisza et au Danube, et vers 1801, le canal « François » faisant communiquer ensemble ces deux fleuves bien avant leur réunion naturelle. Le trafic put profiter de ces entreprises, et s'attaquer aussitôt aux denrées alimentaires de ces territoires.

Aujourd'hui, après des travaux de régularisation, de canalisation et de navigabilité de tout genre, ayant dévoré de nombreux millions, mais point encore achevés dans l'ensemble du système projeté, la Hongrie possède 4,971 kilomètres de voie fluviale navigable, dont praticables à la vapeur 3,095, desservis par une flotte de 299 steamers, (dont 187 appartiennent à ladite compagnie, remorqueurs et bateaux de voyageurs), et environ un millier de chalands et de péniches de toute espèce (2).

(1) Csaplovits *Gemälde von Ungarn*. Pest, 1829, tome II p. 90.
(2) La navigabilité des voies fluviales est de :

16,296 kilomètres en France ;
12,441 — en Allemagne ;
7,465 — en Angleterre.

Les bateaux de voyageurs de la Société austro-hongroise de na-

*
* *

La Hongrie est la puissance maritime la plus jeune de l'Europe, attendu que sa marine marchande ne date en effet que de 1867.

De plus, son extension, sous ce rapport est condamnée à demeurer très relative, le sol hongrois ne touchant la mer que sur un parcours de 152 kilomètres, côte abrupte, escarpée, veuve d'embouchures de rivières, et de plus n'appartenant à la Hongrie qu'indirectement, étant territoire croate.

C'est pour cette raison de politique commerciale que Fiume, le plus important des ports de cette côte, fut ex-territorialisée et rattachée directement à l'administration de Budapest. Il faut avouer que la Hongrie a tiré de ce point tout ce qu'il était susceptible de rendre. Situé face au golfe Quarnero que la presqu'île d'Istrie sépare de l'Adriatique, et vu les escarpements de la côte, aucune configuration naturelle, aucun accident du fond marin ne favorisait la création des vastes bassins que, maintenant, tous les marins préfèrent aux autres ports de l'Adriatique en raison de leur extrême profondeur et de leur tranquillité. Tous les abris de bateaux sont construits artificiellement au moyen de blocs descendus

vigation à vapeur du Danube, sont aménagés avec beaucoup de luxe. La plupart, éclairés à l'électricité, ont des salons de jeu, bibliothèque, piano, des cabines confortables et de bons restaurants. N'était la longueur du trajet (on met vingt-deux heures pour aller de Budapest à Vienne et douze heures pour descendre le courant de Vienne à la capitale hongroise, alors qu'en chemin de fer le trajet dans les deux sens s'effectue en six heures) tout le monde se servirait de ce moyen de transport ; toutefois, les voyageurs qui ne sont pas trop pressés, préfèrent la voie du Danube à cause des vues pittoresques qu'offre ce voyage.

Cette compagnie étant austro-hongroise, c'est-à-dire commune aux deux pays mais ayant son siège central à Vienne, une loi vient d'autoriser le gouvernement hongrois à procéder à la fondation d'une grande compagnie analogue mais exclusivement hongroise.

à une profondeur qui est en moyenne de quarante mètres. Les quais sont construits en lave du Vésuve. Le port a sa passe ouverte vers l'ouest et protégée vers le sud, ce qui la met à l'abri de la « bora ». Toutes les constructions ont nécessité jusqu'ici une dépense d'environ 21 millions de florins (50 millions de francs) et demanderont encore une quinzaine de millions (1).

Rompant ses attaches officielles, avec la Société de navigation maritime du Lloyd austro-hongrois, qui par là redevint un établissement purement autrichien, Baross, en poursuivant son programme d'émancipation, vint ériger, il y a quelques années, la compagnie de navigation au long cours *Adria*, port d'attache Fiume, en société officielle hongroise, ce qui fut, pour le commerce national, une grande victoire et pour le port de Fiume un nouvel élément de vie (2).

En outre, Fiume est le port d'attache d'une série de petites compagnies indépendantes mais ne s'occupant que de cabotage.

La quantité de bateaux quittant Fiume sans y trouver du fret prouve cependant que le commerce du grand port hongrois n'est pas encore ce qu'il pourrait ou, devrait être. Le mouvement du port se résume en les chiffres que voici : en 1893, 2,365 voiliers de tout genre dont deux anglais, mais pas un seul français et 3,922 vapeurs, dont 52 anglais, 10 norvégiens et un seul fran-

---

(1) Renseignements communiqués sur place par les ingénieurs du port.

(2) Cette compagnie est sortie d'une société d'armateurs anglais en traité d'affaires avec le gouvernement hongrois. Son titre fut alors: *Adria Steamship company*. Sa transformation date de 1887. Son nouveau titre est : *Adria, magyar királyi tengerhajózási részvénytársaság*. En 1893, sa flotte se composait de 25 vapeurs jaugeant de 1200 à 3500 tonnes chacun, de plus 6 affrétés et une vingtaine de bâtiments prenant des chargements pour la compagnie à ses différentes escales.

çais ; 741 voiliers et 1,078 vapeurs partaient à vide faute de fret.

Les ports de la côte croate sont : Buccari, Portoré, Szelcze, Novi, Zeng, Cirquennizza, San Giorgio, Stinizza, Jablanacz et Carlopago.

Le mouvement de ces petits ports était, en 1893, de 2,529 voiliers et 9,715 vapeurs (dont un voilier et 60 vapeurs français, 6 voiliers et 124 vapeurs anglais).

*
* *

C'est incontestablement sur le terrain des chemins de fer que la Hongrie a remporté le plus de lauriers et a accompli les progrès les plus éclatants. Là, aucun reproche d'imitation n'est admissible.

Pays jeune, se trouvant, sous le rapport du mauvais état des chemins, à peu près dans la situation de l'Amérique, la locomotive y a été de même, du moins dans un certain sens, la promotrice du progrès.

Comme, de plus, la date de l'invention des chemins de fer coïncidait justement ici avec la renaissance économique et que, d'autre part, ainsi que nous l'avons déjà fait remarquer, en Hongrie, comme d'ailleurs dans tous les pays neufs où la civilisation pénètre de la surface vers l'intérieur, de haut en bas, l'impulsion du progrès ne peut venir que du gouvernement, il a été possible de donner à l'ensemble du réseau et à la politique de chemin de fer une unité de bloc que n'ont pu se donner d'autres nations où l'initiative privée vient toujours contrebalancer celle des pouvoirs.

C'est cette unité de programme qui a permis à la Hongrie de se mettre à la tête d'un mouvement de réforme, où, déjà, la Russie et l'Autriche viennent de la suivre.

Les premières voies ferrées hongroises furent celle

reliant Budapest à son faubourg de Köbánya, construite en 1827, et celle de Presbourg à Nagy-Szombat, inaugurée en 1836, toutes deux cependant encore à traction animale.

Cette même année de 1836, deux syndicats se formèrent en vue de la construction de chemins à vapeur et la Diète, malgré une forte opposition de la part de la noblesse qui tenait à ses privilèges de propriété terrienne, vota la loi d'expropriation d'utilité publique.

Toutefois, il ne fallut pas moins de huit ans pour que l'un des deux syndicats pût obtenir sa concession (1844) et ce ne fut que le 15 juillet 1846 que fut livré à l'exploitation le premier chemin de fer à vapeur, la ligne de Pest à Vác, 34 kilomètres, amorçant la voie qui devait, plus tard, relier la capitale hongroise à la capitale autrichienne, le long de la rive gauche du Danube.

En 1848, Széchényi vient prendre le portefeuille des travaux publics dans le premier ministère hongrois responsable et, par là, est à même de mettre à exécution le plan magistralement conçu, et longuement mûri, du réseau de lignes ferrées qu'il avait toujours préconisé.

Condamnant le système des compagnies avec garantie d'intérêt, il déclare seul utile, vu la situation particulière où se trouve la Hongrie, celui des chemins de fer de l'État, et, ce faisant, propose de créer un réseau de lignes rayonnant de tous les points de la frontière avec une seule déviation périphérique reliant les fertiles contrées de l'Alfœld, directement au port de Fiume.

Le programme de Széchényi, aujourd'hui réalisé et complété, est resté le fond de la politique de chemins de fer du gouvernement hongrois.

Toujours est-il que les événements de 1849 ne permirent pas d'en pousser l'exécution bien loin ; la Hongrie, fondue dans l'État autrichien, vit ses lignes nouvelles délaisser Budapest pour prendre Vienne pour point central et l'Autriche qui, auparavant, avait suivi elle-même le système des chemins de l'État, obligée, en raison d'embarras financiers, de vendre le réseau existant à des compagnies françaises, le groupe Rothschild, initiateur de la *Compagnie des chemins de fer du Sud*, Vienne-Trieste, Budapest-Trieste-Fiume par l'Autriche, etc., et le groupe Péreire, fondant la *Compagnie des chemins de fer de l'État*, frontière tchéco-allemande-Vienne-Presbourg-Budapest-frontière roumaine, le long du Danube (1).

En vertu de ces précédents, d'autres compagnies vinrent se former. En 1848, le réseau avait été de 552 kilomètres ; il était de 2,631 en 1867, au moment où la Hongrie redevint libre de ses destinées.

Dès lors, le gouvernement hongrois, maître chez lui, put reprendre le programme de Széchényi, tout en se bornant, pour l'instant, en raison de considérations financières et des engagements pris par la réaction envers de nombreuses compagnies, à pousser au développement du réseau par le seul organe de celles-ci.

En 1868, la Société du Nord hongrois étant tombée en déconfiture, le gouvernement racheta un tronçon de 163 kilomètres, allant de Budapest à Losoncz, ce qui fut le premier amorcement du puissant réseau actuel de l'État.

D'autres cas de ce genre vinrent à se produire, notamment à la suite du krack de 1873, pendant que, d'un autre côté, les pouvoirs publics, poursuivant activement la construction de lignes nouvelles pour leur propre compte, amorcent de futures grandes voies internationales un peu sur tous les points du territoire.

En 1877, ce noyau était assez solide pour faire bonne

(1) Pour les détails sur ces fondations et le rôle que les compagnies françaises ont joué en Autriche-Hongrie, voir notre *Autriche contemporaine*, p. 445 et suiv., principalement les pp. 451-456.

figure à côté des compagnies, et lorsque, en 1883, une loi vint ordonner le rachat successif de celles-ci, l'idée des chemins de fer gouvernementaux s'érigea ouvertement en principe d'État hongrois, physionomie qu'elle a conservée.

Quelles que soient les raisons immédiates que l'on donne en Hongrie pour expliquer l'adoption de ce principe, raisons financières telles que manque de capitaux, incapacité des compagnies de gérer leurs affaires elles-mêmes, etc., ou raisons politiques, à savoir : nécessité de pouvoir diriger le mouvement du commerce, etc., toutes, elles se résument en ce que nous avons déjà dit souvent au cours de cet ouvrage : c'est que, dans les pays neufs, toute innovation, toute lumière venant d'en haut, il est utile, si le pays veut prospérer nationalement, que le gouvernement détienne aussi tous les fils de l'activité nationale.

Il est trois étapes dans la vie économique des nations en évolution rapide vers le progrès : la première, l'étape inférieure, où l'initiative étrangère, en venant exploiter les richesses naturelles, importe ses entreprises et ses lumières ; la deuxième, où le gouvernement du pays vient faire siennes ces entreprises et ces lumières en vue de les nationaliser ; et la troisième et dernière, où le peuple, devenu industrieux lui-même, peut se substituer aux pouvoirs publics, voire même porter la civilisation hors de ses frontières. La Hongrie se trouve dans la phase moyenne ; de là la nécessité pour elle d'avoir des chemins de fer à l'État.

Voici quelques chiffres sur la marche successive du développement des voies hongroises :

1846.	35 kilomètres.
1855.	557 —
1865.	2,160 —

1875. . . . .   6,422 kilomètres.
1885.   9,022   —
1895.   13,214   —

Les 13,214 kilomètres actuels — nous négligeons les fractions de kilomètres — se décomposent comme suit :

Réseau de l'État. . . . .   7,181 kil.
Compagnie du chemin de fer de Pécs à Barcs.   67 —
  —   de Cassovie à Oderberg (1). .   363 —
  —   du Sud de l'Autriche (2), lignes
  —   ,   hongroises . . . .   702 —
Chemin de fer d'intérêt local . . . .   4,636 —

Les deux dernières grandes compagnies privées, figurant encore à côté des chemins de l'État, subsistent parce que, créées au temps où la Hongrie était politiquement fondue dans l'Autriche, leurs réseaux hongrois et autrichiens forment un tout rachetable seulement d'un commun accord entre les gouvernants autrichiens et hongrois, accord qui ne s'est pas encore produit.

En 1889, par l'initiative du ministre Baross, fut inauguré sur le réseau de l'État hongrois un système de

(1) La compagnie du chemin de fer de Kassa (Cassovie) à Oderberg, dans la Silésie prussienne, dont le réseau est destiné à établir des communications directes entre la Hongrie et l'empire allemand, n'a pas de ligne partant de la capitale. Elle se trouve, sous ce rapport, dans la même situation que la Compagnie du *Midi* français. Ses lignes desservent les plus belles contrées du nord de la Hongrie, le Haut-Tâtra, dont nous avons parlé, longeant la frontière au pied de ce beau massif de montagnes.

(2) La Compagnie du chemin de fer du Sud de l'Autriche ne possède en Hongrie qu'une petite série de lignes, dont le réseau part de Budapest vers la frontière sud-ouest, où il va se joindre d'une part à la grande ligne de Vienne à Trieste, et de l'autre, remontant vers Vienne, établit une artère directe entre la capitale autrichienne et le sud de la Hongrie. En raison du dualisme, les lignes hongroises sont placées sous un directeur résidant à Budapest, et qui est depuis de longues années le chevalier de Bram, spécialiste émerite en matière de voies ferrées, une des personnalités les plus en vue de la capitale hongroise.

tarif, dit tarif zonal, faisant de la Hongrie le pays où, pour l'instant, on voyage le meilleur marché.

Voici, dans ses grandes lignes, l'économie de ce tarif qui, divisant tout le réseau en quatorze zones à prix de parcours unifié, avec deux zones supplémentaires pour le trafic local, a donné, comparativement aux époques avant 1889, une augmentation du nombre des voyageurs de 256 pour 100, correspondant à une augmentation des recettes de 65 pour 100 (exercice de 1894).

DISTANCE EN KILOMÈTRES.	NUMÉRO D'ORDRE DE LA ZONE.	PRIX DU TRAJET PAR PERSONNE					
		EN TRAIN OMNIBUS.			EN TRAIN EXPRESS		
		1re cl.	2e cl.	3e cl.	1re cl.	2e cl.	3e cl.
		Fl.	Fl.	Fl.	Fl.	Fl.	Fl.
1-25	I	0.50	0.40	0.25	0.60	0.50	0.30
26-40	II	1.00	0.80	0.50	1.20	1 »	0.60
41-55	III	1.50	1.20	0.75	1.80	1.50	0.90
56-70	IV	2 »	1.60	1 »	2.40	2 »	1.20
71-85	V	2.50	2 »	1.25	3 »	2.50	1.50
86-100	VI	3 »	2.40	1.50	3.60	3 »	1.80
101-115	VII	3.50	2.80	1.75	4.20	3.50	2.10
116-130	VIII	4 »	3.20	2 »	4.80	4 »	2.40
131-145	IX	4.50	3.60	2.25	5.40	4.50	2.70
146-160	X	5 »	4 »	2.50	6 »	5 »	3 »
161-175	XI	5.50	4.40	2.75	6.60	5.50	3.30
176-200	XII	6 »	4.80	3 »	7.20	6 »	3.60
201-225	XIII	7 »	5.30	3.50	8.40	6.50	4.20
225-800	XIV	8 »	5.80	4 »	9.60	7 »	4.80

Les deux zones pour le service local, sont : l'une de 30, 15 et 10 kreutzer ; et l'autre de 40, 22, et, 15 kreutzer, selon la classe.

Or, la totalité des capitaux placés dans les chemins de fer s'élevant à 1,537 millions de francs, les recettes se

Moutons hongrois.

montant à 165,070,710 fr., les dépenses à 93,195,333 fr., et par conséquent les bénéfices nets à 71,875,377 francs, le nouveau système donne au capital un rapport (1893) de 4,77 pour 100 !!

Voici, pour plus ample orientation, le tableau comparatif du rendement net des capitaux placés dans les chemins des divers pays :

État hongrois (1893).	4,77	0/0
Compagnies hongroises.	3,68	—
Compagnies en France (1892). . . .	3,49	—
Compagnies en Angleterre.	3,85	—
Belgique	4,43	—
Italie (1890)	1,94	—
Russie (1891)	4,22	—
Prusse, État.	5,15	—
Suisse (1892).	3,14	—

Mais ces résulats financiers sont d'autant plus favorables qu'en somme ils n'étaient pas directement visés. Le véritable but du tarif zonal était en effet la chose publique, ce bénéfice tout moral et économique provenant de ce que la modicité des prix de transport devait nécessairement provoquer une recrudescence des transactions commerciales et intellectuelles, un regain de vie et d'activité vers le progrès. Aujourd'hui le Hongrois est l'Européen qui peut le plus facilement s'instruire par les voyages. Pensez donc, le prix du parcours de la distance de Paris à Marseille n'atteint pas 20 francs en première ! Généralement, pour 10 à 15 francs, il peut atteindre la frontière de son pays et se trouver à l'étranger. Mais d'un autre côté l'étranger aussi a ainsi beaucoup plus de facilité de venir voir, étudier, connaître et apprécier ce pays qui, faute d'avoir été dûment mis à la mode dans les grandes capitales de l'ouest, est encore peu connu (1).

Au milieu de la fièvre de conquérir la Hongrie à la vapeur, on avait oublié d'améliorer, du moins dans la mesure du possible, le système de routes carrossables, servant naturellement d'affluents aux lignes de chemins de fer, et ainsi le mauvais état des voies nationales a continué d'exercer sur le trafic l'influence néfaste qu'il avait eu avant l'ère de la locomotive.

Beaucoup a été fait sous ce rapport, beaucoup reste à faire, et beaucoup ne saurait être fait, vu la nature meuble du terrain dans une grande partie du pays plat.

(1) Les chemins de fer de l'Etat hongrois, dont le réseau, partant de la capitale vers la frontière, ressemble beaucoup à celui de nos cinq grandes compagnies partant de Paris, sont placés sous la dépendance directe du ministre du commerce et dirigés par un conseiller ministériel, ce qui correspond à notre directeur de service, qui a rang de Directeur général avec le titre de Président de la direction. Cette importante fonction est occupée depuis plusieurs années par M. Jules Ludwigh, fils d'un émigré hongrois de 1848, élevé à Bruxelles, un des hommes qui, après Baross, ont eu le plus de mérite pour le développement et la bonne gestion des chemins de fer hongrois. Le rôle que joue Ludwigh dans le mouvement des chemins de fer en Hongrie, est surtout important au point de vue administratif, car c'est à lui qu'incombe la mise en pratique des innovations élaborées par un gouvernement qui a fait des voies ferrées un des principaux outils de progrès, tâche qui n'est pas toujours facile et demande souvent autant d'initiative que d'expérience que l'idée première elle-même. Ludwigh s'est entouré d'une série de collaborateurs de premier ordre dont nous ne citons ici que le directeur Czigler. Il va sans dire que s'étant mis à la tête d'un mouvement d'initiative, l'administration des chemins de fer de l'Etat, obligée de faire honneur à son nouveau rang, a dû initier beaucoup d'autres réformes et se donner un matériel de premier ordre. Sous ce rapport, les progrès accomplis dans ces derniers temps sont également considérables ; partout ce n'est que voitures à couloir avec toilette, éclairage splendide dans les wagons, chauffage à la vapeur en hiver ; et tout sera parfait, lorsque les pouvoirs publics hongrois auront autorisé une vitesse de train un peu supérieure à celle atteinte aujourd'hui et qui n'est de 80 kilomètres à l'heure que dans les cas exceptionnels.

De là le chiffre relativement très important de kilomètres de chemins de fer d'intérêt local.

La longueur totale des routes hongroises était, en 1893, de 105,795 kilomètres, soit 32 kilomètres pour 100 kilomètres carrés et 59 kilomètres pour 10,000 habitants (1) (2).

Quant aux postes et télégraphes, la Hongrie possédait en 1868 1,310 bureaux de poste, et 3,944 en 1893 ; 404 bureaux télégraphiques en 1868 et 2,225 en 1893 ; 8,429 kilomètres de lignes télégraphiques en 1868 et 22,949 kilomètres en 1893.

(1) Pour la France, ces mêmes proportions sont de 670,231 kilomètres, dont 508,607, soit 96 kilomètres sur 100 kilomètres carrés en bon état, tandis que sur le total hongrois, c'est à peine si les 7,688 kilomètres de routes nationales sont carrossables par toutes les saisons, toujours vu la nature du sol.

(2) Parlant des chemins de fer, disons quelques mots des différentes voies qui s'offrent aux voyageurs se rendant de France en Hongrie. La ligne Paris-Strasbourg-Munich, vu la monotonie des paysages, n'est préférable que lorsqu'on prend l'Orient-Express qui, en effet, franchit la distance de Paris à Budapest en 30 heures. Pour les rapides ordinaires, la Compagnie des chemins de fer de l'Est français, dont, du reste, les services vers l'Autriche-Hongrie sont admirablement organisés, offre aux voyageurs des rapides avec wagons-lits pour Belfort, Delle (Compagnie du Jura-Simplon), Bâle, gagnant Vienne par les merveilleuses contrées de l'Arlberg et le Tyrol dans le même espace de temps que les rapides ordinaires par Munich-Strasbourg. L'on peut aussi, en bifurquant à Innsbruck, emprunter le Sud de l'Autriche et arriver à Budapest par le col de Brenner et les Hautes-Alpes en sacrifiant au trajet 6 heures de plus. C'est là un des plus beaux voyages que l'on puisse rêver.

CHAPITRE IV

La production des matières premières. — L'agriculture. — La viticulture. — L'élevage. — Les mines. — Les eaux minérales.

Malgré l'évolution vers l'industrie que nous avons caractérisée dans les chapitres précédents, la Hongrie est un pays où la production des matières premières, l'agriculture, la viticulture, la sylviculture, etc., joueront encore le premier rôle pendant très longtemps.

L'individualité agricole de ce pays est très prononcée et très originale et tout Magyar est, au fond de son âme, un esprit rustique.

Ici aussi, et d'autant plus que l'agriculture constitue la base de l'activité nationale, l'initiative officielle a dû venir en aide à l'inertie populaire, en imprimant une impulsion nouvelle à toute cette branche. Depuis ce moment, sous la direction du ministère de l'agriculture, en Hongrie une véritable institution nationale, la productivité du sol a augmenté dans des proportions considérables.

La population s'occupant d'agriculture s'élevait en 1891 à quatre millions et demi d'individus (sur dix-sept millions d'habitants) ; la surface du sol laissée en friche ou bâtie formait 5,32 du cent de la superficie totale du pays ; de plus il y avait :

Terres labourées. . .	42.31	0/0
Jardins	1.30	—
Prés	11.18	—
Pâturages	14.05	—
Marais	0.30	—
Vignes	1.30	—
Forêts	29.61	—

Le nombre des établissements scolaires agricoles de toute espèce était, en 1893, de 110, avec environ 2,200 élèves.

Pour l'agriculture spécialement l'on distingue en Hongrie cinq régions : celle où prévaut la betterave, sise entre le Danube, la Drave et la frontière ; celle de la pomme de terre et des pâturages, sur la rive gauche du Danube et dans les montagnes du nord ; celle du blé, du millet, du melon, dans l'Alfœld du centre ; celle du seigle et des herbes potagères entre le Danube et le Tisza jusqu'au nord ; puis, finalement, celle du colza et du froment dans le Banat. Cette division n'a, du reste, rien d'absolu. Parmi tous les produits de l'agriculture hongroise, le froment est le meilleur, le plus important. Le tabac est également fort cultivé.

L'importation de la vigne en Pannonie remonte à l'époque romaine. La production viticole n'occupe pas en Hongrie une région spéciale ; elle se répartit sur l'entière surface du territoire. Beaucoup de plants sont d'origine française, espagnole et américaine. La Hongrie proprement dite produit des vins plus sucrés et plus alcoolisés que la Croatie ; les vins de Transylvanie sont légers.

Les vignobles hongrois, détruits par le phylloxera, ont été reconstitués sur plus de 220,000 hectares.

La récolte de cette année (1895) a produit 2,865,000 hectolitres, soit 1,500,000 hectolitres de plus qu'en 1894; malgré les ravages du « peronospora », c'est une des plus abondantes que l'on connaisse.

Les forêts couvrent 9,000,000 d'hectares. Proportionnellement, c'est la Croatie et l'Esclavonie qui sont les plus riches en forêts. Les principales essences mises en vente et exportées annuellement sont : le pin, le sapin, le pinastre, le mélèze, le chêne, le hêtre rouge, le charme, le frêne, l'orme. Le revenu des forêts s'est considérablement augmenté depuis l'intervention rationnelle des pouvoirs publics dans leurs exploitations.

L'élevage des bêtes est intense et s'est beaucoup développé, surtout par rapport aux chevaux, qui s'exportent énormément ; d'ailleurs, le gouvernement hongrois possède de nombreux haras. En 1884, il y avait, en Hongrie, 1,748,859 chevaux. Il n'y a pas eu de recensement depuis. L'exportation était en 1893 de 17,954 têtes.

Les autres produits d'exportation de ce genre sont la race bovine, état (1884) : 4,879,083 pièces ; exportation (1894), 105,133 pièces; le mouton, état (1884) : 10,594,831; exportation (1893), 181,771 têtes ; et le porc, état : 4,803,629 ; exportation : 1,120,313.

Les mines hongroises sont également d'une certaine importance ; elles se trouvent dans le nord et en Transylvanie.

On en extrait de l'or, de l'argent, de la houille, et d'énormes quantités de sel gemme.

La plupart des mines appartiennent à l'État. Parmi les entreprises minières privées les plus importantes, figurent les immenses domaines que la société autrichienne-hongroise privilégiée des chemins de fer de l'État possède dans le sud-est de la Hongrie (1).

(1) Ces domaines, usines et mines, placés sous la direction d'un Français, M. Alexandre Willigens, et de son adjoint, M. Drexler,

La production du ver à soie est entièrement entre les mains de l'État, qui traite et surveille des particuliers, et leur achète les cocons. En 1880, cette production n'était que de 13,000 florins; en 1893, elle atteignait 1,012,682 florins. On manque de mûriers.

Il y a, en Hongrie, un très grand nombre d'eaux minérales de toute espèce.

forment un seul tenant de 193,295,341 hectares dans le comitat de Krasso-Szœrény, contenant des houillères abondantes, des mines de fer, des usines et des aciéries, des usines de puddlage et des laminoirs, des minoteries, sans compter les exploitations forestières et autres. Nous y avons rencontré plusieurs ingénieurs français qui nous ont fait visiter ces domaines dans le menu. C'est tout simplement gigantesque : un véritable pays cyclopéen!

CHAPITRE V

Les finances hongroises. — Les affaires communes. — Ce que la Hongrie rapportait à l'Autriche avant 1867. — Les ressources financières quadruplées aujourd'hui, comparativement à 1867. — La dette publique.

Nous n'avons malheureusement pu, dans ce dernier chapitre, donner au lecteur que quelques chiffres d'apparence sèche, mais qui serviront de preuve irrécusable que l'évolution accomplie par la Hongrie n'est rien moins qu'une fiction pour qui veut se donner la peine de les étudier.

Sauf les dettes datant de l'époque où la Hongrie, fondue dans l'Autriche, n'en était qu'une province, ensuite les affaires d'émission soit de billets d'État, soit de billets de banque, opération à laquelle, du moins pour ce qui est des billets de banque, pourvoit la Banque austro-hongroise, les deux pays ont chacun leur vie financière individuelle.

Quant aux dépenses d'intérêt commun, — nous savons qu'elles concernent l'armée active, la Bosnie et la représentation à l'étranger, — la Hongrie y contribue pour 31.4 pour cent de la totalité des charges, et comme le produit des douanes considéré comme recettes communes vient en déduction de ces charges, les sommes effectivement versées par elle à la caisse commune varient, selon le rendement douanier, entre trente et quarante millions de florins.

Vu la situation de second plan que l'Autriche, par raison d'Etat, assignait à la Hongrie avant 1867, les finances de ce royaume, malgré les richesses énormes enfouies dans son sol, accusaient toujours des chiffres insignifiants. Adrien Lezai, l'agent de Bonaparte, dit que douze millions de florins étaient tout ce que l'empereur tirait de ce pays au commencement de ce siècle.

En 1868, un an après le compromis, le budget hongrois était encore de 129 millions de florins; en 1870, les dépenses étaient déjà de 199 millions et les recettes de 185 millions ; les forces financières s'étaient considérablement accrues, mais le budget était en déficit.

Aujourd'hui (1895), les dépenses sont de 468 millions, les recettes d'autant. Depuis l'intervention d'Alexandre Wekerle comme ministre des finances, il y a eu, non seulement, équilibre mais encore plus-value et, comparativement à l'époque de 1870, les capacités financières de la Hongrie ont triplé : est-ce là le fait d'une évolution fictive, artificielle ? Certes, non !

Examinons cette situation dans quelques détails.

Il y a vingt-cinq ans, la Hongrie ne trouvait à emprunter qu'à six du cent et ne recevait que de 76 à 78 florins pour un capital de 100 florins. Aujourd'hui, après avoir opéré toute une série de conversions, elle trouve prêteur à 4 pour 100 et son papier est presque au pair.

Un coup d'œil sur le rendement des contributions directes et indirectes servira à illustrer cette situation.

En 1870, les contributions directes rapportaient	62,547,000
En 1870, les contributions indirectes rapportaient.	38,298,000
Soit.	100,845,000

En 1893 les contributions directes rapportaient 104,583,000
En 1893 les contributions indirectes rapportaient 134,234,000
Soit. 238,817,000

La dette publique hongroise est de trois sortes, à savoir : l'ancienne dette commune datant d'avant la séparation des deux royaumes, — une trentaine de millions de florins, — et qui demeure à peu près stationnaire, ensuite la dette fixe et finalement la dette flottante.

En 1893, la dette fixe s'élevait en chiffre rond à 2 milliards, 80 millions de florins ; la dette flottante à 13 millions : 880 millions représentaient le coût du rachat des chemins de fer ; 190 millions l'amortisation foncière ; 227 millions le rachat du monopole des boissons ; 43 millions la participation aux frais de l'occupation de la Bosnie et de l'Herzégovine ; et 743 millions les sommes empruntées pour couvrir les déficits des années précédentes.

Depuis, ce total de dettes s'est augmenté d'environ 500 millions par suite de l'emprunt nécessaire pour la régularisation de la « *valuta* » et de nouveaux rachats de chemins de fer. Le service de la dette qui, en 1870, absorbait 49 millions, en absorbe aujourd'hui 149 millions. 80 pour 100 de la dette hongroise sont placés à l'étranger, 20 pour 100 en Autriche-Hongrie ; mais le taux des souscriptions nationales augmente à chaque émission.

FIN

TABLE DES MATIÈRES

PRÉFACE. v

PREMIÈRE PARTIE

De 896 à 1896.

Le développement politique et intellectuel de la nation hongroise.

CHAPITRE PREMIER

Arrivée des Magyars en Europe. — Leur origine. — Comment, en 896, ils furent amenés à faire la conquête de la Pannonie. — Arpad, leur chef, fonde le royaume de Hongrie. — Incursions en Allemagne, en France et en Italie. — La peur qu'ils inspiraient aux autres nations. — On est sans défense contre eux. — Efforts héroïques de l'Allemagne pour s'en débarrasser. — Leur défaite à la bataille d'Augsbourg, en 955. 1

CHAPITRE II

Les Magyars nomades deviennent un peuple sédentaire. — La christianisation. — Leur premier roi chrétien. — Etienne Ier reçoit des mains du pape Silvestre II le diadème de la royauté hongroise et le titre de roi apostolique. — Il est canonisé. — Son constitutionalisme. — La première constitution hongroise. — Les successeurs de saint Etienne. — André II et la Bulle d'or, par laquelle la nation acquiert le droit de chasser son roi s'il venait à violer la Constitution (1200). — L'invasion des Mongols, en 1241.   8

CHAPITRE III

Fin de la dynastie arpadienne. — Intrigues des parents de saint Louis de France. — La nation refuse d'élire un étranger tant qu'il existe un descendant d'Arpad. — Avènement d'André III, dit le Vénitien. — Sa descendance. — Son premier mariage à Venise, avec Sybilla Cumana. — Ses enfants, Félix et Marc, se fixent en France. — Comment ils acquirent les seigneuries de Crouy, près Amiens, et de Chanel en Dauphiné. — Actes et pièces contenus dans les cartulaires de Notre-Dame d'Amiens, attestant leur descendance des rois de Hongrie. — Les seigneurs de Crouy de Chanel, princes de Hongrie à travers les siècles. 13

CHAPITRE IV

Auguste Crouy de Chanel, prince de Hongrie, dernier Arpadien français. — Ses relations avec Louis Bonaparte. — L'alliance franco-russe. — Il fonde Le Capitole, journal impérialiste. — Son arrestation et ses procès. — Son rôle pendant la révolution hongroise. — Il n'est pas prétendant. — Sa mort en 1873. 23

CHAPITRE V

Les d'Anjou de Naples. — Les rêves de grandeur du frère de saint Louis. — Le comité secret de Rome pour précipiter l'extinction de la dynastie arpadienne. — L'arrière-petit-neveu de saint Louis monte sur le trône de Hongrie. — Le règne des rois angevins. — Marie, roi de Hongrie. — Guerres civiles. — Les premières guerres contre les Turcs. — Jean Hunyade. — Mathias. — La perte de l'indépendance hongroise à la bataille de Mohács, le 29 août 1526. 30

CHAPITRE VI

Le morcellement de la Hongrie en trois parties. — Les débuts des rois autrichiens sur le trône. — Le contre-roi. — Les Mécontents se chargent de défendre la vieille constitution de saint Etienne. — Léopold Ier et les Turcs. — La Porte l'alliée naturelle des Magyars. — Tékéli. — Les Turcs devant Vienne, en 1683. — Les échafauds d'Eperies. — Rakoczy II. — La Pragmatique sanction de Charles VI. — Marie-Thérèse. — La noblesse magyare se germanise. — Les lois de Joseph II 37

CHAPITRE VII

De 1790 en 1849. — Les commencements de la vie parlementaire. — Coup d'œil sur les origines du parlementarisme hongrois. —

TABLE DES MATIÈRES 351

La pression gouvernementale et les barrières intellectuelles élevées autour de la Hongrie. — Ce qu'était l'esprit public des Magyars aux débuts de ce siècle. — La naissance du parti libéral. — Le comte Étienne Széchényi. — Kossuth, journaliste et démocratiseur du progrès. — La noblesse abolit elle-même les privilèges nobiliaires. — La Constitution de 1848. — Sa rétractation. — La guerre de 1849 46

CHAPITRE VIII

De 1849 à 1867. — Le système de réaction ne peut se maintenir. — Opposition clandestine de la Hongrie. — La constitution du 26 février 1861. — Essai échoué. — Sadowa. — L'intervention du comte Beust. — Appels à la révolution. — La Constitution indépendante est accordée. — Les lois fondamentales de l'Etat hongrois. — Lois d'hérédité du trône de saint Etienne dans la famille habsbourgeoise. — Le Compromis. — Les affaires communes. — Composition des deux Chambres. — Le cens électoral 53

CHAPITRE IX

De 1867 à 1896. — Questions qui, seules, passionnent le Parlement hongrois. — La Hongrie prouve par sa conduite qu'elle n'a jamais été anti-dynastique. — Le cabinet Andrassy. — Les cabinets Lonyay, Bitto, Wenckheim. — Arrivée au pouvoir de Tisza. — Coloman Széll. — Désiré Szilágyi. — Le cabinet Szapary. — Alexandre Wekerle et Baross. — Le grand ministère. — Les réformes politico-religieuses. — Le cabinet Banffy. — Groupement des partis, la majorité, les dissidents, le parti national et le comte Apponyi ; l'extrême gauche. — Physionomie des couloirs avec les figures les plus marquantes. — La Chambre des seigneurs. 61

CHAPITRE X

Le développement intellectuel jusqu'à nos jours. — L'instruction publique au moyen-âge. — Ce que dit Rákoczy de son pays. — La réforme religieuse. — La renaissance. — Fondation de l'Académie hongroise des sciences. — Etat actuel de l'instruction publique. — Les savants. — Les commencements de la littérature et la langue. — Les vieilles chroniques. — De Louis d'Anjou à Mathias. — L'ère moderne. — Le théâtre et ses commencements. — Le premier théâtre hongrois. — Auteurs dramatiques modernes. — Le mouvement artistique. — Le journalisme. — Les premiers journaux. — Evolution successive. — L'article de Pâques de François Deák. — La presse actuelle. — Résumé. 78

DEUXIÈME PARTIE

Le pays et les peuples qui l'habitent.
La question des nationalités.
Les religions, le clergé et les questions sociales.

CHAPITRE PREMIER

Configuration géographique de la Hongrie. — Les Carpathes et la plaine. — La Transylvanie. — Le Danube. — Le Climat. — Population. — Répartition des nationalités. — Division administrative. 119

CHAPITRE II

La question des nationalités en général. — Pourquoi les Magyars restèrent maîtres du pays. — Leur amour pour les plaines. — Leur rôle dans l'histoire des nationalités. — Pourquoi ils ne firent aucun effort pour absorber les nationalités. — La question des nationalités se pose. — Les premières animosités. — Influence de l'Autriche. — Excès de zèle. — 1848 et les nationalités. — La loi de 1868. — Le peu de progrès de la magyarisation. — La culture intellectuelle chez les différentes races. — Il y a 300,000 Magyars de plus, sachant les langues des nationalités, que d'individus non magyars sachant le hongrois. — Conclusions 126

CHAPITRE III

Pourquoi l'on connaît si peu la Hongrie à l'étranger. — La question des nationalités et l'Europe occidentale. — Les Français qui ont cherché à vulgariser la connaissance de la Hongrie. — Pourquoi l'opinion publique française est demeurée sympathique aux nationalités. — Edgar Quinet et Michelet. — Les Hongrois ne savent pas nouer des relations à l'étranger. — Comment s'y prennent les Slaves et les Roumains. — Comment on reçoit en Hongrie les illustrations françaises. — Les sentiments des Hongrois à l'égard de la France 149

CHAPITRE IV

La race magyare. — La force de son nationalisme. — Isolée en Europe, elle a pu se maintenir. — Le paysan de l'Alföld. — Sa musique et ses chants. — Son chauvinisme. — Caractère indéfini de la bourgeoisie. — Ses habitudes et ses mœurs. — La *gentry* et la haute noblesse. — La classe intellectuelle. — Son rôle. — Caractère anglais de la société hongroise. 160

CHAPITRE V

La Transylvanie. — Ce qu'on y voit. — Son histoire. — Elle devient autrichienne. — Son union avec la Hongrie proprement dite. — Les Roumains de Hongrie. — Une énigme historique. — Deux versions. — Les premières persécutions. — Origines de l'irrédentisme roumain et du daco-romanisme. — Excès de nationalisme. — Premier programme politique. — 1867. — L'affaire du *Memorandum*. — Les intrigues de la *Ligue* de Bucarest. — Le boulangisme international. — La contre-propagande des Magyars. — Portrait du paysan roumain. — La roumanisation des Magyars. — Les autres populations de la Transylvanie. 168

CHAPITRE VI

La Croatie-Esclavonie. — Courte histoire des Croates. — Comment la Croatie échut à la Hongrie. — Les origines de l'Illyrisme. — La nouvelle constitution croate. — Les querelles actuelles. — Les Croates et les Serbes de Croatie. — Configuration du pays. — Les beautés pittoresques de la ligne d'Agram à Fiume. — Agram, capitale de la Croatie. — La question des langues.   188

CHAPITRE VII

Les autres nationalités. — Les Slovaques et le panslavisme. — Historique de ce mouvement. — Les régions slovaques. — Les Serbes et leurs foyers. — La question des nationalités chez eux. — Les Ruthènes et le nord-est de la Hongrie. — Les Slovènes. — Les Bulgares dans les comitats du sud. — Les Arméniens de Hongrie. — Les Tziganes et leur histoire en ce pays. — Les Allemands. — Histoire des Saxons de Transylvanie. — Leur physionomie morale et politique. — Les Allemands du nord de la Hongrie. — Caractère vieil-allemand des cités saxonnes de la Transylvanie. — Les Souabes de Hongrie. — Physionomie actuelle des villages français du Banat de Temesvár. — Saint-Hubert, Charleville, Seultour. — Colonies espagnoles et italiennes.   200

CHAPITRE VIII

L'Eglise et les confessions. — La répartition des confessions. — Pourquoi le clergé catholique hongrois est si immensément riche. — Les revenus de l'épiscopat magyar. — Le prince-primat de Hongrie. — La Rome magyare. — Un office à la cathédrale de Strigonie. — La Cour primatiale. — Le prince-primat actuel. —

Libéralisme du clergé hongrois. — Où il a pris ces habitudes. — L'église schismatique. — Les deux protestantismes. — L'histoire du protestantisme en Hongrie. — Les israélites hongrois. — Il y a eu de tout temps des juifs parmi les Magyars. — Anciens juifs de race hongroise. — Situation de l'antisémitisme. — Le rôle social bienfaisant des juifs de Hongrie. — Tisza-Eszlár. — Petite secte juive de race magyare en Transylvanie. — Le socialisme en Hongrie. — Pourquoi il n'y a pas de parti socialiste à la Chambre hongroise. — Le socialisme agraire dans les provinces. — Ses causes 230

TROISIÈME PARTIE

La capitale hongroise.

CHAPITRE PREMIER

Les beautés du site de Budapest. — Le Danube et le mont Saint-Gérard. — Histoire de la capitale hongroise. — La ville romaine. — Le bac et la colonie de chaufourniers, premiers vestiges de Budapest. — *Ofen* signifie four en allemand et *pest* a la même signification en hongrois. — La fondation de Bude sous la première race. — Bude sous les d'Anjou. — Le passé de la ville de Pest. — Quelques chiffres au sujet de l'évolution des deux cités. 247

CHAPITRE II

Ce qu'il y a à voir à Budapest. — Rareté des monuments historiques. — Physionomie de la ville de Bude. — La « forteresse ». — Le château du roi. — Les insignes de la couronne. — Vicissitudes subies par cet emblème. — L'église Mathias. — La cérémonie du sacre. — Perspectives danubiennes. — L'histoire de l'île Marguerite. — Les ruines du monastère. — Contraste entre Pest et Bude. — Pest, image de l'évolution et du caractère agricole de la Hongrie. — Les architectes. — Les ponts, les quais et les principaux édifices. 255

CHAPITRE III

Budapest comme ville d'eaux. — Le groupement des thermes. — Leur histoire. — Le bain de l'empereur. — Les thermes de l'île Marguerite. — La source artésienne de la rive gauche. . . 277

CHAPITRE IV

La vie et la société dans la capitale hongroise. — Les origines de la vie sociale à Budapest. — Américanisme dans l'évolution. —

Surabondance et splendeurs des cafés et autres lieux publics. — Les amusements pour les étrangers. — Les théâtres et les cafés-concerts. — La badauderie au sujet des acteurs. — Les rues de Pest. — Les quais. — Promenade du soir. — La rue Andrassy. — En quoi la rue de Budapest rappelle Madrid. — La femme dans la rue. — Les salons. — Les clubs et les cercles. — Les clubs politiques. — Les syndicats professionnels. — Les courses, le patinage, etc., etc. — Dîners chez les ministres. — Séjours du souverain en Hongrie. — Dîners de cour. — La vie de la cour à Budapest 280

CHAPITRE V

Améliorations considérables de la situation hygiénique de la ville. — Les grands travaux d'utilité publique. — La municipalité et les bourgmestres. — Unité d'action. — Point de politique. — Le régime municipal. — Un revers de la médaille. — Comment logent les pauvres. — Les nationalités dans la capitale. . 295

CHAPITRE VI

La signification politique des fêtes du millénaire de 1896. — La genèse de l'idée. — La nécessité de se manifester en dehors de l'Autriche. — Occasion depuis longtemps recherchée. . . 304

QUATRIÈME PARTIE

L'évolution économique de la Hongrie.

CHAPITRE PREMIER

La genèse du commerce et du crédit. — Le maréchal Marmont sur le crédit et l'esprit des affaires en Hongrie, en 1839. — Entraves apportées au développement économique par la politique autrichienne. — Manque de débouchés. — Etienne Széchényi et son livre sur le crédit. — Kossuth et les sociétés patriotiques pour favoriser le développement de l'industrie nationale. — Les premiers trois grands établissements financiers de la Hongrie. — Quelques autres, fondés après 1867. — Aperçu général sur le commerce hongrois. 309

CHAPITRE II

La production industrielle. — Les causes du retard de l'industrie. — La population manufacturière en 1785. — Pourquoi les Hongrois n'étaient pas un peuple industriel. — Baross, son œuvre et ses successeurs. — Les principaux centres industriels. — Où il y a encore à faire pour les étrangers. — Les industriels français en Hongrie. — Fortunes faites. — Les grandes entreprises au point de vue de leur nationalité. 320

CHAPITRE III

Les voies de communication. — Les trois principales causes du retard dans l'évolution. — Le premier bateau à vapeur sur le Danube. — Le port de Fiume. — Les chemins de fer. — Les premières lignes. — Széchényi et son programme politique. — Intervention des compagnies. — Développement successif du réseau. — Le principe des chemins de fer d'Etat érigé en principe gouvernemental. — Le tarif zonal. — Les résultats financiers. — Ce que rapportent les capitaux engagés dans les chemins de fer hongrois. — Les principales administrations. — Les chemins de fer vicinaux et les routes 327

CHAPITRE IV

La production des matières premières. — L'agriculture. — La viticulture. — L'élevage. — Les mines. — Les eaux minérales 342

CHAPITRE V

Les finances de l'Etat. — Les affaires communes. — Ce que la Hongrie rapportait à l'Autriche avant 1867. — Les ressources financières quadruplées aujourd'hui, comparativement à 1868. — La dette publique 346

ÉMILE COLIN — IMPRIMERIE DE LAGNY

www.ingramcontent.com/pod-product-compliance
Lightning Source LLC
Chambersburg PA
CBHW070848170426
43202CB00012B/1990